Marie Luise Ritter

Vom Nichts suchen und Alles finden

Marie Luise Ritter

Vom Nichts *suchen* und Alles *finden*

PIPER

Mehr über unsere Autoren und Bücher:
www.piper.de

Wenn Ihnen dieses Buch gefallen hat, schreiben Sie uns
unter Nennung des Titels »Vom Nichts suchen und Alles finden«
an empfehlungen@piper.de, und wir empfehlen Ihnen
gerne vergleichbare Bücher.

Dies ist ein autobiografischer Roman. Alle Namen sind geändert.
Alle erwähnten Marken, Orte oder Unternehmen werden
aus freien Stücken genannt. Die Poetry-Slam-Texte sind gekürzt.
Die eigentlich korrekte Schreibweise des Titels ist
»Vom Nichts-Suchen und Alles-Finden«. Für den Lesefluss
wurde diese leicht verändert. Diese Änderung
ist als kreativ-künstlerische Freiheit zu verstehen.

ISBN 978-3-492-50336-5
2. Auflage 2020

Litho: Lorenz & Zeller, Inning am Ammersee
Redaktion: Elisa Kieselmann
Covergestaltung: Marie Luise Ritter
Covermotiv: Laura-Christin Marrone für Love and Magic Photography
Berliner Fernsehturm, Gestaltung: Fritz Dieter, Günter Franke,
Gerhard Kosel und Hermann Henselmann
Printed in Germany

Für Nick
Für die Liebe

Playlist

Crow von Bear's Den
Forever Young von Alphaville
Denmark von Jules Ahoi
Untold von Ry X
Summer of '69 von Bryan Adams
Wonderwall von Oasis
Heaven von Bryan Adams
Still von AVEC
Cold as Ice von Foreigner
3 Millionen von Bosse
I Was Made for Lovin' You von KISS
Listen to Your Heart von Roxette
Away from Me von Moglii
Depth over Distance von Ben Howard
Cry to Me von Solomon Burke
Lifetimes von Oh Wonder
Best Fake Smile von James Bay
All My Friends von Dermot Kennedy
This Is Letting Go von Rise Against
I Wanna Dance with Somebody von Whitney Houston
Friday I'm in Love von The Cure
All Your Love von Dustin Tebbutt
Never Let Me Go von Florence + The Machine
Go Your Own Way von Fleetwood Mac
Grip von Bastille, Seeb

Heuboden

Mai

Ich genieße das Gewicht von seinem Arm auf meiner Hüfte, als ich in der gleißenden Morgensonne aufwache. Die Vorhänge sind nur halb zugezogen, das Fenster über uns ist gekippt. Der Himmel drängt sich strahlend blau in die nackten, weißen Wände rund um unser Pensionsbett. Er riecht gut, hat seine Beine mit meinen verknotet und sein Kinn auf meiner Schulter abgelegt. Ich liege auf dem Rücken, den Blick zwischen Fenster und Decke, irgendwo auf einem Punkt an der Raufasertapete verloren. Durch die Sonne in meinem Gesicht sehe ich alles nur in Umrissen. Der Abend davor ist dagegen glasklar. Ich schließe die Augen.

Wir waren auf der Hochzeit einer meiner liebsten und ältesten Freundinnen im ländlichen Umland von Hamburg. Sie umarmen, die Freude und Liebe in ihrem Leben mit ihr teilen. Schnell hinunter gekippte Wodka-Shots. Eine rustikale Villa, Lampions und Lichterketten, unter uns knarzende Dielen. Nick hatte mich hier am Stadtrand von Hamburg-Blankenese gegen vier Uhr huckepack in unsere Pension rübergetragen, weil ich auf meinen hohen Absätzen nicht mehr laufen konnte. Wenn ich hohe Schuhe trage, sind wir genau auf Augenhöhe. Inzwischen war ich barfuß. Draußen waren es nur noch neun Grad. Als ich aufwache, ist in mir so viel Liebe und Zuversicht. Ich setze mich auf, betrachte die dunklen Locken neben mir im Bett, fahre mit meinen Augen sein schlafendes Gesicht ab, stupse ihn an, mit dem Zeigefinger in die Wangen. Langsam wacht er auf. Er hat ein markantes Gesicht, volle Lippen und lächelt immer mit allen Zähnen, auch wenn er gerade eben noch geschlafen hat. Ich habe ja keine Ahnung, wie das mit uns weitergehen wird.

Kaffee schwarz, keine Hafermilch und zwei Croissants vom Bäcker, nur eine Straße weiter. Sein fröhlicher Blick, inzwischen hellwach. Ich atme die Ruhe hier draußen ein. Die saubere Luft auf dem Land riecht nach einem frischen, knisternden Sommertag, zugleich warm und verbrannt. In mir breitet sich ein heimeliges Gefühl aus. Berlin ist anders als das alles hier. Ich klettere neben Nick ins Auto auf den Beifahrersitz.

»Können wir?«, fragt er.

»Ja.«

Wir fahren in einem Schlenker durch Hamburg, an meinem alten Zuhause in Rotherbaum, an weißen Villen vorbei, durch diese prachtvolle Gegend und runter zum Alsterufer. Der Mai zeigt sich an diesem Samstag von seiner schönsten Seite. Meine Augen kleben an den Häusern, am Blau des Wassers, an den Menschen, die hier zum Samstagmorgen spazieren sind. Die Bäume rascheln in einem leichten Wind, der hier immer weht. Das hier ist Heimat – ist, war? Ich weiß es nicht. Ich komme nur noch zurück zu meinen Freundinnen, zu Treffen, zu Hochzeiten. Inzwischen wohne ich woanders. Ich liebe Berlin, ich liebe den offenen, toleranten Menschen, den die Stadt aus mir gemacht hatte, mein neues, noch höheres Level an Abenteuer-Bereitschaft und Spontanität. Aber ich liebe auch die Ruhe. Vogelzwitschern ohne Tramgeräusche. Ich vermisse die Natur, die Luft, das Wasser hier. Wehmütig werfe ich einen Blick zurück, buchstäblich.

Nick biegt auf die Autobahn ab, ich versuche die vorbeirasende Landschaft scharf zu stellen.

›Berlin fühlt sich wie ein langer Urlaub an‹, hatte ich im Frühling zu Maja gesagt, die ich hier zwischen Kaffeedates und Clubnächten in mein Herz geschlossen hatte, und verdammt, ja, das ist immer noch so. Aber in Urlauben auf Zeit ist man nicht zu Hause. Wo gehöre ich hin?

»Man muss auch erst mal reinwachsen in so eine große Stadt«, bemerkt Nick. »Ein Kennenlernen, so wie bei dir und mir.« Er parkt in Berlin, wir verabschieden uns. Vielleicht ist meine Heimat überall, aber überall ein wenig anders. Ich habe ja Zeit, das herauszufinden. Diesen Sommer, dieses Jahr oder ein ganzes Leben lang.

An diesem Nachmittag bin ich zurück in meinem Kiez, zwischen den Graffitiwänden und dem ›Überall-ist-immer-was-Los‹, der stickigen Luft, den Weinbars und veganen Cafés, dem guten Wetter, dem Hauptstadt-Gefühl, den langen Tram-Wegen und den Zugezogenen.

»Gehört ihr nach Berlin?«, frage ich am gleichen Abend in die Runde, die sich kurzfristig auf den Außenplätzen einer Bar am Helmholtzkiez versammelt hatte. Die Frage lässt mich noch nicht los. Eine flüchtige Runde, ungeschminkte Gesichter, als hätten alle schon mit dem Tag abgeschlossen.

»Du kannst dir aus der Stadt eben alles machen, was du brauchst. Es gibt für jeden einen richtigen Platz. Wir gehören nach Berlin, du gehörst nach Berlin, Berlin gehört dir«, sinniert Lola frei heraus.

»Lu gehört gerade vor allem nur die Liebe«, wirft Maja ein und lacht.

»Berlin und die Liebe«, füge ich ihre Worte zusammen, »das klingt irgendwie schön. Wie eine Umarmung. So nach Alltag. Irgendwie so herrlich ehrlich normal.«

Ja, man musste erst einmal reinwachsen in so eine große Stadt. Vielleicht war das mit Städten genauso wie mit der Liebe.

* * *

Ich brauche am nächsten Morgen drei Anläufe, meine Augen aufzuschlagen und das schrille Geräusch in meiner Wohnung mit der Realität in Verbindung zu bringen. Beim vierten Mal habe ich es. Es klingelt. Widerwillig schlurfe ich zur Tür und werfe einen Blick durch den Spion, der von schweren Jacken des Mitbewohners versperrt wird, mit denen er eine Expedition in die Arktis überstehen würde. (Wir haben Mai. In Berlin sind es durchgehend über fünfundzwanzig Grad.) Nick steht mit zwei bunten Mehrwegbechern dort draußen vor meiner Wohnungstür. Ich mache auf, erst nur einen kleinen Spalt, und schließlich in Zeitlupe ganz. Er drückt mir einen Kaffee in die Hand, einen Kuss wüst auf den Mund und begrüßt meine Hündin zu seinen Füßen.

»Bereit? Wir machen einen Ausflug!« Nick grinst. Er steht in Chinos und einem hellen T-Shirt vor mir, die lederne Schultasche umgehängt. Er riecht frisch geduscht, aber auch nach einer Sommernacht und wilden Küssen auf dem Balkon. Für acht Uhr morgens macht er einen ziemlich verwegenen Eindruck. Verwirrt lege ich den Kopf schief. Seine Worte dringen noch nicht wirklich zu mir durch, was ich mit einem Schluck aus dem Kaffeebecher versuche zu ändern.

»Lässt du mich rein?«, fragt er.

»Natürlich.« Ich trete aus der geöffneten Tür und mache den Weg in die Wohnung frei.

»Du bist ja früh wach«, bringe ich dann hervor, und: »Wohin denn?« Mit einem Fuß kratze ich die Socke von der Hacke des anderen ab. Nick hatte mich gestern Nachmittag hier abgesetzt und war weiter zu sich gefahren. Den Abend hatten wir getrennt mit Freunden verbracht, ich in Prenzlauer Berg, nahe meiner Wohnung, sodass ich alleine in mein Bett gefallen war, er in seines in Friedrichshain. Irgendwann gegen ein Uhr hatten wir noch kurz telefoniert.

»Wieso bist du so zeitig auf? Ich habe noch geschlafen.« Ein bisschen muss ich grinsen über seine frühe Euphorie. Erinnert mich an mich selbst, im letzten Sommer. Ich war noch nie ein Morgenmuffel. Er ist auch keiner. Jeden neuen Tag beginnt er voller Vorfreude.

»Ich will dir was zeigen. Eine knappe Stunde Fahrt. Vielleicht auch weniger, die Straßen sind leer. Wie lange brauchst du zum Duschen?« Er zieht mich aufgeregt in meine Wohnung. Seine krausen Locken stehen wild in alle Richtungen ab.

»Zehn Minuten, okay?« Ich schlurfe mit der einen verlorenen Socke im Schlepptau in mein Bad und brause mich ab. Eine kalte Dusche später bin ich schon wacher und schlüpfe in die Sachen, die hier eh von gestern rumliegen, meine Shorts, ein schwarzes Bustier und ein weißes T-Shirt. Es ist morgens schon unerträglich stickig zwischen den Betonbauten der Großstadt, die die Hitze durch die offenen Balkontüren reindrücken.

Wir fahren von meinem Zuhause los, die Prenzlauer Allee runter und am Fernsehturm vorbei, am Spittelmarkt links und in Kreuzberg wieder rechts, und unter Tempelhof auf die Autobahn. Ich weiß nicht, wo es hingeht, und genieße für den Moment das Unbekannte. Geistesabwesend streiche ich über Nicks Unterarme, die sich reflexartig anspannen, wenn man sie nur sachte berührt. Während wir die Stadt hinter uns lassen, trinke ich meinen kalten Kaffee leer. Bäume fliegen an mir vorbei, die Autobahn wird immer leerer. Als wir auf verzweigte Landstraßen abbiegen, die Natur sich verlangsamt, entspanne ich mich endlich und kurbele das Fenster runter. Hier ist es wirklich schön. Die Straßen werden schmaler, grüne Felder wechseln sich mit Waldabschnitten ab, und ich hoffe auf einen See und Freibadpommes. *Crow* von Bear's Den läuft über die Lautsprecher. *But there you are.* Die Temperaturanzeige im Auto zeigt sechsundzwanzig Grad. Meiner Orientierung nach sind wir schon längst in Brandenburg. Wieder ein paar Dörfer weiter parkt Nick rechts am Straßenrand und zeigt nach links.

»Das da. Das will ich dir zeigen.« Ich sehe mich um. Ein verwittertes, schmiedeeisernes Tor überragt mein Auto und lässt keinen Blick auf das zu, was sich dahinter verbirgt. Ich trete ein paar Schritte zurück. Kaum zu erkennen, ragen weit hinter dem Tor zwei Ziegeldächer über Backsteinfassaden in die Höhe. Nick öffnet das Tor und verschwindet im Nichts dahinter. Als ich folge, lässt er gerade den Hund im hohen Gras von der Leine frei. Sträucher kratzen an meinen nackten Beinen, ich schirme meine Augen gegen die Sonne ab und betrachte die beiden fensterlosen Scheunen. Ein alter Traktor steht da, eingefangen von Spinnenweben, auf dem Boden festgetretener Matsch und alte Späne. Die Türen und Fenster hängen schief in ihren Angeln. Aus den oberen Luken dringt Heu. Mit meiner freien Hand ergreife ich seine.

»Sieht verlassen aus. Irgendwie verkommen. Nick, was machen wir hier? Wem gehört das?«, frage ich in die Ruhe um uns herum. Bis auf das Zwitschern der Vögel und ein weit entferntes knatterndes Motorengeräusch hört man nichts. Ohne zu antworten, umrundet er die vordere Scheune. Ich folge. Hinter ihr liegen Apfelbäume und ein brüchiges Gatter vor einer weitläufigen, schönen Wiese. Die große Eiche wirft kühlenden Schatten auf den hinteren Teil des Grundstücks.

»Uns.« Sein Blick ruht amüsiert auf meinem, wie er beobachtet, wie ich die Wörter verarbeite und zwischen ihnen und den Scheunen hin- und hersehe. »Naja mir bisher, aber falls du dir das vorstellen kannst …?« Er lässt seine Frage vage im Raum schweben.

»Dir?« wiederhole ich nach einer gefühlten Ewigkeit verblüfft. Der Hund ist im hohen Gras kaum noch zu erkennen. Das Wort hallt immer wieder in mir nach. Er hat eine Scheune in Brandenburg? Zwei sogar? *Uns?*

»Was soll ich mir vorstellen können?«, frage ich langsam.

»Ein Zuhause auf dem Land.«

Noch immer perplex schweige ich. Wir leben in der Großstadt, mitten im Trubel. Natur findet sich höchstens in kleinen Flecken in den über die Stadt verteilten Parkanlagen. Einen größeren Kontrast zu unserem selbst gewählten Alltag könnte es nicht geben.

»Komm, hier lang.« An meiner Hand zieht er mich ins Innere der ersten Scheune.

Wir klettern, er voran, über eine wacklige Leiter auf den Heuboden der Scheune hoch, laufen hintereinander über die Balken und sagen eine Weile beide gar nichts. Bis auf mein fragendes »Meinst du, dass das uns hält?« und sein wissendes Nicken. Von den Decken hängen Spinnweben.

»Und, kannst du dir das hier vorstellen?«

»Ich sehe vor allem viel Arbeit«, antworte ich ihm zögernd.

»Aber könnte schön werden, oder? Eine offene Wohnung in einer alten Scheune. Ein Rückzugsort von der Großstadt.« Er klingt träumerisch.

Mit dem Blick ins morsche Gebälk und auf alte Wagenräder gerichtet bleiben wir dort im Heu liegen. Eine ganze Weile sagen wir beide nichts. Dieser Morgen hat eine Wendung genommen, die ich so nicht vorhergesehen habe.

»Also, was denkst du?«, fragt er noch einmal.

»Wenn du hier draus wirklich etwas machen willst …« Ich überlege und sehe mich um. »Lass mich mal nachdenken. Man könnte hier an der Wand so ein Buchregal bis unters Dach bauen.« Ich zeige in die Etage unter uns und klettere vorsichtig wieder vom Heuboden runter. »Und dorthin eine Schaukel, die von der Decke bis zum Boden hängt. Überall Pflanzen, die auf der Steintreppe nach oben stehen. Überhaupt, ja, viele Pflanzen, viel Grün. Und eine schwarze offene Küche. Auf jeden Fall matt. Vielleicht auch weiß gebeizte Dielen. Und die Backsteinwände dahinter könnte man so lassen. So ein bisschen rustikal und industriell. Aber vielleicht eine Wand weiß streichen, für die Helligkeit. Und dorthin eine große Glasfront. Darf man das? Wegen Denkmalschutz? Es ist echt dunkel hier drin.« Ein ganzer Schwall an Wörtern und Ideen war aus mir herausgebrochen. Das überrascht mich selbst. Inzwischen stehe ich unten neben dem alten Traktor, der den Weg in den Rest der Scheune versperrt.

»Oder?«, frage ich. Nick hat seit einer Weile schon nichts mehr gesagt und mich nur belustigt von oben angestarrt. Peinlich berührt halte ich inne. »Wieso hast du mir bisher nichts hiervon erzählt? Oder ist die Idee neu?«

»Ja, irgendwie schon. Und ich wollte es dir nicht einfach so erzählen, ich wollte es dir zeigen. Ich habe auf den richtigen Moment dafür gewartet. Das hier ist irgendwie so mein Projekt. Mein Baby. Ein Zuhause erschaffen aus dieser morschen Scheune.«

»Wow«, gestehe ich ehrlich. »Tolles Projekt. Das ist viel Arbeit. Aber das klingt toll.«

»Du hast wirklich viele Ideen, was man hieraus machen könnte, ich sollte dich behalten, so für die Planung«, schmunzelt er.

»Hey!«, rufe ich und werfe mit Heu nach ihm.

»Auf jeden Fall müssen wir die Apfelbäume hinten umpflanzen, die stehen zu eng zusammen und nehmen sich gegenseitig das Licht.« Wir bewegen uns durch eine nur halbhohe Tür wieder nach draußen auf den hinteren Teil des Grundstücks. »Hier könnte man echt viel draus machen, selbst anbauen und ernten. Total fruchtbarer Boden.«

»Ich hab nicht viel Ahnung von Gartenarbeit«, räume ich ein, »eher gesagt gar keine, aber man könnte da sicher ein Hochbeet anlegen für Salat und Tomaten und dahinten vielleicht Erdbeeren.« Ich stapfe um die Scheune herum, »und hier eine Terrasse und da könnte man Efeu hochranken lassen. Und eine Gartendusche, ich würde im Sommer immer draußen im Sonnenaufgang duschen. Ideen hätte ich viele«, quietsche ich vergnügt. Das klingt nach einem wahr gewordenen Traum in der Natur. Bis auf …

»Gibts hier in der Nähe einen See?«, frage ich, mit wenig Hoffnung in meiner Stimme.

»Wir sind im Spreewald.« Er lacht dieses herzliche Lachen voller Lachfalten um die Augen. »Komm, ich zeig's dir.« Nick zieht zwei alte Fahrräder hinter dem Traktor hervor. Beide sind in die Jahre gekommen, aber funktionieren. Ich setze den Hund vorne in den Korb des kleineren Fahrrads und radele Nick fünf Minuten bis ans Ende der Dorfstraße hinterher. Vor uns liegt in vielen Windungen und geschützt von Bäumen die schattige

Spree. Verirrte Äste biegen sich nach unten und berühren das Wasser, das in kleinen Kräuseln seine Bahnen zieht. Hier und da liegen flache, lange Boote im Wasser, die an ihren Enden mit kleinen Nummernschildern versehen sind. Seicht wackeln sie hin und her und lassen sich treiben. Das Wasser zieht mich magisch an. Von der Hitze angetrieben schäle ich mich bis auf meine schwarze Unterwäsche aus meinen Sachen und habe, ehe er sich versieht, von einem Steg zu einer Arschbombe ins Wasser angesetzt. Er springt mir hinterher, meine Hündin legt sich ins Gras in die Sonne und beobachtet uns. Nick und ich treiben eine Weile nebeneinander im Wasser. Mit ihm kann ich einfach nur *sein.*

Es war, als würde ich in der Stadt und in meinem Alltag permanent unter Strom stehen, und als hätte er die Fähigkeit, dem den Stecker zu ziehen. Als würde ich am Ende einer intensiven Yogapraxis jeden Muskel, jede Anspannung, jede Verteidigungshaltung loslassen. Auch wenn ich noch nicht wusste, wovor ich mich verteidigt hatte. So fühlt es sich an, neben ihm im Wasser zu schweben. Nach einigen Schwimmzügen wird mir kalt, also ziehe ich mich zurück auf den Steg hoch. Er tut es mir in einer einzigen fließenden Bewegung gleich.

»Also«, nehme ich dann noch einmal die vielen Fragen, die in meinem Kopf schwirren, auf. »Du hast das Grundstück mit den Scheunen wirklich gekauft? Und willst daraus ein Zuhause machen? Haben wir nur rumgesponnen und sind eingebrochen, oder war das echt?« Nach der Abkühlung ist mein Kopf ganz klar. Auf einmal kommt mir alles so unwirklich vor. Wir sitzen nass nebeneinander auf dem Steg, er streckt die Füße aus und taucht sie in die Spree, meine berühren gerade so das Wasser. Wir müssen unsere Unterwäsche an uns von der Sonne trocknen lassen. Die Baumwipfel biegen sich über uns, kleine Stücke von Schatten huschen über unsere nackten Beine. Die stille Hitze erreicht uns, zuerst den Steg, dann unsere nassen Körper, die klammen Haare, unsere stumm lächelnden Gesichter.

»Ja, doch. Das war ernst. Das Grundstück war in meiner Familie weitervererbt worden und liegt jetzt seit einer Weile brach. Als es verkauft werden sollte, habe ich es kurzerhand auf mich überschreiben lassen. Meine Großeltern haben hier daneben lange gewohnt, ich war zu sentimental, als dass ich einem Verkauf hätte zustimmen können. Ich hatte an ein Wochenenddomizil in der einen und Ferienwohnungen in der anderen Scheune gedacht. Oder ein richtiges Zuhause für immer und Mietwohnungen daneben. Dann müssten das aber Freunde sein, wenn man so eng zusammenwohnt. Und ich weiß auch noch nicht, ob ich ganz aus Berlin weggehen wollen würde. Am schönsten wäre es, in der Stadt und auf dem Land ein Zuhause zu haben. Das da hinten ist übrigens unser Kahn.« Er zeigt auf eines der vielen Boote mit den Nummernschildern, die hier angebunden sind, ein größeres Kanu, auf das problemlos fünf oder zehn Leute passen. »Damit fahren wir öfter raus, einfach vollpacken und sich dann an einem Sonntag hier auf dem Wasser treiben lassen, bis zum Wehr da hinten.« Nick zeigt in die Ferne.

Mir bleibt der Atem weg, weil das alles zu schön klingt, um wahr zu sein. Es gibt noch so zu viel erklären, aber für den Moment will ich die kleine Blase aus Träumen nicht stören, in der wir uns vortasten. *Eine Scheune.* Wir sind fast wieder trocken, und ich bekomme Hunger auf mehr als nur Kaffee.

»Haben wir etwas zu essen in deinem Auto oder finden wir hier etwas? Mein Magen knurrt«, richte ich an Nick.

»Achso, ja«, druckst er herum, »meine Eltern wohnen übrigens nebenan. Ein paar Häuser weiter das Dorf runter. Ich habe noch nicht angekündigt, dass wir hier sind, aber wenn du Lust hast, kurz Hallo zu sagen, würden sie sich sicher über die Überraschung freuen. Keine Angst, das sind wirklich coole und entspannte Menschen. Ich schätze, sie sitzen gerade auf der Terrasse und frühstücken. Ich habe ihnen schon viel von dir erzählt. Wollen wir meinen Eltern drüben etwas Gesellschaft leisten?«

Erstaunt hole ich Luft. Ja, wir sind über all diese Punkte schon hinweg – den, als er mich das erste Mal vor seinen Freunden im Club küsste (gut, da kannten wir uns nur eine Woche), den, an dem er mich in der Runde seiner Freunde als seine neue Freundin vorstellte, und ich kurz verlegen die Augen aufriss. Über den ersten Urlaub in Riga, die erste gemeinsam besuchte Hochzeit von Freunden vor zwei Tagen. Dabei kennen wir uns gerade einmal drei Monate. Die waren in einer Geschwindigkeit vorbeigegangen, die mich gleichermaßen erschreckt und beeindruckt. Trotzdem kommt es mir wie eine normale Ablauffolge der Dinge vor, völlig selbstverständlich, dass ich nicke, Ja sage und ihm zurück auf dem Fahrrad zum Haus seiner Eltern folge.

»Hast du mich deswegen so früh aus dem Bett geklingelt?«

»Klar. Frühstück gibt es immer um Punkt zehn Uhr.«

Kurz bevor wir links hinter das Haus und auf die Terrasse biegen, komme ich nicht umhin, mein weißes T-Shirt noch einmal glatt zu streichen, das an meinem klammen schwarzen Bustier klebt. Seine unbekümmerte Spontanität, die ich so oft bewundere, verfluche ich gerade. Für so einen Anlass hätte ich mir zu gerne ein schönes Sommerkleid angezogen, statt der Klamotten von gestern. Nick fallen solche Dinge gar nicht auf. Irgendwie ist das erfrischend. Ich entspanne mich, lasse meine nassen Haare aus dem Dutt frei und mir in wilden Wellen um den Kopf fallen, damit sie trocknen. Ich kann nur über ihn und seine Unbedarftheit, seine Sorglosigkeit, diesen Sonntag hier lachen. Dann nehme ich seine Mama herzlich in den Arm. Es ist kurz vor zehn.

Zuvor

Mein Leben lang, eigentlich seit ich vierzehn war, hatte ich mich von einer Beziehung in die nächste gestürzt. Ich hatte große Träume, wollte Bücher schreiben, über die Liebe (der erste Versuch, mit dreizehn verfasst, hieß »Schuhe, Sterne & Zitroneneis« und handelte, klar, von verliebten Teenagern), aber die Liebe in der Realität hielt ich – oder sie mich? – eher klein. Ich blieb drei Jahre und damit mindestens zweieinhalb Jahre zu lang bei einem Mann, der außer mir noch viele andere Frauen mit seiner Anwesenheit beglückte. Ich ahnte es, und doch billigte ich es stumm. Da war ich achtzehn.

Trennungen brauchten für mich einen handfesten Grund, und nicht einmal das war mir Grund genug zu gehen. Wir wohnten zusammen, meine erste Wohnung nachdem ich ausgezogen war. Unsere Väter hatten gleichermaßen dazu beigetragen, unsere Hausstände in den zweiten Stock am Rand von Hannover zu schleppen. Es war mein schlechtes Gewissen und auch der blasse Gedanke, nicht auf eigenen Beinen stehen zu können. Dann wurde ich einundzwanzig, und irgendwie ging ich doch. In eine erste eigene Wohnung ins Zentrum der Stadt, vierzig Quadratmeter, der Balkon raus zu den Mülltonnen, mein Reich. Mein größtes Glück.

Dort gab es zum Anfang meiner Zwanziger den Medizinstudenten, der mich an einer Bar fand, nachdem ich aufgrund einer undefinierbaren Beigabe in meinem Drink zusammengebrochen war, und mich nach einem Blick in meine Tasche und auf meinen Personalausweis über die Schulter warf, um mich raus, über die Straße und in meine Wohnung in den ersten Stock zu tragen und meine Haare zu halten, als ich mich im Bad übergab. Als ich am nächsten Nachmittag ohne jede Erinnerung aufwachte, hatte ich in meinem aufgeschlagenen Terminkalender eine Notiz von ihm, die sich über drei Seiten zog und vom Abend, von meinem Zusammenbruch, unseren Gesprächen, an die ich mich nicht mehr erinnerte, und meiner, seiner Meinung nach, wirklich schrecklichen lila Dinosaurier-Bettwäsche handelte. Während ich schlief und er bis morgens um acht blieb, um zu sehen, ob ich noch atmete, füllte er mehrere Seiten. Am Ende seines Monologes stand seine Nummer. Er hatte mich gerettet, und ich war mir selbstverständlich sicher, wir würden heiraten.

Das taten wir nicht. Er war ein Mysterium. Ich passte ein Jahr in den Rahmen, den er vorgab, hatte Zeit, wenn er sich treffen wollte. Ich blieb bis drei Uhr nachts wach, wenn er noch vorhatte, sich zu melden. Währenddessen blieb er für mich unerreichbar. Er hielt uns lose, ich hinterfragte nie laut, warum er immer bei mir war, ich nie bei ihm. Eine feste Freundin war die Lösung des Rätsels, das ich erst ein Jahr später knackte. Was uns blieb, war nur eine schöne Geschichte und das bittere Gefühl, Teil einer Affäre gewesen zu sein, von der ich nichts gewusst hatte.

Um ihn herum hatte ich eine Boyband aufgebaut, vier weitere Männer, und der heiße Sommer in meiner Studienstadt. Es war dennoch ein schöner, ein freier Sommer. Mit meinen Freundinnen aus dem Studium zog ich durch die Studentenbars in Linden, wir übernachteten bei mir, um am nächsten Morgen zusammen zum Campus auf dem Expo Plaza zu fahren. Die Geschichte mit dem Medizinstudenten und mein Studium waren zeitgleich zu Ende, ich zog weg, postete »Man braucht keinen Grund zu gehen, wenn man keinen zum Bleiben hat« und hoffte, dass er es sah. Ich glaube nicht, dass er das tat.

Also ging ich. Neuen Chancen entgegen, in die nächstgrößere Stadt, nur ein kleines Stück in den Norden, nach Hamburg. Ich verliebte mich neu, in die personifizierten *Daddy Issues,* zog bei ihm ein, wurde von ihm verlassen, zog wieder aus, während mein Platz an seiner Seite fließend ersetzt wurde. Er konnte sich nicht festlegen, während ich es längst getan hatte. Ich erlebte die dritte Verletzung in fünf Jahren, und damit mindestens eine zu viel. Ich kam nicht umhin, mich das erste Mal mit mir selbst auseinanderzusetzen. Wie eine Schneekugel, in der, alles einmal aufgeschüttelt, die Welt langsam wieder zu Boden fällt, bis sie unbeweglich vor sich hinatmet.

Ehrlich gesagt: Das war das Beste, was mir hätte passieren können. Ich entwickelte berufliche Ambitionen, kündigte und machte mich selbstständig, schrieb Beratungskonzepte, arbeitete frei in Agenturen und baute meinen Blog auf. Zu der Zeit zog auch meine kleine Hündin Penny bei mir ein. Ich entdeckte, wie gut mir Laufen tat, die Alsterrunde gehörte zu meinen Morgenritualen. Ich lernte, in mich hineinzuhören, mich mehr auf mein Bauchgefühl zu verlassen, ich kam zur Ruhe. Ich entwickelte ein Urvertrauen, das mir zu jeder Zeit sagte, dass alles immer gut werden wird. Dass mir, solange ich mich hatte, nichts passieren konnte.

Seither vertraute ich am meisten und vor allem mir selbst. Mit mir war ich sicher. Ich igelte mich ein in selbst gewählter Einsamkeit, ging sogar wieder eine neue Beziehung ein, aber nur eine über eine Entfernung. Wir sahen uns ausschließlich an den Wochenenden, manchmal bloß jedes zweite. Rückblickend war das für mich der Kompromiss, um eben nicht ganz in diese Liebe zu springen. Ich musste meine nach Farben sortierten Klamotten und Bücher nicht von seinen Hoodies und Thrillern unterbrechen lassen, musste mich nicht mit einer gemeinsamen Zukunft oder unserer Intensität auseinandersetzen. Wir waren ein Haltestopp, immer nur ein kurzes Wochenende, bis wir feststellten, dass es uns ohne einander genauso gut ging wie mit.

Unser Ende war das erste, was ohne eine Lüge, ohne betrogen zu werden vonstattenging. Wir waren zwei Erwachsene, die sich eingestanden, dass sie schöne eineinhalb Jahre miteinander verbracht hatten, aber dass sie keine gemeinsame Zukunft sahen. Es war eine letzte Phase der Befreiung. Ich wollte endlich die unabhängige Frau werden, die ich mir mit sechzehn, und noch einmal ehrlicher mit einundzwanzig, versprochen hatte zu werden.

Nach vielen Beziehungen hatte ich mich selbst gefunden, in mir selbst, ganz für mich allein. Ich kostete das Leben mit jeder Faser aus, ich fühlte mich leicht. Ich bewohnte mit meinem Hund die weltschönste Wohnung in Hamburg, ließ mich durchs Leben treiben, ging tanzen, besuchte Festivals und Konzerte, um immer wieder allein zu mir zurückzukommen. Dates waren schön, wenn sie nicht zu lange gingen, nicht zu lange blieben, sich nicht zu sehr in meinem Leben einnisteten. Es eher antippten, wie eine Bewegung auf einem stillen Wasser. Ein paar Kreise zogen und dann wieder von selbst verebbten. Ich fühlte mich glücklich, lebendig. Ich konnte Männer mitreißen, aber nicht zu fest, bis ich mich losriss. Ich suchte das Weite, bevor etwas tiefer gehen konnte. Ich war zufrieden in meiner Sicherheit, nicht mehr als nötig aufs Spiel zu setzen.

Meine Geschichten in meinem letzten Jahr voller Dates, die ich im ersten Band *Tinder Stories* festhielt, waren meistens schon vorbei, bevor sie angefangen hatten. Wir betranken uns in schäbigen Kiez-Kneipen mit billigem Fusel, und nicht nur einmal wachte ich morgens in meinem Bett auf, ohne zu wissen, wie ich nach Hause gekommen war. Man kollidierte in einer kurzen Sequenz der Gegenwart, für einen Abend oder drei, um dann doch nur eine vergessene Nummer im gegenseitigen Telefonspeicher zu werden. Es funkte nicht direkt, und für mehr war keine Zeit. Wir konnten nicht darauf warten, Einblicke in Menschen zu erlangen, die uns nur halb interessierten, war doch alles überschattet von der großen Sehnsucht danach, uns selbst endlich kennenzulernen. Uns selbst zu sehen in den bunten Geschichten anderer Menschen, die eigenen Gestiken in fremden Gesichtern. Es ging um Bestätigung, den eigenen Spaß, darum, etwas zu erleben.

Dass zwei sich bis eben völlig Fremde nach zehn ausgetauschten Sätzen bereits mit der gegenseitigen Anziehung spielten – das faszinierte mich. Ich mochte das Feuer, und ich mochte es, mit ihm zu spielen. Die Unberechenbarkeit daran. Ich wollte nicht ankommen. Ich wollte die Welt sehen, mich selbst kennenlernen. Da war sicher, was nicht sicher war. Also alles, was kein Danach hatte.

Bis da einer war, der nicht mehr ging. Nick. Und mit ihm eine neue, eine andere Dimension von Glück in mein Leben trat. Ich war neu in Berlin, bereit für ein Abenteuer, für flüchtige Bekanntschaften, neue Freundschaften, ausschweifende Abende und diese neue Stadt. Wofür ich mich nicht bereit fühlte? Die Liebe. Ich hatte das nicht kommen sehen, er verscheuchte Grautöne und Zweifel.

Nick ist ein Lehramtsstudent Anfang dreißig, der sich gerne bei allem Zeit lässt. Wenn er mich ansieht und mir zuhört, legt er den Kopf meistens schief. Er guckt meine Serien mit mir, ohne sie ernst zu nehmen, und isst die Oliven auf, die aus Versehen in meinem Essen landen. Er geht für mein Empfinden ein bisschen zu oft zum Friseur, wobei ich seine Locken gerne ungebändigt und lang mag. Auf seinen schweren Holzmöbeln steht ein Plattenspieler, er hört Sinatra, Hendrix und Presley. Er läuft sehr aufrecht, weil er zu Schulzeiten der Kleinste seiner Klasse war, und hat ein breites Kreuz vom Rettungsschwimmen. Eine unserer ersten gefundenen Gemeinsamkeiten in der Unterhaltung bei unserem ersten Date war die, dass wir beide viele Jahre in Vereinen geschwommen sind. Wenn ich ihn umarme, meine Stirn an seinem Kinn, seine Arme schwer auf meinen Schultern, seine Hände, die meinen Rücken fest umfassen – dann fühle ich mich geborgen. Immerzu denke ich: Es gibt noch so viel mehr zu erzählen. Also mache ich mir Notizen über die Liebe. Ich beobachte den Alltag und schreibe ihn auf.

Ich war vierzehn, als ich mich das erste Mal verliebte, und es brauchte die doppelte Anzahl von Jahren, bis ich alles, was ich über die Liebe zu wissen glaubte, wieder auf den Kopf gestellt hatte.

Eigentlich nur aus Versehen hier gelandet

Juni

»Wie läuft es mit dem Retro-Menschen?«, erkundigt Josy sich neugierig, während Milli gerade unser Mittagessen holt. So nennt sie Nick immer. Sie bleibt bei Bezeichnungen wie »der letztens von Tinder«, »der Barkeeper« oder »der mit der Vespa aus München«. Ich weiß nie so richtig, ob das Absicht ist, oder ob sie sich die Namen der Männer hinter diesen Beschreibungen wirklich nicht merken kann. Wir stehen draußen in der Sonne.

Sie und Milli, meine Freundinnen aus Hamburg, besuchen mich übers Wochenende in Berlin. Wir kennen uns seit einigen Jahren, waren uns in Hamburg bei einem gemeinsamen Job über den Weg gelaufen, als ich neu in der Stadt war, und seither unzertrennlich. Letzten Herbst hatte es mich dann in die Hauptstadt verschlagen, seitdem war unsere Freundschaft eine Fernbeziehung. Ich zucke mit den Schultern und lasse meiner Hündin mehr Leine. Interessiert schnüffelt sie an den Hauswänden. Es ist so ein Samstag, an dem die ganze Stadt vibriert, voller Unternehmungslust. In den Parks werden Grills zwischen Picknickdecken und Brotdosen aufgestellt. Der Geruch des Sommers hängt tief drückend in den Straßenzügen der Stadt. Das Badeschiff auf der Spree hat Schlangen von über zwei Stunden, jeder will kurz ins kühle Nass dippen.

Nick und ich, wir hatten uns erst auf Tinder gefunden und uns nach drei Sätzen Gespräch, die sich ins Nichts verloren (das heißt: ich habe nicht mehr zurückgeschrieben), tatsächlich in einem Club gesehen (das heißt: ich ihn) und angesprochen (ich ihn). Das ist vier Monate her.

Josy hat recht, Nick ist wie aus der Zeit gefallen. Sein Auto ist älter als er selbst. Er trägt Hemden seines Vaters aus den Siebzigern und hat, wie ich, keinen Fernseher, sondern liest lieber Bücher. Seine Wohnung in Friedrichshain bewohnt er in wechselnder Mitbewohner-Besetzung seit zehn Jahren.

Sein Telefon ist fast genauso lange an seiner Seite, meistens ist es stumm oder aus. Statt zu texten ruft er immer zurück. Beim Essen dreht er das Handy auf dem Tisch nicht nur um, wie die meisten seiner Generation, er nimmt es gar nicht erst mit. Oftmals ist er also auch für mich nicht erreichbar. Er lebt das alles mit einer völligen Selbstverständlichkeit. Die Angst, etwas zu verpassen, kennt er nicht. Nick ist sich in allem sicher, was er tut, jeder Handgriff sitzt. Es hatte gedauert, bis ich mich an alles, was ihn ausmachte, die Analogie, seine Präsenz im Jetzt und seine Selbstsicherheit, gewöhnt hatte. Ich hatte noch nie jemanden wie ihn kennengelernt.

»Wir gehen Schritt für Schritt und schauen immer wieder, ob es passt. Wir tasten uns vor«, sage ich, während wir weitergehen.

Josy und Milli wussten tatsächlich noch nicht so viel von meiner Zeit mit Nick, nicht alles von den Grautönen, nichts von der Scheune, die er mir vor drei Wochen gezeigt hatte. Wir hatten gerade eine Distanz zwischen uns, eine räumliche, aber auch eine, die ich in unsere Kommunikation hineinbrachte. Seit ich weggezogen und sie in Hamburg zurückgeblieben waren, hatten wir uns auseinandergelebt. Ich war nicht gut darin, am Telefon zu hängen, mich regelmäßig zu melden, von mir zu erzählen.

Ich habe meist so eine Klarheit in mir, dass ich niemanden in mein Tun einweihe. Ich konnte die Dinge mit mir selbst klären. Ich hatte nie gelernt, mich mitzuteilen. Wusste nicht, woher die Sätze kamen oder wie man Gefühle erklären konnte. Ich hörte lieber zu, nickte und schlug Lösungen vor.

»Nick ist toll. Ich glaube, ich verstehe die Liebe noch nicht so richtig«, füge ich versöhnlich hinzu, um überhaupt etwas zu sagen, aber bleibe vage und defensiv. Ich lächele Josy an. Ich kann nicht anders. Natürlich ist es mehr als das. Vielleicht traue ich mich nicht, meine volle Begeisterung für Nick in Worten in die Welt rauszulassen, aus Angst, sie würden im Anblick der nackten Großstadt zu sehr diskutiert und mir wieder genommen werden. Von Menschen, die wissen, wie sehr ich das Singlesein immer feierte, die die Fragen stellen, die ich mich selbst nicht traue, in den Raum zu werfen. Wenn ich nicht viel darüber erzähle, konnte ich diese kleine Flamme in mir doch nur beschützen. Oder?

»Ich auch nicht«, sagt Milli, die sich mit drei warmen Burritos im Gepäck von hinten an uns rangeschlichen hatte. Sie hat einen dunkelblauen kurzbeinigen Hosenanzug an, der ihr zu ihrer blassen Haut und den schwarzen langen Haaren ganz fabelhaft steht. Josy trottet neben ihr und mir her, kleiner als wir beide, was ihr hellbrauner Lockenkopf wieder wettmacht. Lachend verfällt sie in einen Monolog über sich und Tom, über ihre Anfangszeiten und darüber, wo sie jetzt nach acht Jahren miteinander stehen. Sie trägt ein ungebügeltes rotes Sommerkleid, das ihre vielen Sommersprossen unterstreicht. Ich sehe runter auf mein verblichenes weißes T-Shirt zu kurzen Jeans und Turnschuhen, meine übliche Kombination im Sommer in Berlin. Milli ist immer elegant, Josy immer bunt und farbenfroh. Ich sammele ein paar Hundehaare von meinem T-Shirt. Ein Schaufenster nach dem anderen lassen wir hinter uns, bis wir Friedrichshain komplett passiert haben. Die Spree taucht vor uns auf.

Wir spazieren in den Treptower Park und gehen unterwegs das letzte Jahr und diesen Frühling durch. Stichpunktartig, in »Weißt du noch«?-artiger Manier. Überall um uns spielen kleine Familien, liegen junge Mädchen in der Sonne, feiern Menschen auf Booten auf der Spree. Die Stimmung ist ausgelassen. Im Park legen wir uns in den Halbschatten auf unsere Jacken und gucken in den Himmel. Meine schwitzigen Beine kleben am trockenen Gras fest. Die Haare binde ich aus meinem Nacken hoch und öffne vorsorglich den oberen Knopf meiner Shorts. Als ich gerade unsere Burritos auspacke und Milli frage, wie es ihr denn derzeit so damit und generell geht, also wirklich geht, über das übliche ›alles gut‹ hinaus, bricht aus ihr ein großer Redeschwall heraus. Milli erzählt von Markus, und wie sie versuchen wollte, ihn zu einer Beziehung zu drängen, obwohl er nichts Festes wollte. Ich höre ihr gespannt zu.

»Es ist so weit gekommen, dass wir in einem Restaurant saßen und ich ihn beschuldigt habe, heimlich in mich verliebt zu sein, aber es sich nicht eingestehen zu können, um an seinen Single-Prinzipien festzuhalten.« Sie senkt beschämt den Kopf. »Er wollte mich einfach tatsächlich nicht. Und ich wollte ihn zwingen, sich in mich zu verlieben oder irgendetwas zu gestehen. Ich habe Dinge gesehen, die nicht so waren. Das ist mir im Nachhinein richtig peinlich.« Josy und ich gucken sie betreten an. Milli konnte im Nullkommanix auf den Punkt ihrer Gedanken kommen. Sie legt sie uns dar, ich schweige und halte ihrem Blick stand.

»Hände hoch, wer sich in der Liebe von peinlichen Aktionen völlig freisagen kann«, murmelt Josy.

»Woran lag das, dass das so schiefgelaufen ist?«, frage ich ermutigend.

»Ich habe mir das eingeredet. Ich hatte plötzlich so einen Druck in mir, dass es mit irgendjemandem jetzt endlich mal klappen muss. Und dann habe ich mich so leer gefühlt und wollte das füllen. Markus tut mir echt ein bisschen leid.« Sie lacht gequält. »Ich habe nach diesem Abend auch nie wieder etwas von ihm gehört.«

»Wieso leer?«, frage ich wieder.

»Hm. Das ist schwer zu beschreiben. Es macht auch keinen Sinn, wenn ich es laut ausspreche. Ich mag meinen Job und meine Kollegen in der Agentur richtig gern, wir haben so viel Spaß, selbst wenn wir abends um zehn noch an einem Pitch sitzen. Meine eigenen kleinen fünfzig Quadratmeter sind ein Traum, ich fühle mich da so wohl. Und ich habe die schönsten Urlaube mit euch. Dieser witzige Abend in dem Stripclub in London im Februar? Wie sind wir da eigentlich gelandet? Also eigentlich ist alles toll. Und trotzdem fühle ich mich manchmal einfach so … leer.«

Josy nickt bekräftigend mit vollem Mund und kleckert Guacamole auf ihr rotes Kleid.

»Leere, weil … ›Na Milli, dir rennt doch auch die Zeit davon‹ oder ›Du bist schon achtundzwanzig, Milli, ist da immer noch niemand in Aussicht?‹ oder ›Ich glaube, du bist einfach zu wählerisch, in deinem Alter war ich schon sechs Jahre verheiratet‹. Dann denkt man halt schon, dass irgendetwas mit einem nicht stimmt. Ich meine, wieso verlieben sich alle, nur ich nicht? Und dann diese ganzen Hochzeitsfotos und Schwangerschaftsankündigungen, die ich jeden Tag auf Instagram sehe. Der ganze Freundeskreis, der sich weiterentwickelt. Echt ey, das hat mich fertig gemacht. Man bleibt so zurück. So leer.« Milli senkt traurig den Blick. »Ich dachte, dass ich diese Schritte nur auch abhaken muss, um wieder mithalten zu können.« Sie hat sich vom langsamen Erzählen erst in Rage und dann in stille Traurigkeit geredet. Und wie ein stilles Übereinkommen, sagt keiner von uns etwas, weil das so ein Moment ist, in dem man genau weiß, dass man durch Schweigen dazu ermutigen kann, weiterzureden, um noch eine Lage mehr abzukratzen. »Ich bewundere euch echt oft«, redet sie dann weiter. »Ihr wirkt immer so selbstsicher und nie so, wie ich mich ständig fühle. Du hast Tom seit Ewigkeiten, ihr seid das tollste Paar, das ich kenne, und du, du hast immer diese Aura von absoluter Unabhängigkeit, als würdest du auf alles und jeden scheißen. Als bräuchtest du niemanden und denkst darüber auch gar nicht weiter nach«, adressiert sie ersteres an Josy und letzteres an mich.

Ich räuspere mich und sage endlich doch was. »Ich habe im April gehadert, mit Nick, obwohl alles perfekt war. Jeder hat da so seine eigenen Baustellen. Meine war die, jemanden nicht tief an mich ranlassen zu können. Josy und Tom hatten im Frühling sogar kurzfristig eine Pause«, werfe ich leise ein Bruchstück Realität zwischen ihre Ausführungen. »Liebe und alles Drumherum ist immer ein Auf und Ab.«

Josy nickt.

»Mich macht das einfach so wütend. Nach mir, meiner Arbeit, meinem Leben in Hamburg fragt niemand. Nur danach, was ich nicht habe oder nicht dabeihabe.«

Mein Kopf schweift vom Thema ab. Josy nimmt den Faden auf, und ich beobachte, wie sich die beiden in ein Gespräch verwickeln, das mit mir wenig zu tun hat. Für mich waren Familienfeiern nie problematisch, aber auch, weil ich zu allen eine stille Distanz hatte. Bei uns mischte sich nie jemand ins Leben des anderen ein. Jeder machte einfach sein Ding. Wir waren individuelle Personen, die zufällig miteinander verwandt waren.

Josy richtet sich aus ihrer liegenden Position auf. »Dass sich auf Familienfeiern alle nur für deinen Beziehungsstatus interessieren, kann ich bestätigen. Tom und ich werden stattdessen jedes einzelne Mal gefragt, wann es denn endlich soweit ist. Wann die Hochzeitsglocken läuten, ob wir nicht auch mal langsam Nachwuchs wollen, weil wir ja auch nicht mehr jünger werden und die Dreißig jetzt vor der Tür steht«, erzählt sie ganz ruhig und bedacht. »Ich glaube, dass Familie eben ein unverfängliches Thema für viele ist. Sie kennen sich mit meinem Job ja nicht aus, haben keine Ahnung von der Medienbranche. Wissen nichts weiter von meinem Leben. Welche Anknüpfungspunkte hat man denn sonst? Wir lieben eben alle, das haben wir miteinander gemeinsam.« Sie klingt ganz sanft. »Mal davon abgesehen, dass man eine Frau niemals fragen sollte, wann sie Kinder haben wird, weil damit Schmerzen verbunden sein können, verstehe ich schon, dass viele nicht wissen, welches Gespräch sie anfangen sollen und deswegen auf das Naheliegende ausweichen. Das ist etwas, was sich mit ihrer Zukunft überschneidet. Enkel oder Urenkel haben ist für viele das Großereignis im Alter. Ist ja auch schön. Deswegen verstehe ich das. Ich bleib dann nett und höflich und sage klar, dass so was aktuell kein Thema für uns ist.«

»Wenn die Gesellschaft dir die ganze Zeit sagt, ›Hey, du bist nicht vollständig‹, dann wäre ich halt manchmal lieber vergeben wie Josy oder halt so auf das scheißend wie du.« Was ich, wieder, nicht bin, aber dieses Mal lasse ich sie weiterreden. »Mich nimmt so etwas mit. Ich mach mir Gedanken. Und fühle mich am Ende wirklich nicht vollständig. ›Du musst schon einsam sein, so ganz alleine in der großen Stadt oder, Kind?‹«, äfft sie wieder jemanden nach. »Ich will es mir einerseits nicht mit meiner Familie verbauen, aber andererseits ist es so anstrengend, dass ich alles kappen möchte. Ich meine, wie soll man denn glücklich sein mit seinem Single-Leben, wenn einem die ganze Zeit eingeredet wird, dass man es nicht ist?«

Ich gebe mir einen Ruck, auch etwas zum Gespräch beizutragen. »Ich hätte gesagt: Geh halt nicht mehr hin. Ich scheue jegliche Konfrontation, aber das ist ja auch keine Lösung«, überdenke ich ihre Ausführungen. Ich bin noch nie ein Fan von Konflikten gewesen. Mir erschließt sich nicht, warum man Leuten seine Meinung aufdrängen soll, wenn man nicht alle Faktoren kennt. Josys Lösung aber war da wirklich die kommunikativere. Verständnisvoll in Diskussionen eintauchen und sich dadurch gemeinsam weiterbewegen.

»Also«, fahre ich bemüht an die beiden gerichtet fort, »Verständnis füreinander aufbringen und sich erklären, das finde ich wirklich besser. Vielleicht einfach nett erklären, dass Familie noch kein Thema ist, weil der Job einen gerade wirklich einnimmt und Spaß macht, an welchen Dingen man genau arbeitet, wie das Leben in Berlin oder bei euch eben in Hamburg ist. Gute, intensive Unterhaltungen muss man forcieren. Das muss ich mir selbst auch ankreiden. Offener Kopf, offenes Herz, du weißt schon, miteinander offen reden. Ich glaube, daraus können sich selbst auf einer Familienfeier mit deiner Großtante, Milli, gute Gespräche entwickeln.«

Sie wehrt halbherzig ab. »Ich versuchs.« Milli schluckt und

nestelt an ihren Burrito-Resten. »Ich hätte einfach Lust, mich endlich mal wieder zu verlieben.« Wir nicken im Takt. Ist dieser Wunsch nicht in jedem tief verankert? Und warum haben wir das Gefühl, vor anderen unser eigenes Timing in der Liebe rechtfertigen zu müssen, oder trauen uns nicht, wie ich, unsere Liebe in bunten Worten in den Raum zu stellen?

»Und bei dir? Erzähl du doch auch mal was«, stupst Josy mich an.

»Nick hat mir vor ein paar Wochen eine Scheune gezeigt. Seine. Ein ganzes Grundstück. Vielleicht ziehen wir hin«, sage ich, bemüht beiläufig, während sich meine Stimme hektisch überschlägt. Ich lasse die Haare aus meinem losen Dutt frei und fahre mit den Fingern durch sie durch, weil ich nicht weiß, wohin ich mit meinen Händen soll.

»Ein Grundstück?«, fragt Milli prüfend.

»Ja, seins. Er hat es mir nur gezeigt«, murmele ich vorsichtig. Irgendwie war es mehr als das. »Mehr weiß ich davon auch noch nicht.«

»Ihr habt ein Grundstück? Irre!« Während Josy mich umarmt und aufgeregt Fragen zur Scheune stellt, zur Fläche, zu den Plänen, zum Umbau und zur Dachkonstruktion, verstummt Milli, legt sich zurück ins Gras und holt ihr Handy raus.

»Du auf dem Land?«, fragt Josy mich noch stirnrunzelnd.

»Warum eigentlich nicht? Ich sehne mich hier jeden Tag nach Natur«, antworte ich und zucke mit den Schultern.

»Ich will auch einen Nick«, unterbricht Milli abwesend Josys Träumereien über Backsteinwände und meine über mattschwarze Küchen. Ich fühle mich schlecht und dann noch ein wenig schlechter, als ich realisiere, dass ich mich auf keinen Fall so fühlen sollte. Freundschaft gleicht manchmal einem Balanceakt, wenn eine Person in ihrem Leben ins Wanken geraten ist und man ruhig und besonnen versucht, die Bewegung auszugleichen, um die Zusammengehörigkeit wiederherzustellen. Ich merke, wie ihr mein ungewollt gefundenes Glück zu schaffen macht, und lege mich neben sie ins Gras. Die fehlende Euphorie nehme ich ihr nicht einmal übel.

»Hey.«

»Hm?«

»Alles gut bei dir?«

»Ja, wieso?«

Mein Hund klettert auf meinen Schoß. Josy hat ihren in Hamburg bei Tom gelassen. Wir stehen alle an anderen Punkten in unseren Leben. Die Stimmung ist komisch. Sensibel erfühle ich Energie, die zwischen Freundinnen nicht stehen sollte. Wir sind drei verschiedene Persönlichkeiten, die trotz ihrer unterschiedlichen Charaktere seit ein paar Jahren aneinander festhalten. Manchmal verstehen wir uns nicht so richtig, manchmal reden wir aneinander vorbei. Ich fühle mich für meine stilleren Gefühle oft nicht von Milli gesehen. Sie spürt keine Melancholie und auch nicht diese Euphorie, sie sieht die Welt insgesamt kühler, realistischer, anders als ich. Josy ist leichter zu greifen, mit allem, was sie ausmacht. Für uns beide. Sie ist die Weisheit in unserer Mitte, während ich an vieles zu verschlossen rangehe und Milli sich reinsteigert. Vielleicht ist sie unser Mittelpunkt, unser Klebstoff – das, was uns zusammenhält.

»Und was schreibe ich rein?« Milli hält uns die geöffnete Tinder-App unter die Nase, in der der Cursor in einem leeren Textfeld blinkt.

»Was wäre dein erster Impuls?«, frage ich sie offen.

»Hm, ich glaube: ›Eigentlich nur aus Versehen hier gelandet.‹ Oder?«

»Ich habe meine Tinder-Biografie ständig verändert«, erzähle ich von meinem letzten Jahr. »Erst stand da irgendetwas ganz peinlich-arrogantes über intellektuelle Konversationen, dann nur noch ›Suche Freunde‹, irgendwann meine Größe und ein ›Neu in Berlin‹. Glaube einen Mond hatte ich auch mal als Beschreibung drin. Ich habe es immer mal geändert.«

»Gut, dann muss ich das ja noch nicht jetzt entscheiden«, beschließt sie und setzt ein Emoji ins Textfeld. Ich schiele ihr über die Schulter. Es ist ein blauer Schmetterling. Anschließend fängt sie an, sich durchzuwischen. »Nein, nein, nein.« Unzählige Gesichter sehe ich nach links ins Nichts wandern. Zehn Minuten später packt sie seufzend das Handy wieder weg.

»Okay, was machen wir heute Abend?«, frage ich in die Runde.

»Irgendwas, was so richtig Berlin ist?«, kommt von Josy zurück. »Ich habe Bock zu tanzen!«

»Warst du seit Februar eigentlich mal wieder im *KitKat*, Lu?«, möchte Milli wissen.

»Tatsächlich nicht. Mir hat es gereicht, das Spektakel das eine Mal zu sehen. In den letzten zwei Monaten war ich kaum noch tanzen. Seit der Einweihungsparty vom Mitbewohner und mir, wo wir drei uns gesehen haben. Es ging mir so schlecht danach. Seither zelebriere ich mit Nick das ruhige Leben. Nicht mal in diesen Technoclub in Riga haben wir es geschafft, weil wir zu müde waren. Aber ich hoffe ja seither, dass meine Partylust zurückkommt. Ich gebe die Hoffnung nicht auf«, lache ich. Ich war sonst immer so viel tanzen, so viel aus und nachts unterwegs. Sich danach eine Weile mal nicht zu verzehren, ist für mich aber auch okay. Alles kommt und geht eben in Wellen.

»Ja, wir werden alt«, nickt Josy. »Aber nicht heute. Heute sind wir jung.« Wir prosten uns mit Burrito-Resten zu, packen zusammen und treten den Rückweg zu mir an. Stunden später stehen wir auf einer Tanzfläche in Kreuzberg, im *SO36*, drehen uns zu 80er-Jahre-Pop im Kreis und feiern unsere Freundschaft. Ich bin froh, dass die komische Stimmung zwischen uns wieder verschwunden ist. Sie spielen *Forever Young* von Alphaville. »Heute sind wir jung!«, rufen wir abwechselnd. Ich schicke Nick verwackelte Bilder, die er, ausnahmsweise mal, beantwortet und mit ausschweifenden Fragen und Küssen kommentiert. Drei Uhr, auf dem Rückweg zu mir, finden wir vor einem Späti am Kottbusser Tor sogar noch Lola. Sie sitzt auf dem Schoß eines jungen Typen, trinkt Cola und rudert wild mit den Armen, als sie mich sieht. Berlin ist so groß und nachts doch ein Dorf. Wir sind müde und kaputt getanzt, geben uns die skurrile Szenerie nur kurz und verabschieden uns mit Luftküssen und entgegen ihrer Proteste in die Nacht.

Am nächsten Abend, als die Mädels schon längst zurück in Hamburg sind, schickt Josy Videos aus ihrer Wohnung in unsere WhatsApp-Gruppe. Sie tanzt darin zu den Songs, mit denen wir am Wochenende durch die Nacht gezogen waren. Wie ein Flummi dreht sie sich neben ihrem auseinanderquillenden Koffer durch ihre Küche, hält ihre Füße in Regenbocken-Socken in die Kamera und macht Moves aus Hip-Hop-Videos nach. Milli schickt ein Selfie von sich und ihrer hellen, aufgeräumten Wohnung zurück, in der sie alle Kerzen angezündet hat. Ich muss über die ungewollte Komik in ihren Unterschieden lachen und antworte mit einer Aufnahme von mir zwischen meinen Büchern, meinem Chaos und meinem Essen vom Lieferservice. Mango-Curry und Sommerrollen mit Erdnusssoße von *Anh Dao*. Ein perfekter Sonntagabend. Nachdem wir aufgelegt haben, denke ich noch lange über den Klebstoff in unserer Freundschaft nach, über das, was uns zusammenhält. Über Schwingungen, die ich fühlte, und die Frage, ob ich Milli die Freundin sein kann, die sie braucht.

* * *

»Morgen«, begrüße ich den Mitbewohner beschwingt, als ich aus meinem Zimmer raus in unsere offene Wohn-Essküche tappe.

»Moin«, kommentiert er kurz angebunden und ohne von seinem Laptop aufzusehen. Seit letztem Herbst bewohnen wir zu zweit diesen ersten Stock an einer viel befahrenen und lauten Kreuzung in Prenzlauer Berg. Wir haben beide ein eigenes Badezimmer, und das ist vielleicht das Beste an der ganzen Wohnung.

»Willst du auch einen Kaffee aus der *Bialetti*?«, frage ich und umrunde unseren frei stehenden weißen Küchentresen.

»Nee danke, passt.«

»Okay«, zucke ich mit den Schultern und mache mich daran, die Espressobohnen für meine Portion in dieser kleinen, alten

Mühle zu mahlen, die ich aus Nicks Küche stibitzt habe. Er trinkt seinen Kaffee meist erst auf Arbeit. Die Mühle ist wunderschön, aus Holz geschnitzt und in einem hellen Lindgrün mit roten Schubladen verziert. Manchmal weiß ich nicht, ob er mit seinem Wohnungsinhalt einen ganzen Flohmarkt versorgen möchte oder zu viele geplündert hat. Einhändig tippe ich an Maja: *Hallo schöne Frau, sehen wir uns diese Woche?*, ohne meinen Kaffee aus den Augen zu verlieren.

»Wie war dein Wochenende?«, richte ich dann nach ein paar Minuten Stille an den Mitbewohner, bemüht, ein Gespräch aufzubauen. Während ich meine Hamburg-Freundinnen hier bei mir in Berlin hatte, hatte er das Wochenende in Hamburg verbracht.

»Kiez. Beide Tage. War lang«, wirft er mir in Bruchstücken Umrisse seiner letzten drei Tage zu. Ich verschwinde mit meinem fertigen Espresso, den ich in kalter Hafermilch ertränke, zurück ins Bett.

»Okay«, murmele ich noch im Gehen, ohne umgekehrt von meinem Wochenende zu erzählen. Dafür schreibt Nick:

Er: Guten Morgen Prinzessin
Er: Hast du gut geschlafen?
Er: Hattest du ein schönes Wochenende mit deinen Mädels?
Er: Sehen wir uns heute Abend?
Er: Hast du Lust auf Kino, ne Ausstellung oder etwas zusammen kochen?

Er hat das Wochenende bei seinem Großvater verbracht, die beiden verbringen viel Zeit miteinander und verstehen sich blendend. Den Kaffee neben mir auf die Matratze abgestellt, tippe ich:

Ich: Ich komme heute Abend einfach zu dir, dann sehen wir weiter
Ich: Schreib mir, wann du Feierabend machst
Ich: Freu mich

Nach nicht mal einer Sekunde kommt zurück:

Er: Ich mich auch auf dich
Er: Nachtzug nach Lissabon hat mich gerade. Ganz starke Passage
Er: Und zwei richtig schöne Metaphern und beide verbinde ich mit dir
Er: Goldschmied der Worte
Er: Archäologe der Seele
Er: Lese dir das später vor

Ich lächele und betrachte die Sonne weit entfernt vor meinem Fenster. Ich habe Nordseite, sie scheint nie rein. Wirkt eher wie ein anderes, weit entferntes Leben, während sie den gegenüberliegenden Park beleuchtet. Eines, was nicht mir gehört. Nick und ich haben unsere kleinen Rituale entwickelt, und das Vorlesen ist eines davon. Meistens liest er, während ich mich in seine schreckliche braun-blaue Bettwäsche kuschele und die Decke bis unter die Nase ziehe. Ich schlafe nirgendwo so gut wie dort. Nick ist ein langsamer Leser, bedacht darauf, jedes Wort genau auszusprechen und jedem Satz die ihm zustehende Betonung zu verleihen. Als würde das seine Worte besser übermitteln, hat er dabei die Angewohnheit, Nähe zu suchen. Nick hat diese körperbezogene Art, die ich noch nie bei einem Mann kennengelernt hatte. Die, sich in Berührungen noch besser ausdrücken zu können, als in Worten. Er streicht über meinen Oberarm, während wir die Treppe zur U-Bahn runterschlendern, nimmt an der Ampel meine Hand und küsst mich auf die Stirn, bevor wir in den Supermarkt gehen. Ganz alltägliche Dinge fühlen sich dadurch besonders an. Für ihn sind all diese Berührungen Teil davon, sich auszudrücken. Er ist der Welt dadurch näher, als ich es je sein könnte.

»Alles okay?«, fragt er, als ich später am Abend noch einmal aufschrecke. Seine Stimme ist weich, weder besonders hoch noch tief, dafür wie eine warme Umarmung. Ich war nach meinem Tag zu ihm getaumelt, war schon eher als er in seiner WG, seine Mitbewohnerin hatte mir aufgemacht, bevor sie wieder in ihrem Zimmer verschwand. Wie auf Zehenspitzen betrat ich beladen mit Gemüse vom Wochenmarkt die mir eigentlich fremde Wohnung, die plötzlich zu meinem Alltag gehörte.

Ich war von seinem Vorlesen ziemlich schnell eingeschlafen, er liegt noch lesend neben mir.

»Wenn ich hier liege, immer«, murmele ich zurück, und meine es genau so. Verschlafen lasse ich meinen Blick über seine dunkelbraunen Holzmöbel schweifen, über das Rennrad auf dem schmalen Kleiderschrank, über die Wand aus Polaroid-Bildern, die mit den Kordelstricken zwischen den Nägeln aussehen wie die Ermittlungen einer Mordkommission.

»Ich mags hier bei dir.«

»Soll ich das Fenster zumachen? Ist dir kalt?«

»Nein, lass ruhig auf.«

Ich kuschle mich wieder näher an ihn. Er strahlt eine unglaubliche Hitze ab. Das offene Fenster trägt Stimmen und Gemurmel in unsere Zweisamkeit. Es ist spannend, wie Menschen in direkter Nähe zueinander sich doch so fremd sein können. Die Leute in den Wohnungen zum Hof des Berliner Altbaus haben grundsätzlich mit offenen Fenstern Sex, und der Innenhof ergibt einen durchmischten Geräuschpegel von Stöhnen und Streiten, von wummerndem Techno und vom *König-der-Löwen*-Soundtrack, der rund um die Uhr aus einer Wohnung schallt. Das ist wohl der Sommer in Berlin.

Im ganzen Leben ein Streber

Mein Blick scannt über Bauchtaschen und Stiefel mit dicken Plateausohlen, über hochgekrempelte Hosen, ausgelatschte Turnschuhe mit Löchern, Brillen und angestrengte Blicke, zerzauste Frisuren, über ungeschminkte Mienen, die starr geradeaus ins Nichts sehen. Verzücktes Wippen zur Musik, aus einem der Kopfhörer dringt derber Deutsch-Rap. Die Luft ist zum Schneiden stickig, obwohl heute ein eher kühler Sommertag ist.

Ich beobachte die Berliner, die mit mir in der gleichen Ringbahn auf dem Weg zu ihren unterschiedlichen Destinationen sind, und ich überlege, was sie heute noch vorhaben, ob sie glücklich sind. Sie sind mir genauso nah und doch gleichzeitig unglaublich fern wie die Leute in Nicks Innenhof. Die Tage vergehen nur so, während wir Station für Station passieren.

Ein älterer Herr lächelt, während er aus dem Fenster schaut, und ich frage mich, wohin er unterwegs ist, woran er gerade denkt. Er wirkt ganz weit weg. Ein junges Mädchen mit langen schwarzen Haaren hat riesige Kopfhörer auf, die ihr Gesicht fast verschlucken. Ihr Blick ist ausdruckslos, aber als sie bemerkt, dass ich sie beobachte, grinst sie mich an.

Ich bin auf dem Weg zu einem Date mit Maja. Sie ist unterwegs von ihrem Werksstudentenjob in ihre Uni, ich kann eine Nachmittagspause von meiner Steuererklärung gut gebrauchen. Schon bevor sie da ist, ordere ich für uns. Maja und ich bestellten in Cafébars schon oft das Gleiche oder waren happy damit, was der andere ausgesucht hatte.

»Es ist einfach Sommer jetzt. Wow«, sage ich, nachdem sie

sich gesetzt und mich begrüßt hat. Mit einem Schwung bindet sie sich ihre blonden Haare zu einem losen Zopf und fächelt sich Luft zu, anscheinend ist sie hergeeilt.

»Maja, unser erster gemeinsamer Sommer in Berlin!«, bemerke ich. Der Barista bringt uns zwei Kaffee und das Bananenbrot zum Teilen.

»Was machen wir aus dem Sommer? Fahrt ihr weg?« Sie schaut mich fragend unter ihren langen Wimpern an. Maja hat so eine ruhige Schönheit an sich, unaufgeregt, tief.

»Ich hab noch gar keine Pläne für den Sommer gemacht. Ich könnte Nick fragen, ob er mit mir Sommerurlaub machen will«, überlege ich. »Meinst du, das mit uns ist für einen längeren Urlaub noch zu frisch?«

»Wieso denn zu frisch? Ihr wart sogar schon in Riga zusammen.«

Maja hat einen ermutigenden, wachen Blick. Es ist, als würde sie kaum blinzeln. Sie hängt voller Aufmerksamkeit am Gesicht des anderen, und man kann gar nicht anders, als es ihr gleich zu tun. Ich lächele sie an. Sie hat völlig recht.

»Erzähl, was geht so auf Tinder? Was verpasse ich?« Eigentlich wollte sie sich vom Dating zurückziehen, in letzter Zeit hatte sie mir aber immer mal wieder Screenshots von Profilen geschickt.

»Ne Menge und gleichzeitig auch nichts.« Sie lacht. »Die letzten Monate habe ich jetzt ad acta gelegt.« Sie meint den Mann, den sie gedatet hatte, bevor sie beschloss, das mit den Dates erst einmal zu lassen. »Er war nicht greifbar, zumindest zu wenig für mich. Habe das jetzt sacken lassen.« Sie wischt ihn, wie mit einer einzelnen Handbewegung, achtlos vom Tisch.

»Tat das weh?«, unterbreche ich sie. »Gehts dir inzwischen gut damit? Oder zumindest okay?« Jeder hier hatte seine Geschichte mit der Liebe, sein Thema, an dem er zu knabbern hatte. Und bei jedem war das ein anderes.

»Mir gehts gut damit. Das Leben geht weiter.«

»Okay, das ist gut. Und jetzt? Triffst du dich wieder mit wem?«

»Ich habe mich durchgeswipt, nach langer Zeit mal wieder.

Es ist erstaunlich, wie viele Männer es in Berlin auf Tinder gibt. Wie viel ›Material‹.« Letzteres setzt sie in der Luft in imaginäre Anführungszeichen. »Stell dir vor, man bräuchte ein ganzes Leben, um so viele Menschen zu treffen.«

»Ja, aber das ist ja nicht das Ziel. Alle zu treffen, meine ich.« Ich lache. Absurde Vorstellung.

»Neee, aber stell dir nur mal vor. So theoretisch. Diese Masse an Menschen in Realität. Als würden sie alle auf einmal vor dir stehen. Das ist überwältigend. Das ist irre.«

»Schon, ja.«

»Wie hast du das gemacht, nicht zu vergessen, dass du da gerade über echte Menschen entscheidest, indem du swipst?«

»Ich habe mir das nie so vorgestellt, als hätte ich jetzt 'ne große Macht und könnte über etwas Wichtiges entscheiden. Eher so, als würde ich dort in fünf Minuten komprimiert alle Menschen sehen, mit denen ich sonst im Laufe einer ganzen Woche Blickkontakt auf der Straße gehabt hätte. Eher realitätsnah. Ich habe die Bilder nie von der Wirklichkeit losgelöst betrachtet. Wenn da ein Bild von einem Mann im Café ist, habe ich den eben wirklich wie in einem Café vor mir sitzen gesehen.«

»Echt?«

»Ja.« Ich lächle. »Und das Anschreiben war dann für mich, als würde ich ihn in einem Café ansprechen. Oder angesprochen werden. Aber vielleicht habe ich auch einfach nur eine extrem große Fantasie. Für mich war das nie dieses Machtgefühl, dieses Oberflächliche. Ich habe immer den echten Menschen dazu im Kopf gehabt.«

Sie wirft ihr schönes Gesicht in nachdenkliche Falten und holt ihr Handy raus. »Schau mal, die habe ich in letzter Zeit *im Café* sitzen sehen. Also in der App. Alle scheinen nett und an allen wäre ich interessiert. So theoretisch.«

Ich denke kurz darüber nach, dass sie nicht sagt ›alle scheinen interessiert an mir‹, sondern sich selbst in den Mittelpunkt setzt. ›*An allen wäre ich interessiert. So theoretisch.*‹ Das imponiert mir. Ich erinnere mich an mich selbst und wie ich mich zu Beginn meiner Datingreise über Aufmerksamkeiten gefreut hatte, ohne ehrlich zu mir zu sein, ob ich selbst interessiert war.

»Und, warum datest du sie nicht?«

»Ich bin gerade an einem Punkt, dass ich so viele gute Treffen hatte, so viele schöne Gespräche, dass ich nicht mehr weiß, wohin das gehen soll. Schau mal, der eine hier heißt Schröder und alles an ihm klingt interessant, aber er hat ein Bild von seiner Mama drin. Und eine Beschreibung über sie. Mal sehen ...«

»Was denn?«

»Mir fehlt gerade meine scharfe Intuition. Ich habe das Gefühl, dass sich momentan alles zu schnell dreht. Dass da zu viele Optionen sind, zu viel von allem. Dass ich selbst einen wirklich interessanten Menschen nicht erkennen würde, weil er in einem Strudel aus Möglichkeiten versinkt. Ein Meer aus ewig Suchenden.«

»Und erst mal eine Pause einlegen? Das hattest du dir doch vorgenommen. Eine Pause von allen und allem, um endlich mal wieder ›nur alleine zu sein und in der Sonne zu lesen‹«, zitiere ich sie. Ich kann mich genau an den Moment erinnern, als es mir im Januar so ging. Da hatte sich das Daten für mich entzaubert. Der Glanz war ab. Das war ein Mann, ein Date bevor ich Nick traf.

»Da hast du völlig recht«, nickt sie entschlossen. »Das mache ich auch gerade. Ist wirklich schön. Ich treffe Freundinnen und rede über das Leben, sitze in der Sonne und hab eine männerfreie Zeit. Apropos, wie läuft es denn mit Nick?« Maja war dabei gewesen, als ich ihn im Club gefunden und aus meinen Tinder-Matches im Februar wiedererkannt hatte. Seine braunen Locken, sein fröhliches Lachen. Unverkennbar, nicht zu verfehlen.

»Ehrlich gesagt«, fange ich an und merke, dass ich mich ihr gegenüber viel offener fühle, »ehrlich gesagt ziemlich, ziemlich gut. Ich habe mich auch so gefühlt, als wäre alles zu viel. Strudel, Optionen, fremde, verschwommene Gesichter. Und dann kam Nick. Die Welt steht seitdem still. Es ist so ruhig. Und es verwirrt mich nicht mal mehr.« Maja kenne ich erst seit Anfang des Jahres, und bei ihr fällt es mir leichter, meine ganzen Gefühle auszubreiten. Die Gespräche mit ihr sind von einer warmen Unbeschwertheit durchzogen. Sie geht das Leben in vielen Dingen so an wie ich, ohne festes Ziel, ohne Absichten. Sie lässt sich treiben.

»Wann seht ihr euch wieder?«

»Heute Abend. Und das Wochenende fahren wir zusammen weg. Er hat mir bei einem unserer ersten Dates erzählt, dass er noch nie auf einem Festival war. Da habe ich geantwortet: ›Ich schlepp dich mal auf eins, diesen Sommer.‹ Ich fahre dieses Wochenende mit meinen Geschwistern auf dieses Festival bei Bitterfeld. Da nehme ich ihn einfach mit.«

»Uhhh, Festival zusammen! Das klingt ja fabelhaft. Ist das Line-up gut?«

Das ist es nicht, aber wir machen uns trotzdem ein schönes Wochenende. Meine Geschwister und ich hatten die Karten zu Weihnachten geschenkt bekommen, Nick hatte sich noch eine dazu gebucht. In einer größeren Runde (meine allesamt jüngeren Geschwister haben im Gegensatz zu mir unzählige enge Freunde) sitzen wir auf dem Campingplatz an der Muldetalsperre und Nick fügt sich nahtlos und gesprächig in die ihm fremde Runde ein. Wir schlafen in meinem Bulli, tanzen ausgelassen zu Musik, die nicht unsere ist, pumpen tagsüber mein Ein-Mann-Kajak auf (ja, das aus dem letzten Sommer mit Gustav) und schmeißen uns abwechselnd davon runter in den See, weil es uns nicht beide trägt.

Abends kühlt es merklich ab. Sommer ist eben auch enttäuschende Festivals, achtzehn Grad und Regen, Eiskaffee aus Thermobechern. Sommer ist kurze Hosen, obwohl es zu windig ist, und lange schwarze Jeans, wenn die Sonne eigentlich gerade vom Himmel brennt.

»Wollen wir eigentlich mal zusammen in den Urlaub fahren?«, frage ich ihn an diesem Abend, als wir uns gerade regenfeste

Sachen zusammensuchen, um noch einmal aufs Festivalgelände zu gehen. Mir macht es großen Spaß, mit Nick aus dem Auto zu leben, hinten alles voller Decken und Kissen. Auf den vorderen Sitzen haben wir jeder eine Reisetasche mit Klamotten. »Ich habe für den Juli extra wenig Aufträge angenommen, um richtig frei zu machen.«

»Juli kann ich drei Wochen freinehmen. Ich habe auch noch keinen Sommerurlaub geplant. Ich würde den mit niemandem lieber verbringen als mit dir.« Er grinst.

»Aber keine Flugreise diesmal, ja? Davon hatte ich Anfang des Jahres schon zu viele.« Ich war in London mit den Mädels, mit Nick in Riga und zudem beruflich in Helsinki und in Nizza. Also konnte der Sommerurlaub ruhig hier in der Nähe verbracht werden, irgendwo im Grünen.

»Ja, einfach so wie hier, mit dem Van«, steigt Nick in meine Begeisterung mit ein.

»Wow, also machen wir das? Zwei Wochen. Unser erster gemeinsamer längerer Urlaub«, verkünde ich schwelgend und werfe ein unvollständiges Durcheinander von Ländern in den Raum, die an unseres angrenzen oder in der Nähe liegen und die man unkompliziert mit dem Auto erreichen kann. *Belgien, die Niederlande, Frankreich, die Schweiz, Österreich, Polen, Tschechien, Dänemark, Norwegen, Schweden.*

»Ja, unser erster gemeinsamer Urlaub, das klingt schön«, wiederholt er meine Worte, in nicht mehr als einem verträumten Murmeln, ohne auf meinen Vorschlag konkret einzugehen.

Wir campen direkt an einem der wenigen Badezugänge zum See, und abends ist alles voller leerer Bierdosen, die den Anblick auf Grün, auf Natur, auf Idylle unschön verbauen. Ja, das hier ist Festival, aber Festival war ein anderes Wort für Spaß, Freunde, Gemeinschaft, Musik. Nicht ein anderes Wort für Müllkippe. Ich schnappe mir meine Schwester, und zusammen räumen wir die fremden leeren Dosen vor unserem Camp in Müllsäcke zusammen. Nick blinzelt mich erstaunt an und holt sich einen

Müllsack, um uns zu helfen. Am Ende haben wir fünf große gelbe Säcke gefüllt.

»Machst du das immer?«, fragt er mich Sonntagabend auf dem Nachhauseweg.

»Was genau?«

»Müll wegräumen, der dir nicht gehört.«

»Hm, nee. Aber warum eigentlich nicht. Immer nur die Ausrede ›Ich war das nicht‹ und ›Der Müll gehört mir nicht‹ macht die Welt ja auch nicht schöner. Wenn ich also Dinge aufhebe, kann ich einen Ort schöner machen und gleichzeitig anderen damit ein Beispiel dafür sein, dass sich ihre eben hingeworfene Bierdose nicht von Zauberhand in Luft auflösen oder mit der grünen Wiese verschmelzen wird.«

»Find ich toll.«

»Danke«, nehme ich sein Kompliment an, ohne mich umständlich rauszuwinden. Etwas, was ich in den Zeiten vor Nick ohne Umschweife gemacht hätte. Aber er fängt mit seiner Selbstsicherheit an, mir ein gutes Vorbild zu sein. Mich selbst mehr zu schätzen, Komplimente anzunehmen, mir selbst welche zu machen.

Auf der Rückfahrt nach Berlin betrachte ich ihn ausgiebig. Ich sehe in Nick immer den gutherzigen High-School-Schwarm einer Teenieromanze, die ich früher alle mit meiner Schwester verschlungen habe, den Quarterback aus New-Adult-Literatur. Er ist groß und athletisch, mit einem fast jugendlichen Äußeren – vor allem, wenn er sich morgens seinen Bart abrasiert – und braunen Locken, die ihm beim Fußballspielen in die Augen hängen. Er ist zu allen gleichermaßen freundlich wie aufgeschlossen.

»Danke, dass du mir hilfst, mich selbst mehr zu schätzen«, sage ich abends zu ihm, nachdem wir den Hund geholt und uns in seiner Küche aus Resten ein Abendessen gezaubert haben.

»Tue ich das?«

»Ja.«

»Aber unabsichtlich oder?«

»Ja.«

»Liebst du dich selbst denn genauso sehr, wie du dich von mir geliebt fühlst?«

»Ja.« Er hat *lieben* gesagt, denke ich still für mich.

* * *

»Sag mal, mochtest du die Schule eigentlich?« fragt mich Nick, als wir am nächsten Morgen in seiner Küche beim Frühstück sitzen. Wir waren zuvor in der Morgensonne eine Runde an der Spree entlanggelaufen. Nick studiert Grundschullehramt, war aber schon seit einiger Zeit dabei, seinen Studienkredit durch besser bezahlte Stellen in einer Kanzlei und hinter der Bar abzuzahlen. Er hat Croissants aufgebacken und Kaffee gemacht, ich bestreiche meines mit Erdnussbutter und beiße hungrig rein. Der Kaffee schmeckt verbrannt.

»Ja, sehr. Ich bin gern zur Schule gegangen. Ich mochte es, mir die Stundenpläne fein säuberlich aufzuschreiben, zwischen den Klassenräumen hin- und herzulaufen, Freunde jeden Tag zu sehen, Aufgabenstellungen zu bearbeiten, mich im Unterricht zu melden und was Schlaues zu sagen.«

»Du warst ein Streber!«, unterbricht er mich unvermittelt und mit lachenden, weit aufgerissenen Augen.

»Hey, nenn mich nicht so!« Ich bewerfe ihn mit meinem Reststück Croissant, das auf seinem Pullover landet, bevor er es sich genüsslich in den Mund schiebt. »Und wenn es das Wort dafür ist, dass ich Spaß an der Schule hatte und eine gute Zeit dort verbracht habe, dann ja, dann war ich ein Streber. Dann bin ich nicht nur in der Schule einer, sondern im ganzen Leben«, schmolle ich gespielt. Sein Grinsen verändert sich in ein bewunderndes Nicken.

»Schön gesagt, Streberchen.«

»Danke sehr.« Ich stehe auf, um eine neue Runde besseren Kaffee für uns zu machen.

»Es sieht gut aus, dass ich ab diesem Herbst tatsächlich an der Schule bin.«

»Darfst du dir aussuchen, an welche Schule du für dein Referendariat kommst?«

»Man darf drei Wünsche äußern, darüber hinaus wird hauptsächlich zugeteilt. Aber ich bin zuversichtlich.« Nicks Augen strahlen jedes Mal, wenn er von seiner favorisierten Grundschule erzählt. Er hatte diesen Pfad gewählt, um etwas zu verändern und zu vermitteln, um einen Unterschied zu machen. Ich gieße den frischen heißen Kaffee nach und öffne das schmale Fenster zum schattigen Innenhof. Es ist Montag, Feiertag. Ich lasse den Sommer rein.

* * *

Jannes Gesicht taucht erst verpixelt, dann ganz klar auf meinem Bildschirm auf. Ihre blonden Haare sind in einem Dutt aufgewickelt, sie ist braun gebrannt und strahlt mich in einem knappen schwarzen Bikini an. Wir kennen uns schon viele Jahre, sind zusammen durch Mexiko gereist oder morgens um sieben Uhr aus neu eröffneten Clubs getorkelt.

»Hey du«, freue ich mich. Janne reist gerade durch Südamerika, liegt neben einem Surfbrett in Santa Marta am Strand. Ich sitze auf Nicks Bett und lasse die Beine baumeln.

Ich frage sie über ihre Reise aus und erzähle ihr, wie oft ich mich fehl am Platz im Schatten von Nicks Selbstlosigkeit fühle.

»Luise«, mahnt sie. Sie nennt Leute gerne bei ihrem richtigen Namen, statt Spitznamen zu benutzen, weil sie das wertschätzend findet. »Sei mal stolz auf dich und das, was du machst.« Janne hat ein ähnliches Level an Selbstsicherheit wie Nick, unmissverständlich und klar. »Sei groß und sichtbar. Nimm dir den Raum, den du einnehmen möchtest. Sprich nicht zu schnell, weil du denkst, dass eh niemand zuhören will. Rede langsam, bewege dich ausführlich in der Welt, statt schnell irgendwo langzuhuschen. Nimm dir Zeit, Platz und Raum in dieser Welt. Der steht dir zu«, gestikuliert sie eindringlich.

»Ja, mach ich.«

Es ist ein kurzes Gespräch, nur ein Bruchteil von allem, was ich ihr sagen will. Während wir reden, bricht die Verbindung weg. Wehmütig lege ich mich aufs Bett zurück und denke über ihre Worte nach. Janne ist die pure Liebe. Sie geht wie selbstverständlich davon aus, dass Leute sie mögen. So begegnet sie jedem, strahlt genau diese Zufriedenheit aus und ein wenig auf mich ab. Ich sauge ihre Energie auf, sonne mich in ihr, jedes Wort in meinem Kopf eine ganze Zeile, jeder Gedanke an sie eine Welt in den buntesten Farben.

Unsicher

Warum bin ich so, wie ich bin,
warum fühl ich, denk ich, red ich so,
kennst du dieses Gefühl,
dass du noch nicht alles
über dich weißt?
So viel über uns,
was es zu erforschen gilt.

Ruhige Geborgenheit,
die im Nacken leicht kribbelt.

Die Augen schließen,
um anzuhalten.

Von zurechtgemacht,
zu ungeschminkt,
zu immer näher an dir dran.
Alltag ist Liebe ist
Berührung ist Nähe.

Erdrückende Erwartungen

Die gelbe Tram rattert vorm *Espresso House* an der Schönhauser Allee vorbei, wo ich trotz frischen sechzehn Grad draußen auf den Außenplätzen verharre. Ich ziehe meinen Hoodie enger um mich. Es ist ein böiger Wind, den ich mir durch die Haare peitschen lasse. Mein Kaffee wird schneller kalt, als ich trinken kann, meine Augen fliegen nur so über das neu aufgeschlagene Buch vor mir auf dem Tisch. Der Juni ist nach einer Reihe schöner Treffen, einem Freundinnenwochenende, einem Festival und einem Wohnzimmerkonzert in meinen eigenen Wänden ziemlich schnell vergangen.

Ich lese Seite zweiunddreißig in *Sommer* von Hesse, als ich Marlene sehe, meine gute Bekannte in Berlin und ehemalige Schulfreundin, die mit einem Kaffee aus den Innenräumen kommt und sich ebenfalls einen Platz auf der Außenterrasse suchen will. Euphorisch winke ich ihr zu und mache auf mich aufmerksam. Wir hatten seit sechs oder sieben Monaten nichts mehr voneinander gehört.

»Wie gehts dir?« Ich nehme sie herzlich in den Arm.

»Ganz gut eigentlich.« Sie sieht gestresst aus, ein bisschen durch den Wind. Wahrscheinlich hatte sie nicht erwartet, mir hier spontan über den Weg zu laufen.

»Gibt es das erste Tinder-Date noch?«, frage ich sie nach ein paar ausgetauschten Small-Talk-Fetzen. Er, von dem sie mir erzählt hatte, wegen dem ›Tinder für sie funktioniert hatte‹. Letzten Oktober.

»Nee, das war dann doch nichts. Wir haben das vor Weihnachten wieder gelassen. Danach nur noch Spinner. Hab Tinder wieder deinstalliert. Völlig bescheuert.«

»Aber du hattest doch 'ne schöne Zeit mit, wie hieß er? Ist diese schöne Zeit nicht Ergebnis genug?«

»Julius hieß er. Aber Julius wollte dann doch nichts Ernstes. Du weißt doch, ich bin für etwas Festes. Also nee, dem kann ich jetzt nichts Gutes abgewinnen. Tinder generell und diesen ganzen Bindungsunwilligen in Berlin. Was haben hier eigentlich alle für ein Problem?« Sie klingt zynisch und schnauft laut.

»Haben sie eines?«, frage ich rhetorisch zurück und lasse meinen Blick über die volle Straße vor uns schweifen. Autos an Autos drängen sich die Fahrbahnen runter, gekreuzt von Fußgängern, die sich in regelmäßigen Wellen über die Kreuzung ergießen.

»Naja, du hast ja gut reden. Du hast ja jetzt deinen ›Freund‹. Ich hab davon gehört.« Freund setzt sie dabei in der Luft in imaginäre Anführungszeichen und betont es gequält in die Länge gezogen. Habe ich das? Das Wort habe ich selbst noch nie benutzt für Nick. Er war für mich immer einfach nur Nick. Ich zermartere mir den Kopf, wer ihr davon erzählt hatte, senke kurz den Blick, ehe ich nicht anders kann, als dem etwas entgegenzusetzen.

»Und deswegen darf ich keine Meinung mehr haben, mich nicht mehr mit dir unterhalten?«, sage ich, fast schon belustigt. »Weil mein Leben unerwartet eine andere Wendung genommen hat, macht das die letzten zwanzig Jahre, die wir uns kennen, nichtig? Bin ich jetzt ein anderer Mensch?« Ich kann nicht nachvollziehen, dass sie mir meinen Beziehungsstatus vorwirft, als wäre ich auf einmal unfähig, mich in sie hineinzuversetzen, so wie ich es die letzten Jahre war, oder überhaupt, eine Unterhaltung mit ihr zu führen. Vielleicht hätte ich mich ducken sollen, statt ihr zuzuwinken. Ich widerstehe dem Bedürfnis, meinen Kaffee sturzartig in mich reinzuschütten, um aufzustehen und davonzurennen. Flucht ist in unangenehmen Situationen immer mein Mittel der Wahl. Oder schlafen gehen. Mir dämmert, warum sich das mit Marlene und mir nach Schulzeiten und im letzten Herbst wieder auseinanderentwickelt hatte. Ich fühle dieses drückende Dröhnen, in das mich diese Unterhaltung versetzt. Es ist, als würde sie sämtliche Energie aus mir heraussaugen. Jegliche Harmonie, die ich heute gespürt habe, ist aus meinem Körper verschwunden.

Ich denke über Milli und mich nach, über diese komische Stimmung, die in unserem Gespräch am Treptower Park kurz geherrscht hatte. Über mein Unwohlsein, über meine neue Liebe zu reden, meine Freundinnen einzuweihen. Dass ich keine Worte finden konnte, die beschrieben hätten, wie ich fühle, was ich sagen will. Hatte ich es vielleicht verlernt, Freundschaften zu pflegen? Drehte ich mich so sehr um mich selbst, dass mir die Klarheit abhandengekommen war, die Bedürfnisse der anderen zu sehen, zu fühlen, mich wirklich reinzudenken? Konnte man Freundschaften verlernen?

Ein Gedanke, der mir Angst macht, der mich, zusätzlich zu diesem Gespräch, unwohl am Tisch zurücklässt. Deswegen bleibe ich hier, in der Unterhaltung mit Marlene, und versuche ihr eine neue Perspektive auf Dating und ihre Situation näherzubringen. Auf die Schönheit, die Zwanziger in der Großstadt für sich zu haben, über die Freiheit, die es ihr brachte.

»Ach naja, ihr kennt euch immerhin auch nur von Tinder, das kann ja gar nichts werden«, ruft sie aus einer Laune heraus in meinen enthusiastischen Monolog hinein und fegt fast unsere Kaffee vom Tisch.

Ich brauche kurz, um mich wieder zu sammeln. »Doch, wird es. Egal, was genau«, sage ich dann bestimmt. Das nimmt Marlene die Worte aus dem Mund.

»Weißt du, wie schwer es ist, in dieser Welt einen Partner zu finden, der zu einem passt? Ich hatte doch alles so gut geplant«, seufzt sie, als sie meinem Blick nicht mehr standhalten kann.

»Ach Marlene, das Leben läuft nicht nach Plan.« Ich lächele in mich hinein, weil ich diese Lektion auch gelernt habe. Zuletzt bei Nick. Um sie aufzumuntern, erzähle ich von ein paar Dates aus dem letzten Sommer und der Leichtigkeit des Loslassens.

Von Sven und wie er den Kaffee als unseren Feind im Leben erklärte, von Christoph und seinem Liebesbrief als PDF. Während ich rede, guckt sie mich verständnislos an. Eine ganze Weile schweigt sie im Anschluss. Ich schweige auch, breche in meiner Erzählung ab und ziehe die Stirn kraus.

Ich hätte schon längst gehen können. Ja, wir kennen uns seit über zwanzig Jahren, aber im Moment scheint es nicht zwischen uns zu passen. Wie bei mir und Gustav letztes Jahr im Cabrio an der Alster. Ich hätte tausend Worte verlieren können, für ihn war das nur weißes Rauschen. Die Differenzen zwischen uns sind unüberbrückbar.

Nach einer gefühlten Ewigkeit räuspert sie sich endlich. »Du redest immer nur von dir«, wirft sie mir an den Kopf. »Für mich interessierst du dich gar nicht.« Ihre Lippen sind schmal, ihr Gesicht ernst.

Mir schneidet es im gleichen Moment das Lachen aus dem Gesicht. »Hey, ich wollte dich nur aufmuntern.«

»Naja, du erzählst von dir, aber dann fragst du nicht, wie es mir geht.«

»Doch, hab ich.«

»Aber nicht richtig.«

»Wie? Wie wäre denn *richtig*?«

»Naja, mit mehr Interesse halt.«

Ich weiß gerade nicht genau, ob sie das ernst meint und wie ich schon wieder in diese Diskussion gerutscht bin, wo ich doch eigentlich nur die Situation auflockern und sie aufmuntern wollte. Jeder erzählt von sich, wie es gerade passt, denke ich. Mir würde niemals auch nur auffallen, dass irgendwer mehr redet und der andere weniger. Als es anfängt zu regnen, flüchten wir endlich in getrennte Richtungen.

»Ihr teilt einfach nicht einen Vibe«, kommentiert meine Schwester später nüchtern am Telefon meine Begegnung mit Marlene. Sie kennt sie aus unseren Schulzeiten, wir waren drei Jahrgänge über ihr. Ich erzähle ihr von unserem Treffen, von den Vorwürfen, vom richtigen und falschen Zuhören und vom Interessiertsein.

»Du findest alles, was du machst, so geil, du würdest es nicht merken, wenn jemand anderes das nur mittelgeil findet. Je mehr man mit sich hadert, desto mehr Bestätigung braucht man aus seinem Umfeld. Das ist der Punkt, worin ihr euch total unterscheidet. Ein bisschen, als würdet ihr verschiedene Sprachen sprechen. Du bist so ein krasser Einzelgänger, dir würde es nicht einmal auffallen, wenn dich jemand monatelang nicht fragt, wie es dir geht. Du erzählst das den Leuten einfach so, und wenn niemand nachfragt, vermisst du nichts. Eigentlich die richtige Einstellung.«

»Warum die richtige?« Ich bin verwirrt. Das klingt für mich nicht gut, das so zu hören. Irgendwie weltfremd. Egoistisch.

»Naja, dir fehlendes Interesse zu attestieren, kann auch bedeuten, dass sie sich selbst auf ihrem Weg nicht sicher ist. Durch deine Bestätigung erhofft sie sich vielleicht, ein wenig von ihrer eigenen Unsicherheit loszuwerden.«

»Das kann sein, ja.«

»Wenn man immer nur darauf wartet, dass jemand anderes einen etwas Bestimmtes fragt, hat man offensichtlich Erwartungen. Ohne dass man diese kommuniziert. Dann kann man eigentlich nur enttäuscht werden. Ich finde Erwartungen in Freundschaften etwas Schwieriges. Da muss die Wellenlänge anders passen. Die Menge, wie man sich meldet, das Interesse, das man zeigt, steht dann gar nicht zur Diskussion. Das muss etwas Klares sein, niemanden zweifeln lassen.«

»Stimmt«, murmele ich nachdenklich.

»Stell dir mal vor«, redet sie weiter, »du wartest immer auf jemand anderes, damit er mit dir dein Leben feiert. Gibst den Ereignissen erst dann den Stempel ›ultrageil‹, wenn jemand anderes mit dir darüber lacht, sich mit dir freut, dich danach fragt. Das wäre doch total bescheuert.« Wie konnte meine jüngere Schwester so weise sein?

»Stimmt. Freundschaften sind für mich völlig erwartungsfrei. Ich habe ein offenes Ohr und bin da, wenn ich gebraucht werde. Aber ich kann für mich ganz alleine Dinge verorten, feiern, mich erfreuen.« Vielleicht war es für mich deshalb schwer, mich mitzuteilen und Erlebnisse für erzählenswert zu empfinden.

Auch wenn meine Schwester viele aufmunternde Worte für mich übrighatte, der Gedanke, eine schlechte Freundin zu sein, lässt mich nicht wieder los. Frage ich zu wenig? Interessiere ich mich zu wenig? Schaue ich zu wenig nach den Menschen um mich herum und zu sehr nach mir?

Ein paar Tage später schreibt Marlene mir noch einmal, ob wir uns nicht treffen wollen, auf einen diesmal verabredeten Kaffee. Sie klingt niedergeschlagen. Ich habe einen Stein im Magen, aber sage zu. Ich will eine gute Freundin sein, mehr als alles andere gerade, also mache ich mich auf den Weg.

Berlin ist zeitweise in der Wucht des Sommers erdrückend, und die Wetterfronten wechseln sich genauso schnell ab wie meine Launen. Marlene und ich beobachten uns beim Schwitzen und rühren in unseren Kaffees, während wir aus unseren Leben erzählen. Dem, was meistens getrennt stattfindet. Wir erzählen uns nur davon, gemeinsam etwas erlebt haben wir noch nie. Und ich weiß nicht, warum wir uns unsere Erfahrungen, die so unterschiedlich sind, so weit voneinander weg, dass sie im echten Leben nie eine Übereinstimmung fanden, überhaupt berichteten. Vielleicht erzählten wir nicht einander, sondern mehr uns selbst etwas – um unsere Erlebnisse einzuordnen. Als würde man die eigenen Gedanken laut ausgesprochen auch selbst klarer sehen.

»Guck mal, was die da anhat!«, flüstert sie mir zu. Ich nicke abwesend. Wir sitzen vor Marlenes Lieblingscafé in Kreuzberg in der Sonne. Eigentlich sehe ich gar nicht hin. Ich stimme einfach zu, um einer Diskussion zu entgehen. Nebenbei scrollt sie ihren Feed durch. Ihre hellbraunen Haare hängen über ihrem Handydisplay.

An einem Bild ihrer ehemaligen besten Freundin bleibt sie hängen. »Ob so was sein muss? Mega peinlich«, hält sie mir den Bildschirm hin. Ich nicke wieder – diesmal gar nicht mehr abwesend. Ich sehe Marlene an und überlege. Sie ist längst beim nächsten Thema mit Blick auf ihr Handy, redet und quasselt, kommt von einem aufs andere, und ich gar nicht mehr hinterher. Ich komme nicht wirklich dazu, sie zu fragen, warum sie sich treffen wollte. Von ihrer Niedergeschlagenheit ist keine Spur mehr. Ich schalte wieder auf abwesend und starre die Straße runter.

Irgendwie habe ich das Gefühl, dass mein Kopf in ihrer Gegenwart langsamer funktioniert. Dass ich weniger schlagfertig, weniger kritisch, weniger ich selbst bin. Dass mein Kopf unfassbar lange braucht, einen Gedanken zu fassen und zu formulieren. Ich fühle mich wie im falschen Film. Leben und leben lassen, denke ich, und dann wieder, wie können wir gerade so eng und dann wieder so verschieden sein? *Warum bin ich so lethargisch?*

Als wir uns verabschieden, ist das Ganze verkrampft, und irgendwie weiß ich jetzt schon, dass wir uns eine Weile nicht sehen werden. Anschließend bin ich überrollt von ihrer Energie. Sie hat jegliche Kraft für den restlichen Tag wie ein Vampir aus mir herausgesaugt. Benommen torkele ich nach Hause und rufe Janne an. Unsere Kommunikation funktioniert auch über die größte Entfernung. Wir sind beide Einsiedler, uns selbst immer genug. Janne hat mir noch nie vorgeworfen, dass ich mich unzureichend für sie interessiere, weil sie weiß, dass ich das tue. Vielleicht geben wir uns genau deswegen gegenseitig so viel. Tatsächlich erwische ich sie.

Janne ist inzwischen in Bolivien. Sie schickt mir traumhafte Fotografien von Salzseen und Landschaften, von Dinosaurier-Spuren, Weinbergen und sich selbst in einem bunten handgeknüpften Umhang. Dazu trägt sie Mütze, Sonnenbrille und Wanderschuhe. Sie ist klar zu verstehen, obwohl sie am anderen Ende der Welt verweilt. Ich habe nach einigem Nachdenken und dem Gespräch mit meiner Schwester Worte über Marlene gefunden, die ich loswerden will. Janne nimmt sich Zeit für meine Erlebnisse, hat ein offenes Ohr, trotz der beeindruckenden Zeit, die sie dort gerade verlebt. Das schätze ich.

»Sie wollte mit dir lästern?«

»Ja, ich dachte, ich bin im falschen Film. Ich habe das Gefühl, Marlene sucht Fehler im Außen, bei anderen, weil sie in sich unsicher ist. Warum sollten mich denn die Brüste am Nebentisch interessieren? Andere für Belanglosigkeiten wie ihre Klamottenwahl anzugehen, ist völliger Unsinn. Nicht mein Körper, nicht mein Business«, erkläre ich mich und meine Fassungslosigkeit über unser vorangegangenes Gespräch.

»Ich kenne Marlene nicht, aber lass mal den Gedanken zu, dass nicht jeder Mensch die gleiche Wellenlänge wie du hat«, tastet Janne sich vorsichtig vor. »Und dir damit vielleicht, ohne Böses zu wollen, nicht zuträglich ist. Sie tut dir nicht gut. Weil sie dich auf eine andere Spur zieht, quasi Autobahn statt Landstraße, Drama statt Harmonie, obwohl das nicht du bist. Weißt du, was ich meine?«

»Ja schon«, stimme ich ihr zu. »Aber da wir jahrelang nebeneinander in der Schule saßen, habe ich das nicht erwartet. Oder will das so nicht hinnehmen. Und ich will eine gute Freundin sein«, gestehe ich ihr.

»Weißt du, was ich glaube«, verkündet Janne mir verheißungsvoll, »ich glaube, dass wir manche Menschen in unseren Leben haben, die dafür bestimmt sind, uns nur ein Stück unseres Weges zu begleiten. Manche haben sogar nur einen Zweck wie den, dir zu helfen, wieder du selbst zu werden, dich solange zu begleiten, bis du wieder eigene Entscheidungen treffen kannst. Es muss gar nicht für immer sein. Manches hält nur für eine bestimmte Dauer. Und das ist gut so.«

»Aber funktionieren Freundschaften so? Also Beziehungen, echte Liebe, okay, die hält nicht immer, aber sollte nicht wenigstens in Freundschaften der Ansatz sein, langfristige, enge Bindungen zu haben?« Ich denke an Nick, der seine vier oder fünf besten Freunde seit Kindergarten oder Schulzeit an seiner Seite weiß. Quasi seine ›Marlenes‹.

»Ich habe zu meinen Schulfreunden heute keinen Kontakt mehr. Das ist gar nicht schlimm. Ich muss nicht an etwas festhalten, was sich nicht von selbst ergibt, nur weil es, nostalgisch gesehen, schön wäre. Ich habe auch Freundschaften loslassen müssen, aus denen ich rausgewachsen war. Es geht um den Moment. Und wenn es derzeit zwischen euch nicht harmoniert, dann ist das eben so. Manches wird wieder. Wenn du merkst, dass Dinge nicht passen, schleich nicht drumherum, geh sie geradezu an.«

»Hm«, murmele ich.

»Als ich früher in der Schule war, habe ich mich immer gefragt, was aus den Freundschaften wird. Wo wir alle in ein paar Jahren sein werden und wer noch zu wem Kontakt hat. Ob wir wirkliche Freunde sind, oder ob uns der Zufall, auf eine Schule zu gehen, zu Freunden gemacht hat.«

»In meiner Schule gab es zwar Grüppchen, aber nie Cliquen, nie Ausgrenzung. Hätte ich mich am ersten Tag woanders hingesetzt, jemand anderen angequatscht, wären dann meine Freundschaften ganz anders verlaufen?«, sinniere ich.

»Aktuell verbindet euch die Tatsache, dass ihr beide in Berlin seid. Aber wenn das nicht so wäre, würdet ihr aneinander festhalten?«

Ich überlege und merke: Janne und mich verbindet auch, dass wir beide in Berlin wohnen. Zumindest, wenn sie nicht gerade durch Südamerika reist. Aber uns verbindet noch so viel mehr als das.

Der Juni ist voller Fragen ohne Antworten. Nicks lachendes Gesicht. Sonne zwischen Freundschaftsgedanken. Jede dieser Frauen ist anders, aus jedem Gespräch nehme ich mir etwas mit. Telefonate, Treffen, neue Gedanken. Wachstumsschmerzen, die wohl dazugehören. Ich hinterfrage meine höfliche Empathie, meine innere Verschlossenheit.

Ich will keine Watte mehr im Kopf. Will es nicht mehr zulassen, dass eine Person in meiner Gegenwart über jemanden herzieht, Nein sagen. Das ist ein schmaler Grat, immer wieder. Menschen so zu akzeptieren, wie sie sind, und ihnen Eigenheiten und Fehler zu erlauben und sich davon fernzuhalten, weil es einem selbst nicht guttut. Immer ein Spagat, seine Energie zu bewahren und trotzdem offen zu bleiben. Das Gleiche gilt für Freunde, die gerade eine schwierige Zeit durchmachen. Volle Unterstützung, monatelang, aber irgendwann muss man davon einen Schritt zurücktreten und sagen: Du bist mir wichtig, aber ich selbst bin es mir auch. Mit Milli ist das anders, sie ist manchmal zu verkopft, eingeschnappt oder in ihren Vorstellungen gefangen. Aber sie hat ein gutes Herz. Für sie will ich eine gute Freundin sein. Bei Marlene bin ich nicht mehr bereit dafür.

Allein

Ich mag es, wenn es still ist
Wenn nur die Heizung leise knackt
Dumpfes Rauschen, ohne Menschen
kann mein Gesicht sonst nicht entspannen

Gequälte Lächeln
Wiederholend, zum Abschied:
»Wir sollten uns wirklich öfter sehen!«

Nein, bitte nicht, kannst du bitte wieder gehen?

4,2 Quadratmeter

Juli

»*freue mich sehr. am meer parken, in deinen armen aufwachen. irgendwo auf uns ein schnarchender mops. kaffee auf dem gaskocher machen. und ans meer setzen und trinken und dazu küsse zum frühstück*«, texte ich ihm.

Ich war nie mit meinen Eltern campen gewesen, deswegen kam mir die Idee, zwei Wochen lang mit dem Auto durch den Süden zu reisen, schon lange unheimlich romantisch vor. Es war der Grund, warum ich mir vor zwei Jahren meinen weißen Bus gekauft hatte, nach jahrelangem Sparen. Ich sehnte mich nach Natur, nach Einfachheit, nach flexiblem Reisen, ganz ohne Plan. Nur das Auto, vollgestopft mit Kissen, Lichterketten und Essensvorräten, ein paar warmen Klamotten. Mit Flip-Flops und Decke auf dem Beifahrersitz kuscheln, den Hund im Korb an den Füßen schnarchen hören, die *Van-Life*-Playlist hoch und runter laufen lassen. Ab und zu anhalten, in Naturreservaten, in Parks oder am Meer. Da einschlafen, wo man anhält, oder da anhalten, wo man einschläft. Entschieden hatten wir uns für Frankreich.

Wir mussten nichts buchen, keine Flüge, Zugtickets oder Unterkünfte, deshalb war es ungefähr die einfachste Urlaubsplanung, die ich je unternommen hatte. Davon abgesehen bin ich nie ein Fan vom Fliegen gewesen. Ich bevorzuge Bäume vor Wolken. Im Auto sind wir nur für uns. Seit ich an den bevorstehenden Trip denke, bin ich grundentspannt. Einfach ins Auto setzen und los. Ich weiß gar nicht, warum ich nicht immer schon überwiegend so verreist bin.

»Du weißt schon, dass das eure Liebe auf die Probe stellen wird? Ihr werdet euch auf derart engem Raum viel streiten«, eröffnet der Mitbewohner mir ernst, als ich mein Gepäck gerade im Flur aufstapele. Einen Rucksack, Bettzeug, Hundefutter, ein paar Bücher, das Geschirr aus Edelstahl, Nudeln und Soßen und die kleine Kaffeemühle aus Nicks Besitz.

»Aha«, murmele ich abwesend. Ich bin kein Fan davon, anderen ihre eigenen Erlebnisse oder Empfindungen als feststehende Tatsachen ohne Konjunktiv zu präsentieren. So als müsste das so sein, als würde kein Weg daran vorbeigehen. Auch wenn es sicher nur ein gut gemeinter Hinweis war, aber ich wollte meine eigenen Erfahrungen machen.

»Mal sehen«, zucke ich noch mit den Schultern und halte mit dem Fuß die Tür auf, um die Sachen zum Auto zu bringen.

* * *

Nick und ich sitzen nur ein paar Tage später irgendwo hinter Wolfach im Schwarzwald an einem kleinen Bach und lassen die Beine über der reißenden Strömung baumeln, während hinter uns der Mond aufgeht. Wir waren noch vor dem Wochenende aus Berlin losgefahren und hatten für den ersten Stopp den Schwarzwald ausgewählt. Die Sonne ist bereits untergegangen und hat die Baumwipfel in einem kühlen Blauton hinterlassen. Man hört ein paar Vögel, und sonst seit Stunden einfach nichts.

Ich sitze vertieft in mein Buch am kommenden nebligen Morgen draußen, als er mit meinem Hund im Arm noch tief und fest schläft. Irgendwann gesellt er sich dazu, brüht Kaffee auf dem Campingkocher und holt auch sein Buch aus dem Auto. So sitzen wir nebeneinander. Er lesend, ich lesend. Er die letzten Seiten von Erich Fromm, *Haben oder Sein*, ich die ersten von *Untenrum Frei* von Margarete Stokowski. Keiner von uns sagt etwas. Ab und an schaue ich ihn von der Seite an und denke über die Worte des Mitbewohners nach. Ich schüttele wortlos den Kopf. Nick lächelt und nickt Hundebesitzern freundlich zu, die hier am Waldrand ihre Gassirunden drehen. Der kühle Nebel wird von der anrollenden Morgenhitze verschluckt.

Es ist komisch, so vor, neben, im Auto den Tag zu beginnen. Nach einer kurzen Katzenwäsche am Bach und einem zweiten Kaffee vom Campingkocher ziehen wir uns an und fahren hinter Freiburg über die französische Grenze. Wir peilen als ersten Stopp Vienne an, drei Stunden Fahrt. Ich fahre, und der Regen ist so stark, dass ich bis auf vierzig km/h runterbremsen muss, um halbwegs zu erkennen, wo mein Auto aufhört und das nächste anfängt. Immer wieder gleite ich trotz des schweren Vans für Sekundenbruchteile nur noch übers Wasser. Was sich teilweise nach Schweben anfühlt, macht mir Angst. Die Natur und ihre Witterungen empfinde ich als gewaltig. Direkt hinter der Grenze fahren wir auf den erstbesten Parkplatz, um abzuwarten, bis die Autobahn wieder befahrbarer wird. Gekitzelt von einem kurzen Moment Übermut ziehe ich mein langes Kleid aus und springe in meinem Bikini raus in den strömenden Regen. Ich bin sofort durchweicht, meine Haare hängen nur noch in strähnigen Fäden neben meinem Gesicht herunter. Die Wassermassen krachen in großen Mengen auf den Boden. Wir sind hier völlig allein. Um meine Füße hat sich eine riesige Pfütze gebildet, der ganze Parkplatz ist inzwischen überschwemmt. Ich stehe bei zweiunddreißig Grad im Dreck und fühle mich pudelwohl.

»Komm auch raus«, rufe ich ihm zu.

»Ich kann meine Badehose nicht finden«, kommt gedämpft aus dem Inneren des Autos zurück.

»Egal, dann lass deine Unterwäsche an. Wir suchen dir gleich neue.« Nick stimmt zu und springt raus, mir entgegen, mitten in den Regen.

Abgetrocknet und in frischen Sachen geht es zurück auf die Straße. Der Regen ist weniger geworden. Wir hören stundenlang die Lieder von Jules Ahoi, und jedes einzelne kommt mir vor, als wäre es exakt für diesen Trip geschrieben worden. *Den-*

mark gerade, während wir von der Autobahn auf die erste französische Landstraße des Trips abbiegen, lautes Mitsingen, rein nach Vienne.

In der kleinen französischen Stadt am Ufer der Rhone wundern wir uns über die verkleinerten Menüs und teils geschlossenen Restaurants. Auf meine Frage »*Est-que vous avez quelque chose pour des végétariens? Ou de la cuisine végane?*«, oder »*Parlez-vous anglais?*« wird mir überall mit einem schroffen »No« geantwortet. Letztendlich bestellen wir Tartine, mit gegrilltem Gemüse belegte Bauernbrotscheiben, in einem kleinen Café abseits der Altstadt. Auf dem Rückweg zum Auto sind die Straßen abgesperrt, am Pier tummeln sich Massen an Menschen und betrachten erwartungsvoll die Rhone. Erst am nächsten Morgen, einem Montag, als wir längst in der Nähe von Montpellier am Meer geparkt haben, fällt uns auf, dass wir den französischen Nationalfeiertag verpasst haben. 14. Juli 1789, Sturm auf die Bastille. Meine Lieblingsband hatte sich nach diesem Ereignis benannt. Eigentlich wusste ich solche geschichtlichen Daten. Wie kann man den 14. Juli verpassen, sich nicht mal über eine abgesperrte Stadt voller Menschen wundern? Ich schiebe es auf meine einsetzende Entspannung.

* * *

»Gehts dir gut?« flüstert er.

»Hm-hm«, murmele ich zurück. Wir liegen südlich von Montpellier am Strand und kuscheln uns zusammen. Seine Haare wehen in der frischen Brise, kämpfen fast schon mit dem Wind. Stundenlang liegen wir dick mit Sonnencreme eingecremt nebeneinander im runden Schatten meines Sonnenschirms, der Hund schlafend zwischen uns. Wieder das gleiche Bild: Er lesend, ich lesend. Inzwischen waren wir beide beim zweiten Buch angekommen. Er liest *Die Verschwörung*, David Lagercrantz nach Stieg Larsson, ich *Priscilla* von Nicolas Shakespeare, eine Biografie, die in Frankreich spielt. Wie passend. Zwischendurch blicke ich auf und bedecke sein Gesicht mit trockenen Küssen, er tut es mir gleich. Immer wieder verliere ich mich in seinen Augen, die dem Meer so sehr gleichen, dass all meine Sehnsucht danach gleichermaßen gestillt und entfacht wird.

Auch wenn er nicht guckt, sehe ich ihn an und überlege, denke nach über ihn und mich. Frage mich, wie es auf einmal hierzu gekommen war, dass ich mit einem eben noch fremden Menschen so vertraut und eng meine Zeit hier am Meer teile, was ich sonst gerade machen würde, wenn das Leben anders verlaufen wäre. Ich mir diese App vielleicht nicht installiert hätte oder an diesem Abend nicht in diesem Club gewesen wäre. Ich denke an Maja und ihre Worte über die ungeheure Anzahl an Optionen. Nick und ich, wir hatten uns direkt doppelt gefunden. Vielleicht sollten wir uns kennenlernen, was wäre das sonst für ein Zufall, in Berlin, einer Stadt mit tausenden potenziellen Dates, die einem im Umkreis von fünf Kilometern angezeigt werden, und noch viel mehr Bars, Clubs, Diskotheken, die es für einen Freitagabend im Winter zur Auswahl gegeben hätte. »Vielleicht sehen sich Menschen, die zusammenpassen, automatisch irgendwie. Vielleicht sieht man sich das in den Augen an. Und nähert sich dann an, magnetisch voneinander angezogen«, umschreibt er meine Gedanken, als ich sie mit ihm teile. Sich gut zu tun. Egal wie lang. Eine gute Zeit auf dieser Erde zu haben. Möglicherweise reicht das völlig aus.

Wir schäumen uns unter der Stranddusche mit Lorbeerseife ein, umweltneutral, die für mich nach Sumpf riecht. Der Sand hier am Mittelmeer macht Füße und Hände ganz trocken, so stumpf, dass ich immer wieder schaudere.

Abends zieht Nick sich neben dem Auto alle Badesachen mit einmal vom Leib. »Ey, da unten sind Menschen am Strand. Die sehen dich doch!« zische ich perplex und stelle mich schützend vor ihn. Er lacht mich an und ein bisschen aus.

»Und? Was wäre jetzt so schlimm daran, wenn mich hier jemand nackt sieht? Baby, wir sind am Meer …« Nick liebt es, nackt zu sein, er fühlt sich wohl in seiner Haut, seinem Körper, seinem Leben. »Warum denn auch nicht«, antwortete er einmal schulterzuckend, als ich ihn darauf ansprach. »Gibt keinen Grund, sich nicht wohlzufühlen.« Ich ziehe mich im Inneren des Autos um und tausche meine Badesachen gegen warme lange Klamotten. Dick eingemummelt klettere ich auf die Bettfläche des Busses. Mit Blick auf Strand und Meer schlafen wir ein. Wir haben das Mückenspray zu Hause vergessen, am nächsten Morgen bin ich komplett zerstochen. Der Junge vom Dorf mit den Scheunen neben mir ist unversehrt.

Als wir aus Carnon bei Montpellier losfahren und Bages bei Gruissan und Narbonne anpeilen, fällt uns erst unterwegs auf, dass ich die Landstraßenroute und nicht die schnelle über die Autobahn ausgewählt habe. Wir durchfahren von hochgewachsenen Bäumen gesäumte Alleen, die sich mit kleinen Ortschaften abwechseln, sehen Häuser aus einer vergangenen Zeit, Kolonialstil vielleicht, an deren metallenen Balkongeländern im ersten Stock die Wäscheleinen über die Straßen gespannt sind. Zwischen pinken Seen und unzähligen Pferderanches strecken sich auf weiten Feldern Weinreben in Reih und Glied der Sonne entgegen. *Untold* von RY X läuft. Ich höre mitten in unserem fetzenhaften Gespräch auf zu reden, weil ich mit offenem Mund völlig fasziniert die blühende, grüne Landschaft in mich aufnehme. Es ist heiß im Auto, die Luft über dem Asphalt vor uns scheint zu vibrieren. »Arthur Conan Doyle hat das als Sherlock Holmes' Gedächtnis bezeichnet. Nicht alles aufnehmen können, und manchmal mussten Kartons halt wieder raus«, kommentiert er mein fehlendes Multitasking amüsiert. Ja es stimmt, ich kann mir nicht immer alles merken, höre nicht zu, wenn ich nebenbei von etwas anderem fasziniert bin, und vergesse alles für mich Unwichtige im selben Augenblick wieder. Vielleicht taucht man in alle Details seiner Persönlichkeit erst ein, wenn man sie von einem Partner gespiegelt bekommt. Lerne ich mich durch ihn selbst besser kennen?

In Bages angekommen, bin ich verzaubert. An einem See lang, steile Straßen hinauf. Bages ist kurz hinter Narbonne gelegen. Wir parken direkt am Ortseingang und machen uns ohne Gepäck auf in den Ort, der eigentlich nur aus fünf Gassen, zwei Restaurants, einem Café und zwei Kunstgalerien besteht. Der Großteil von Bages ist zu Fuß zu erreichen, steile Straßen, die das einfache Leben in sich gefangen halten und Bescheidenheit, Zuflucht und Geborgenheit in Pastelltönen ausstrahlen. Enge Gassen voller Treppen, die die gespeicherte Wärme aufnehmen und abgeben. Das hier ist ein Ort, der den Rest der Welt abschirmt. Nicht direkt am Meer, sondern an einem Binnengewässer dahinter, fast schon beschützt, leicht verborgen. An der *Mairie* vorbei erstreckt sich der Ortskern, beigefarbene Häuser werden gesäumt von rosa- und fliederfarbenen Büschen, das Pflaster ist uneben.

Vor Hitze glühender Asphalt und inmitten des Dorfes ein kleiner Marktplatz und ein schattiges Café unter Bäumen und Lichterketten, wo wir uns niederlassen und für Stunden nicht wieder aufstehen, vertieft in uns und diesen Ort und unsere Gedanken. Meine Hündin streckt sich dankbar im Schatten auf den kühlen Pflastersteinen aus. Hier sitzen im einzigen Café im Ort zwei Engländer in hochgekrempelten Hosen und Leinenhemden, die sich angeregt unterhalten. Sie sehen nicht wie Touristen aus, sondern eher, als hätten sie die kalte englische Küste dauerhaft für ein Leben in diesem Ort mitten im Nichts eingetauscht. Ihre Herkunft ist nur an ihrem britischen Akzent und ihrem Sonnenbrand auszumachen. Ich liebe es, Menschen zu beobachten und mir ihre mögliche Lebensgeschichte zusammenzuspinnen – oder sie danach zu fragen. Ich betrachte sie fasziniert. Hier könnte man gut aus der Welt aussteigen und einfach nie wieder zurückkehren.

Wir holen unsere Rucksäcke und schließen die blaue Holztür zu unserem kleinen Apartment auf, mit Blick auf den See. Nach einigen Nächten im Auto erscheint ein Apartment mit Waschmaschine und richtiger Küche verlockend. Es ist winzig, eigentlich nur in Stein gehauene zwanzig Quadratmeter, in denen man das Bett und die Terrasse über eine steile Treppe erreicht. Eine Küchenzeile direkt an der blauen Holztür, ein bunter Fransenteppich auf den kühlen Fliesen. Barfuß tapse ich die Steintreppe hoch und runter, während wir uns häuslich einrichten. Auf dem kleinen Schreibtisch oben an der Veranda hole ich mein Notizbuch aus meinem Rucksack und lasse den Kugelschreiber klicken. An diesem Tag bin ich so richtig inspiriert und schreibe alles, was wir dort erleben, in kleinen Wortgruppen auf, während sich Nick auf der Terrasse ausstreckt und einnickt. Vielleicht ist das hier bisher der schönste, ruhigste und innigste Tag des Jahres.

»Baby, ist es schlimm, dass ich der Welt unsere Liebesgeschichte erzähle?«, frage ich ihn später, und er lächelt auf eine Weise, wie er es immer tut, wenn ich mir zu viele Gedanken mache. »Nein, ist doch schön. So kann ich die immer und immer wieder nachlesen. Mich viel besser zurückerinnern. Also: Danke, dass du sie aufschreibst. Und vielleicht lesen unsere Enkel sie ja mal irgendwann«, grinst er verschmitzt. Oder wir, wenn wir alt sind, denke ich.

»Wollen wir zurück ins Café gehen und noch einen Rotwein dort trinken? Die haben bestimmt guten Hauswein.« Ich flüstere, als würde ich die Ruhe nicht stören wollen. Als wir uns später zuprosten, durchfährt mich ein warmer, wohliger Schauer. Es gibt dieses Kribbeln, wie man es auch beim Friseur hat, wenn dieser sich ein paar extra Minuten für die Kopfmassage nimmt. Das wohlige Gefühl, das sich wie ein sanftes Kribbeln vom Nacken in Kopf und Herz ausbreitet. Heute ist das verbunden mit einem Glücksschauer, von dem ich leichte Gänsehaut bekomme. Jene Schauer, bei denen ich merke, dass ich mich an genau diesen Moment noch in Jahren erinnern oder ihn am Ende des Jahres als einen der schönsten Momente benennen werde. In meinem Kopf mache ich deswegen eine Notiz: Bages, Juli 2019. Du, Rotwein, dieses warme, zufriedene Dorf. Pures, stilles, unaufgeregtes Glück.

Vielleicht murmele ich ihm *diese drei Worte* noch ins Ohr, als er schon döst, weil mich die Intensität dieses Tages so sehr packt. Sein Atem geht gleichmäßig, und ich bin mir sicher, dass er es nicht gehört hat. Zufrieden schlafe ich ein und wache auf zu weit offenen Balkontüren, zu Grillenzirpen und leisen Gesprächen aus umliegenden Apartments. Nächster Stopp: Atlantikküste.

* * *

Unterwegs halten wir in Grenade an, kurz hinter Toulouse. Wir sind auf halber Strecke von Südfrankreich an die Atlantikküste, fahren mitten durchs Land und landen eher zufällig in diesem Ort. Grenade ist anders als Bages, weniger herausgeputzt. Die Hitze drückt sich durch die Straßen. Vor einer kleinen Eckkneipe strecken wir die Beine aus. Ich schlürfe Cola, Nick trinkt Bier. Aus dem Inneren der alten Bar dringt Livemusik, gerade läuft *Summer of '69*.

»Wie kommt es, dass ihr in Grenade haltet? Grenade ist doch kein Ort, um Urlaub zu machen«, unterbricht in breitem Südstaaten-Englisch eine ältere Frau meine Gedanken und mein Mitwippen zum Song. Sie sitzt zwei Plätze weiter an einem der weißen Kiosktische aus Plastik. Es dauert einen Moment, bis ich mich angesprochen fühle, zwischen uns sind einige Stühle Abstand. Nick ist in sein Buch vertieft, meines ist noch zugeklappt. Aufmerksam wende ich mich ihr zu.

»Wir fahren von Südfrankreich rüber an die Atlantikküste. Wir wollten hier am Fluss schlafen und nur noch eine Pizza zum Abendessen holen und kurz Pause machen«, antworte ich ihr auf Englisch zurück. »Und Sie, wie kommen Sie hierher?« Ihr Gesicht sieht eingefallen aus, ihr Oberkörper wirkt aufgeschwemmt. Die blonden Haare mit breitem Ansatz sind zu einem unordentlichen

Dutt gewickelt. Sie scheint resigniert, aber fröhlich. Ihre Augen strahlen mich herzlich und warm an. Mit ihren langen Fingernägeln nestelt sie an der Zigarettenpackung auf dem Tisch.

»Ich bin auf dem Weg nach Asien. Ich werde ab jetzt da leben.« Ich frage vorsichtig nach. Sie erzählt mir ihre Geschichte. Ein paar ihrer Worte gehen unter im Gemurmel der um uns Sitzenden. Ihre drei Hunde waren nacheinander verstorben. Dann hatte sie ihren einzigen Sohn bei einem Autounfall verloren. Sie wanderte mit ihrem Mann in die Karibik aus, wo Hurrikan Irma ihr erst Haus und dann Ehemann nahm. Die letzten sechs Monate hatte sie in Kanada verbracht, um ihre Mutter zu beerdigen. Hunde, Sohn, Mann, Mutter. Ich schlucke. In den letzten drei Jahren hat das Leben ihr all ihre Liebsten genommen, sie zurückgelassen. Mir fährt ein Schauer durch den ganzen Körper, den ich versuche, mir nicht anmerken zu lassen. Sie will kein Mitleid, das spüre ich. Sie will sich nur unterhalten. Aktuell besucht sie ein letztes Mal die Tochter ihres Mannes, die einen Franzosen geheiratet hat und mit ihm in Grenade lebt. Ihre Reise nach Asien hat sie dafür in Frankreich unterbrochen. Sie wollte sich verabschieden, ehe sie ans andere Ende der Welt verschwindet.

»I have nothing left now, I can leave«, zuckt sie mit den Schultern und bringt ein gequältes Lächeln hervor. Übermorgen gehe ihr Flug nach Indonesien. »I'll see, what I'll do there. I've nothing left.« Letzteres wiederholt sie immer und immer wieder. Nur mit Mühe kann ich meinen erstaunten, traurigen Gesichtsausdruck verbergen. Ich weiß nicht, was ich antworten soll. Da wird drinnen in der Bar als nächstes Lied der Band *Wonderwall* von Oasis angestimmt. Es fällt mir schwer, ihrem Blick standzuhalten. Es ist, als hätte ich keine Worte mehr in mir.

Sie wandert aus und lässt nichts zurück, erzählt sie. Die Welt hat ihr jede Art von Zuhause genommen. Trotzdem sitzt sie mir hier gegenüber, weltoffen, bereit für alles. Genauso sehr resigniert und traurig, aber ich lese in ihren Augen, dass Aufgeben keine

Option für sie ist. Ihr Körper sieht mitgenommen aus, ihre Haltung ist eingesunken, aber in ihren Augen erkennt man ihren Stolz und die warmen Erinnerungen vergangener Tage. Mit dieser kurzen Unterhaltung, die abrupt endet, als sich jemand an den Tisch zwischen uns setzt, berührt sie mich tief. Als ich sie noch einmal versuche anzusehen, an einer großen Familie vorbei, die jetzt im Weg sitzt und lärmt, sieht sie in die Ferne, auf den Marktplatz vor uns, nachdenklich, mutig. Sie steckt sich eine Zigarette an. Mein Blick wandert betreten zu Boden. Ich habe kein Recht, sie zu bemitleiden. Sie selbst tut das auch nicht. Ich ringe mit mir, mich direkt an ihren Tisch zu setzen, debattiere mit mir, ob mir das zusteht, ob sie mehr erzählen will. Ich zögere, weil ich immer bedacht bin, den persönlichen Raum anderer zu wahren, nicht zu weit und forsch vorzugehen. Sicher würde sie sich freuen, mit jemandem zu reden. Als ich nach ein paar Augenblicken bereit dafür bin, mich zu ihr setzen will, mutig sein möchte, wieder aufschaue, ist sie weg. Meine Augen suchen den Platz nach ihr ab, aber die Welt hat sie verschluckt. Ich sehe sie nicht mehr wieder. Aus allen französischen Städtchen haben wir uns dieses ausgesucht. Sonst hätte ich diese Frau nie kennengelernt.

»Was für eine Geschichte«, murmelt Nick betreten.

»Du hast nichts gesagt, dich gar nicht eingeschaltet.« Ich hatte nicht bemerkt, dass er zuhört, überhaupt etwas mitbekommen hat.

»Das war dein Moment mit ihr.«

Den restlichen Abend in der Altstadt verbringe ich schweigend, denke über ihre Verluste nach. Wie diese sie geprägt haben, auch äußerlich. Wie viel Kampfgeist in ihr steckte, wie viel Lebensmut.

»Würdest du lieber zuerst von der Welt gehen und dadurch 'ne Menge verpassen oder der Letzte sein, der geht, aber alle vor dir gehen sehen und damit den Verlust deiner Liebsten ertragen müssen?«, frage ich Nick, als wir Grenade für ein paar hundert

Meter verlassen haben, um unweit der Stadt an einem Fluss zu übernachten. Das Wort ›sterben‹ will mir nicht über die Lippen. Ich verbinde mein Handy und mache *Heaven* von Bryan Adams für uns an. Nick liebt diesen Song. Den Pizzakarton auf meinem Schoß lasse ich zugeklappt. Er wird kalt, während wir eine Stelle zum Übernachten suchen.

»Der Letzte«, antwortet er, ohne lange nachzudenken. Er schaltet die Scheibenwischer an. »Wenn zwischen diesen beiden Optionen die Wahl besteht, ja. Ich würde von meinen Liebsten jede Sekunde ihres Daseins auskosten und mitbegleiten wollen. Weil ich glaube, dass ich stark genug wäre. Einfach nur aus dem Grund, weil ich weiß, dass das Leben fragil und endlich ist.«

»Ja, ich auch.« Trauer ist ein Thema, das mir Angst macht, mich beklommen fühlen lässt. Ich lasse das Wissen über ihr definitives Eintreffen zeitweise mein Jetzt überschatten. Es geht einher mit der Angst vor dem Moment, in dem man merkt, dass die eigenen Eltern alt werden. Darüber hatte ich letztes Jahr mit Gustav schon eine Unterhaltung geführt, im Cabrio zwischen riesigen Schiffscontainern, dem angebissenen Mond und dem stetigen Geruch seines Joints.

»Ich will alt werden. Mindestens so alt wie meine Uroma.« Ich erzähle ihm von ihr, die gerade dreiundneunzig ist, und wie leicht und optimistisch sie das Leben nimmt. Ihr erstes und einziges Kind bekam sie 1945 in einem Luftschutzbunker unter ihrem Wohnhaus, während ihr Mann noch eingezogen war. Heute steht an der Stelle ein Naturkundemuseum. Sie ist ein lebensfrohes Relikt aus einer anderen Zeit.

»Ich weiß jetzt schon, dass ich Schuldgefühle haben werde, wenn meine Omas und Opas mal nicht mehr da sein werden. Und trotzdem komme ich nicht aus meiner Haut heraus, viel zu wenige Momente mit meinen Großeltern zu teilen. Sie fühlen sich oft wie in einer ganz entfernten Welt an. Ich rufe viel zu selten an, weil ich gar nicht weiß, was ich sagen soll. Weil ich nicht stören will. Weil mir meine Geschichten, meine Fragen so belanglos vorkommen, wenn sie einem ganzen verlebten Leben gegenüberstehen. Ich beneide dich sehr um dieses Band, das du zu deinem Opa hast«, schütte ich ihm mein Herz mitten ins Auto zwischen uns aus. Ich zögere zu viel, und je mehr Zeit vergeht, mich bei meinen Großeltern zu melden, desto schwieriger fühlt es sich an. Nick und sein Opa hängen dagegen ständig zusammen rum. Sie haben wöchentliche Dates, beide kümmern sich aufopferungsvoll um das Wohl des anderen. Sie nehmen sich Fußballsendungen auf, besorgen Abendessen füreinander und setzen Rumtöpfe an. Ich bin oft schon überfordert mit meinem eigenen Wohl. Regelmäßig genug Wasser zu trinken und Klamotten ohne Ketchupflecken zu tragen, zum Beispiel.

»Der erste Schritt ist doch, das zu erkennen. Wenn du jetzt schon weißt, dass du sie vermissen wirst, dass du Schuldgefühle haben wirst, dann musst du über deinen Schatten springen. Da hast du keine Wahl. Es gibt nur Entweder-oder. Vielleicht schreibst du morgen eine Postkarte und vielleicht rufst du nächste Woche an und fährst im August oder September mal wieder Zuhause vorbei. Kleine Schritte eben.« Mein Zuhause liegt drei oder vier Zugstunden entfernt. Ich war zu Ostern da und davor zuletzt an Weihnachten.

»Stimmt, das wäre schön. Und vielleicht magst du ja mitkommen zu uns.« Das Letzte lasse ich so stehen. Ich denke eine Weile schweigend über die Endlichkeit unseres Lebens nach und wie die Jahre an uns vorbeiziehen, während ich den Tränen hinter meinen Lidern freien Lauf lasse. Meine nassen Augen gehören zu mir dazu. Ständig kullern aus ihnen stille Tränen raus. Vor allem wenn ich lustige Geschichten erzähle, kann ich nicht zur Pointe kommen, ohne Tränen zu lachen. Das ist kein Zustand, den ich dringend ändern will. Es gehört zu mir dazu, so viele Emotionen zu haben. Wenn ich lache, wenn ich schwelge, wenn ich schweige, oder in Situationen wie jetzt.

Ich denke eine Weile nach. »Das mit den Schuldgefühlen, das weiß ich so genau, weil ich die schon habe«, erzähle ich ihm dann, und es fühlt sich an wie eine Beichte. Meine Emotionen halte ich bei Freundinnen ungewollt stark zurück, bei Nick fällt es mir leicht, ein schweres Thema anzuschneiden. Er ist der erste Mensch, bei dem es mir gelingt, mich mitzuteilen. Als hätten sich meine Worte ein ganzes Leben für ihn angestaut. »Meine Großeltern sind noch da. Aber es gibt da diese junge Frau, die vor ein paar Jahren zu einer engen Freundin wurde. Sie war eine unglaublich starke Person. Sie hat dir immer direkt gesagt, wie sie über deine Taten denkt. Durch diese Direktheit und Stärke haben wir uns befreundet und gebondet und sind dadurch auch irgendwann wieder auseinandergedriftet. Hauptsächlich, weil ich ihrer Ehrlichkeit nicht standhalten und den Tatsachen nicht in die Augen sehen konnte. Ich wollte all das nicht hören und nicht wahrhaben, was sie mir sagen wollte. Sie fand es nie okay, dass ich immer wieder zu meinem Ex-Freund zurückgegangen bin, ihm Mal um Mal verziehen habe. Damals. Sie wollte von mir einen harten Cut, weil sie natürlich um mich besorgt war. Und weil es von außen betrachtet immer leichter scheint, etwas zu beschließen, als wenn man selbst drinsteckt. Vielleicht war ich aber auch einfach nie so stark wie sie.«

Nick hört zu, ohne mich zu unterbrechen. Tatsächlich habe ich ihm bisher noch nicht von ihr erzählt, von dieser Frau, die mich so sehr prägte, nicht ausführlich zumindest.

»Ich wollte nicht auf sie hören, also bin ich nach und nach stiller geworden. Ich konnte dieser Intensität in unserer aufblühenden Freundschaft nicht standhalten. Konnte oder wollte mich nicht mit ihrer Kritik auseinandersetzen. Dabei hatte sie nur mein Bestes im Sinn. Sie war ehrlich, aufrichtig und lebensfroh. Sie hat viel Gutes in diese und in meine Welt gebracht. Mit neunundzwanzig erkrankte sie an Brustkrebs. Zu der Zeit hatte sich unsere Verbindung distanziert. Und ich habe es nicht hingekriegt, wieder anzuknüpfen. Ich habe mich nicht getraut. Ich wusste nicht wie.« Ein Schluchzer fährt aus mir heraus, ehe sich wieder stille Tränen mit dem Regen draußen abwechseln. »Ich wusste nicht, was ich hätte tun können und ob sie mich überhaupt hätte sehen wollen. Also bin ich die meiste Zeit ihres letzten Jahres auf dieser Welt stumm geblieben. Ich habe mich mit Arbeit und einer nie enden wollenden To-do-Liste abgelenkt, davor, mich mit der Frage zu beschäftigen, wie ich für sie da sein kann. Irgendetwas kann man immer noch erledigen. Ich wollte mich nicht einfach nur wieder melden, weil sie krank ist. Ich habe die Tage verstreichen lassen, einen nach dem anderen. Ich war mir so sicher, dass sie bald wieder fit sein würde, dass ich noch hundert Jahre Zeit habe. Bis es dann zu spät war, für sie da zu sein. Das war an Neujahr. Elf Monate nach ihrer Diagnose ist sie eingeschlafen. Es vergeht kein Tag, an dem ich nicht darüber nachdenke, wie viel ich hätte anders machen sollen. Dass ich einfach hätte vorbeigehen können, um ihr Blumen zu bringen, die hat sie so geliebt. Eine Umarmung, ein Lächeln. Es wäre so einfach gewesen. Ich habe es nicht hinbekommen. Ich habe gezögert. Es vergeht kein einziger Tag, ohne dass ich mir das vorwerfe.«

Nick schweigt, parkt ein paar Sekunden später an einer nicht einsehbaren Stelle am Flussufer und nimmt mich in den Arm.

* * *

Am nächsten Mittag halten wir unter Pinien in Biscarrosse-Plage am Atlantik. Wir haben vorher nicht recherchiert, welcher Spot an der französischen Atlantikküste am schönsten ist, wir landen wie überall vorher eher zufällig hier. Als wir aussteigen, weht ein frischer Wind vom Meer über die Lichtung und nimmt mit einem Atemzug die Hitze der letzten Woche aus unserem Urlaubsalltag. Der Campingplatz hallt von unterschiedlichen Sprachen und leiser Musik. Der von Zweigen bedeckte Boden schluckt fast alle Geräusche. In tanzenden Flecken bricht sich das Sonnenlicht durch die Kiefern, unter denen es nach Wald und Freiheit riecht. Die Tannennadeln und Zapfen unter unseren Füßen knacken, während wir barfuß darüber zum Strand stapfen. Soundtrack dieses Urlaubs ist nun das Zirpen der Grillen, ab und an unterbrochen von Meeresrauschen und dem Hund, der vorbeilaufende Camper anbellt.

Ich stecke meine Füße in den Sand und beobachte ihn, wie er mit dem Surfbrett unter dem Arm aufs Meer zuläuft. Wir sind jetzt seit einer Woche unterwegs. Ich will in mein Tagebuch schreiben: ›Hocken seit sieben Tagen vierundzwanzig Stunden am Stück aufeinander‹, aber das kommt nicht aus mir und meinem Kuli heraus. Stattdessen schreibe ich, dass wir seit einer Woche jede Minute zusammen verbringen, außer die, in denen er surfen geht. Ich bin zwar eine gute Schwimmerin, aber kann auch meine Grenzen einschätzen. Wind und Strömung sind hier wirklich stark. Also bleibe ich lieber im heißen Sand zurück und spanne den Sonnenschirm über den Hund, mich und unsere gemeinsamen Snacks. Wir teilen Erdbeeren und den Blick aufs Meer.

Die Wellen vor mir schichten sich auf, tosend, fast wütend, bis sie sich endlich in zufriedenen weißen Brandungen ergeben. Meditativ ist das, jede Welle auf ihrem kompletten Weg zu beobachten, bis sich das Wasser samtig weich, fast unschuldig, am Strand um meine Füße schmiegt, um sich im selben Moment wieder zurückzuziehen. Die Welt hat viele hässliche, unnahbare Gesichter – das hier ist eines ihrer schönen.

»Dachtest du, dass wir aneinandergeraten, weil wir jetzt im Urlaub so lange aufeinander hocken?«, frage ich, als er sich neben mich in den heißen Sand plumpsen lässt und seinen Neoprenanzug herunterkrempelt.

»Nee, wieso das?«

»Habe ich vorher zu hören bekommen, dass das eine echte Belastungsprobe wäre.«

»Ist es auch. Kann ich mir vorstellen. Aber wir sind doch wir. Ich dachte nicht, dass das irgendwie schiefgeht. Und wenn wir uns nerven, dann können wir uns ja auch mal eine Weile aus dem Weg gehen.«

»Also bisher nervst du mich nicht. Du kannst gerne in meinem Weg stehen bleiben«, lache ich. Ich schmiege mich an ihn und genieße das Entspannte, diese Entschleunigung, die jedes unserer Gespräche für mich mit sich bringt.

Die Magie, die das gemeinsame Verreisen in unsere frische Liebe trägt, würde ich nicht missen wollen. Abseits des Alltages entwickeln wir eine ganz neue Dynamik. Ich würde es immer empfehlen, gemeinsame *Low-Budget*-Abenteuer zu planen, als sich nur in den selbst auferlegten Grenzen und Routinen der eigenen Heimatstadt zu bewegen. Statt es lange zu durchdenken, Sachen packen und los. Ich schwelge in Erinnerungen an unsere kurze Reise nach Riga im April, unsere Gespräche übers Weglaufen und Ankommen, über Liebe und Intuition. Wir lernen uns immer noch kennen, und ich weiß nicht, ob dieses Gefühl überhaupt jemals verschwinden wird. So nah wie hier waren wir uns noch nie. Die kleine Welt voller neuer Erinnerungen haben wir nur für uns.

Dieser Urlaub ist ein Rausch aus Autobahnen und Landstraßen, die an uns vorbeiziehen, aus Essen vom Campingkocher und ständigen Berührungen. Die Stunden, die wir getrennt verbringen, wenn er surfen geht oder ich Kaffee holen, fühlen sich wie eine kleine Ewigkeit an in diesem Universum, das sich für die Länge unserer Reise nur um uns dreht. Wenn er mit seinem Buch die Sonne abdeckt, um zu lesen, wirken seine Augen im Schatten der Worte großer Dichter fast schwarz.

Nach einer Woche am Atlantik packen wir Hund, Auto und uns zusammen, grüßen den Campingplatzbetreiber beim Runterfahren und verlassen den kleinen Ort auf die Landstraße Richtung Bordeaux. Dort wollen wir einen letzten Abend vor Paris verbringen.

Der Mond leuchtet rund und orange und die Anzeigetafeln über der Autobahn, die sonst Stau ankündigen, warnen vor der kommenden Hitzewelle, als wir kurz vor halb eins den Platz am Steuer tauschen. *Hydratez-vous* lese ich. In Paris sind für die kommende Woche bis zu einundvierzig Grad angesagt.

Ich war zweiundzwanzig Uhr aus Bordeaux losgefahren, nachdem wir den Sonntagnachmittag dort verbracht hatten, noch traditionell französisch im *Michel's* essen waren und anschließend ohne Musik barfuß auf den Pflastersteinen des *Place de la Bourse* getanzt hatten. Kurz vor vier stellt Nick das Auto vor Paris auf einem Rastplatz ab. »Dann müssen wir morgen früh nur noch ein kurzes Stück in die Stadt rein«, murmelt er und zieht mich nach hinten auf die Matratze des Bullis, um die zwei Stunden bis Sonnenaufgang zu schlafen. Ich war schon vor Stunden auf dem Beifahrersitz eingenickt. Paris empfängt uns später in schwerem, brütendem Sonnenschein.

* * *

»Seit wir hier sind, fühlt sich alles so schwermütig an«, sage ich zu ihm, als wir auf der Suche nach einem Mittagslokal durchs dritte Arrondissement laufen. Paris ist wunderschön, die Häuser, die Architektur. Ich sehe nach oben, wo die Sonne die oberen Balkonreihen trifft und sich bis zu uns herunter bricht. Nebenbei rempeln schwitzige fremde Oberarme meine eigenen an. Ich muss den Hund immer wieder hochnehmen, um ihn durch die Masse zu tragen.

»Seit wir hier sind, scheinst du geknickt.«

»Ein bisschen erdrückt eher. Am Atlantik war es so still. Paris ist so voll und heiß, so überwältigend.«

»Es sind aber auch fast vierzig Grad«, wirft er ein. Nick trägt Shorts, Hemd und Schuhe aus hellem Leinen. Er wirkt wie jemand, der hier bei gutem Rotwein seine Lebensabende den schönen Dingen frönt.

»Nach den letzten entschleunigten Tagen am Atlantik ist das hier ein abrupter Bruch. Mein Kopf kommt nicht hinterher, sich von Natur und Einöde auf Stadt und Menschen einzustellen. Ich bin irgendwie so … langsam. So, wie wenn man in den Urlaub fliegt und noch drei Tage braucht, um zu realisieren, dass man nun im Urlaub ist.«

»Das ist doch völlig okay«, lächelt er mich an und schiebt sich zwischen mich und die Menschenmassen. »Nimm dir Zeit. Du darfst langsam sein. Wir haben alle Zeit der Welt.« Wir wechseln die Straßenseite, um im Schatten zu laufen und flüchten uns an der nächsten Kreuzung in einen klimatisierten Buchladen.

»Manchmal frage ich mich, was all diese Menschen hier erlebt haben. Was ihre Geschichte ist. Du weißt ja nie, was jemand erlebt hat, warum jemand verkniffen guckt, hetzt oder Stress macht. Ob sie einen guten Tag haben oder nicht. Außer, es wird dir erzählt. Wir können in niemanden hineinsehen. Wir verurteilen Menschen, wenn sie harsch oder unfreundlich reagieren, fragen uns aber nicht, warum sie sich so verhalten. Fragst du dich das auch?«, richte ich an Nick. Ich betrachte die Gesichter, die draußen vorbeiziehen. Im Urlaub kommen mir Gedanken und Fragen, die ich im Alltag verdränge, es ergeben sich Gespräche, zu denen nur die Reise und das Fremdsein inspiriert haben können.

»Es ist heiß, hier wird sich doch jeder bloß nach einer Abkühlung sehnen«, antwortet er. Sein Blick schweift durch den Buchladen über englische Ausgaben großer Klassiker. Er hat Fitzgerald in einem wunderbar lindgrünen Einband in der Hand.

»Nicht speziell bei jedem«, rede ich unbeirrt weiter, »aber ich finde es schon wichtig, sich immer wieder zu erinnern: Jeder hier trauert wegen etwas. Das kann sein. Vielleicht hat sie gerade ihren Job verloren, vielleicht ist ihre Mama nach kurzer Erkrankung von der Welt gegangen.« Ich zeige auf fremde Menschen vor der Fensterscheibe. »Vielleicht hat er gerade den schlimmsten Liebeskummer seines Lebens oder weiß nicht, wie er demjenigen neben ihm von seiner Liebe erzählen soll.« So gehe ich oft durch die Stadt. Ich sehe mir die Gesichter um mich herum an und untersuche ihre großstadtübliche Gleichgültigkeit. Male mir aus, wie es ihnen wirklich geht, während sie mit starrer Miene in den Bus einsteigen oder die Straße überqueren, in der S-Bahn sitzen und aus dem Fenster träumen oder im Takt zur Musik wippen.

»Irgendwie habe ich noch nie darüber nachgedacht. Stimmt. Spannende Frage.«

»Kannst du dich noch an die Frau in Grenade erinnern?«, frage ich und er nickt. Wie könnten wir nicht. Ich denke seit einer Woche unaufhörlich an sie, und daran, wie viel schneller ich hätte reagieren müssen. Mein Kopf war wieder zu langsam. Wie auch damals, bei meiner Freundin. »Hätten wir uns nicht mit ihr unterhalten, und sie hätte sich stumm neben uns den dritten bis sechsten Wein reingekippt, mit ihrem eingefallenen Gesicht …« Ich lasse im Raum hängen, was ich eigentlich sagen wollte. »Man erlaubt sich manchmal Urteile, die einem wirklich nicht zustehen.«

»Urteilen ist menschlich. Viele können gar nicht anders.«

»Ich ertappe mich manchmal, dass man das automatisch macht, Menschen in Schubladen zu stecken, ohne es zu wollen. Dadurch, dass ich mir ihre Geschichte so aufmerksam angehört habe, konnten wir sie viel besser einordnen. Stell dir mal vor, jeder hat so eine Geschichte, die er mit sich herumträgt. Daran muss man sich immer wieder erinnern. Auch wie Menschen trauern, wie ihr Umgang damit ist, wie es sie verändert, wie wenn jemand, wie die Frau, das Land verlässt, das geht niemand anderen etwas an«, teile ich meine Gedanken.

»Hm«, er nickt zustimmend. Vom *Großen Gatsby*, den er immer noch in seinen Händen hält, nimmt er keine Notiz mehr. Er hält meinem Blick stand.

»Als meine Freundin von der Welt gegangen ist …« Ich schlucke. Die Worte fallen mir schwer. »… bin ich für sie zum Sport gegangen. Symbolisch, weil das ihre größte Leidenschaft war. Davon habe ich ein Video mit einem kurzen Text geteilt. Schwarz-Weiß, ganz schlicht. Das war meine Art zu trauern. Es war nur ein Schnipsel, ein Andenken. Mein intuitiver Umgang mit meiner Trauer. Und den Schuldgefühlen.« Ich schlucke wieder und blinzele. »Ich habe daraufhin Nachrichten bekommen, was mir überhaupt einfalle, dass ich kein Recht hätte, mich zu äußern. Von irgendeiner Bekannten aus ihrem erweiterten Freundeskreis. Ich wurde richtig beschimpft. Klar, ich hätte es nicht ernst nehmen können, ich wusste ja um die Zeit, die wir miteinander hatten. Aber ich war wie in Trance. Als hätte ich mir nicht schon genug selbst vorzuwerfen gehabt. Dann habe ich mich vor Porto ans Meer gesetzt und stundenlang geweint. Das war hart.«

Ich bemerke nur abwesend, dass wir noch immer zwischen den Büchern stehen.

»Ich meine, ich habe verstanden, woher das kam. Nur macht es die eigene Trauer nicht kleiner, wenn ein Verlust auch jemandem nahegeht, der sie in letzter Zeit nicht mehr ganz so gut kannte. Jeder darf lieben und traurig sein, egal ob nach einem Tag oder einem ganzen verbrachten Leben. Manchmal berühren uns Menschen in einem winzigen Moment so tief, dass es ein ganzes Leben nachhallt. Es spricht eigentlich nur für sie – und dafür, wie viele sie zu Lebzeiten auf dieser Erde berührt hat.«

Wir verlassen den Buchladen und führen unterwegs, in den Straßen von Marais, unser Gespräch weiter. Ich bewahre das in meinem Herzen und halte es später in meinem Notizbuch fest, meine Meinung, einen ersten Impuls, hintenanzustellen. Zuzuhören, mein Herz aufzumachen. Empathie ist das Wichtigste, was wir anderen Menschen schenken können. Nick gibt sich nicht nur am folgenden Nachmittag größte Mühe, jedem in seiner Nähe ein herzliches Lächeln zu schenken. Auch wenn er sich das Innere von anderen bislang nie vorstellte, tut er speziell das eigentlich immer: Zuvorkommend sein. Nicht zu urteilen, ohne eine Geschichte zu kennen. Er geht durch die Welt, als wäre es seine persönliche Lebensmission, den Menschen, die ihn umgeben, ein besseres Gefühl zu geben. Dieser Tag in Paris macht etwas mit uns. Vor allem mit mir.

* * *

Unsere Unterkunft liegt am *Place de la Bastille*. Weil Paris so heiß ist, haben wir extra ein klimatisiertes Apartment gebucht, statt wie die letzten Nächte im Bulli zu schlafen. Den Hund über von vierzig Grad erhitztem Kopfsteinpflaster in ein noch heißeres

Auto zu ziehen, war keine Option. Ich gehe jeden Tag eine große Hunderunde zwischen acht und zehn Uhr, wenn der Tag noch nicht so heiß ist. Wir laufen auf Asphalt, weil die Parks in der Innenstadt für Hunde und ihre Besitzer gesperrt sind. Mit Hund war es schwierig, überhaupt etwas Bezahlbares im zentralen Paris zu finden. Wir zahlen viel zu viel für ein relativ kahles Zimmer, zusammengerechnet mehr, als wir die letzten zwei Wochen für Campingplätze ausgegeben haben.

Eiffelturm und Crêpes, Fahrten auf Elektrorollern, am Louvre vorbei, das am nächsten Tag leider geschlossen ist. Es werden neununddreißig Grad am Dienstag, da hätte ein Museumsbesuch gut gepasst. Stattdessen stapfen wir durch die Hitze. Diese unterdrückt die Sehnsucht, die ich von Paris erwartet habe. Ich hatte mir ausgemalt, zu französischen Chansons auf malerischen Straßen zu tanzen, zu Wein und Eiskaffee. Die Realität in Paris dagegen ist Schweiß, der aus meinen Kniekehlen läuft, als ich den kalten Kaffee entgegennehme, für den sie hier weder eine pflanzliche Milch noch eine nachhaltige Verpackung haben. Ich trinke Kuhmilch in Plastik und fühle so viel Weltschmerz, während ich mich durch die Touristenmassen drücke. Ich bin zu wenig vorbereitet, ich weiß zu wenig über die Stadt, um wirklich das Paris in dieser Stadt zu sehen, nach dem ich mich so sehr gesehnt hatte. Ja, Sehnsucht trägt mich durch die Tage hier, und ich halte sie zwischen vielen innigen Küssen und langen Blicken auf meinem Telefon in Fotografien fest. Die Seine und die vielen Brücken, die Flohmärkte an den Ufern, alte Bücher in kleinen Schaufenstern.

»Wie oft warst du vor mir schon verliebt?«, frage ich ihn, als wir am zweiten Abend in Paris mit Wein und Kirschen, mit Brot und Hummus an der Seine sitzen und auf den Sonnenuntergang warten. Die Ufer sind voll mit jungen Leuten, die sich hier nach der Arbeit auf eine Flasche Rotwein verabreden und vorbeiziehenden Ausflugsschiffen winken. Die Luft knistert von der Euphorie dieser heißen Sommertage.

»Dreimal, würde ich sagen.«

»Und wie oft wurdest du schon geliebt?«

»Öfter.«

Wir schweigen kurz, während ich überlege, ob ich nachfragen darf, ob er weitererzählen will. Mein Kinn auf meine Knie aufgestützt beobachte ich die plätschernde Seine, in der sich das Orange des Himmels spiegelt.

»Es gelingt mir nicht so gut, das heute nachzuvollziehen. Wenn man es nicht mehr fühlt, ist es schwer zu sagen, ob das Gefühl wirklich Liebe war. Deshalb würde ich sagen, dreimal. Vielleicht mehr, vielleicht weniger«, ergänzt er.

»Ja, schwer zu sagen, so aus der Retrospektive. Weil es eben nie gehalten hat«, murmele ich.

»Es kann auch sein, dass manches Lieben nur einen Augenblick hält, manches ein paar Jahre. Wir entwickeln uns ja weiter.«

»Für immer ist eh ganz schön lang«, überlege ich.

»Für jetzt ist auch schön.« Und er ergreift, wie zur Bestätigung, meine Hand.

Ich drehe meinen Blick rüber zu ihm. »Für mich ist es so«, sage ich, »ich genieße es, solange es da ist. Die Liebe zu mir selbst und generell zum Leben ist so stark, dass ich weiß, dass Liebe immer wieder zu mir finden wird. In welcher Form, in welchem Menschen, in welcher Ausprägung auch immer.« Eine Weile sagen wir beide nichts.

»Ich habe *die drei Worte* nicht mehr gesagt, seit ich Mitte zwanzig war«, erzählt er dann aus dem Nichts. Nick ist am Anfang seiner Dreißiger. Mir klappt die Kinnlade runter. »Für mich ist es etwas Besonderes, und ich habe das in meiner Jugend so leichtfertig gesagt, dass ich irgendwann beschlossen habe, damit aufzuhören, bis es wirklich passt«, gesteht er.

»Du hast seit Jahren niemandem mehr gesagt, dass du ihn oder sie liebst? Familie ausgenommen«, hake ich erstaunt nach. Er überlegt. Ich denke still an den Tag zu Beginn unserer Reise in Bages, an diesen Abend voll überschäumenden Glücks und meine geflüsterten Worte.

»Gezeigt schon, Liebe zeige ich eben anders.« Er zeigt sie in seinen Berührungen, in seinen Gesten. »Ich bin nicht so gut mit Worten. Vielleicht mal rausgerutscht, vielleicht betrunken. Das kann ich gerade nicht ausschließen.« Er grübelt. »Aber nee, auch das nicht. Also es gesagt und so richtig gemeint, das habe ich seit einer Ewigkeit nicht mehr.«

»Wow«, zeige ich mein Erstaunen ganz offen. Ich verfalle vielleicht nicht beim ersten Date in tiefe Liebesschwüre, aber ich hatte sie doch ab und zu benutzt. In meiner letzten längeren Beziehung, und in der davor. In meinen Zwanzigern hatte ich das schon zu verschiedenen Personen gesagt. Ich habe es immer so gemeint. Klar, mit etwas Abstand betrachtet sieht man vieles anders. Aber in dem Moment habe ich mir erlaubt, in mir selbst und bis an meine Grenzen zu fühlen und alles auszusprechen. Wenn man gar nicht anders kann, als aus sich herauspurzeln zu hören, wie sehr man eine andere Person liebt.

»Vielleicht rechne ich zu sehr das Ende von vergangenen Lieben mit ein oder den Fall, wie sehr sich die Bedeutung davon mit der Zeit für uns verändert hat. Auf jeden Fall bin ich zurückhaltender damit als zu meiner Jugendzeit«, erklärt er.

»Ich hab mir immer erlaubt, alles zu fühlen. Nie etwas unterdrückt. Im Nachhinein sieht man natürlich einiges anders.« Ich spreche meine Überlegungen laut aus. »Ich habe mich vor ein paar Jahren in einen Menschen verliebt, der über mich entscheiden wollte. Das ist mir erst viel später klar geworden. Von ihm habe ich dir letzte Woche hinter Grenade im Auto erzählt. Damals der Grund, warum Freundschaften auseinandergedriftet sind, die ich heute nicht mehr kitten kann. Damals, als ich an der falschen Seite festgehalten habe. Er hat meinen Ausschnitt kommentiert und wollte, dass ich zu Hause bleibe. Eine andere Frau ist dann an meiner Stelle in die Wohnung eingezogen, in der ich vorher mit ihm ein paar Monate gewohnt hatte.« Ich lache gequält. »Diese Liebe sehe ich heute natürlich anders«, … ich zucke mit den Schultern. »Natürlich frage ich mich heute, wie ich damals so verliebt gewesen sein konnte. Aber Gefühle kann man nicht rückwirkend verstehen. Muss man auch gar nicht. Ich glaube, man darf weiterfühlen. Worte verlieren nicht an Wert, nur weil sich das Leben verändert und weitergeht. Jede neue Liebe fühlt sich für mich an, als würde ich zum ersten Mal so fühlen.«

Nick lächelt. Sein jungenhafter Charme wird beschützt von dichten Locken. Die Sonne hinter uns über der Seine ist längst untergegangen. Zum ersten Mal ist Paris in eine angenehme Atmosphäre getaucht, die Temperatur klettert mit jedem Blick zwischen uns weiter zurück. Als sie bei siebenundzwanzig angekommen ist, schlafen wir gerade Arm in Arm ein. Wir kühlen uns im Schatten unserer Anwesenheit.

Als wir am letzten Morgen packen, fühlt sich der Abschied unfertig an. Paris war für mich tiefe Gespräche und neue Ebenen unserer Persönlichkeit, uns selbst und den anderen so richtig ergründen, unsere getrennten Geschichten verstehen und wie sie uns hierhergebracht haben, wo wir heute sind. Ich will unsere Gespräche verlängern, aufs Wasser starren, über die Liebe sinnieren und Menschen beobachten.

»Nick?«

»Hm?«

»Kommen wir noch einmal her? Hierher, zurück nach Paris?«

»Wenn uns das Leben hierher bringt, bestimmt.«

»Kannst du nicht wenigstens einmal Ja sagen, wäre das so schwer? Mit mir zu träumen?« Während ich Pläne schmiede, ist es für ihn normal, alles Bevorstehende offenzulassen, nicht viel über Vergangenheit und Zukunft zu reden. Immer nur im Jetzt zu sein. Eine Art, die mich gleichermaßen beruhigt wie aufregt.

»Aber ich weiß es doch nicht. Wie soll ich zu etwas Ja sagen, das ich nicht sicher wissen kann.« Er zuckt mit den Schultern und guckt mich unschuldig an, so, als wäre das völlig klar.

»Du machst mich irre, weißt du das eigentlich?«, stöhne ich.

Am letzten Morgen lässt mich Nick allein frühstücken gehen.

»Geh doch schon mal vor, ich mache mich noch fertig und komme später nach.«

Ich weiß, dass er das nicht muss, sondern dass er mir nur Zeit alleine verschaffen möchte. Wir werfen uns einen Kuss zu, ich ziehe die Tür des Apartments hinter mir zu und an der nächsten Kreuzung atme ich durch. Ich streife durch die Gassen, lese vor einem kleinen Café. Der kurzweilige Abstand tut uns gut. Als er sich nach zwei Stunden zu mir setzt und ich mein Buch gerade ausgelesen habe, freue ich mich, ihn wiederzusehen. Manchmal braucht es nicht mehr als diesen kleinen Moment, um durchzuatmen und die eigene Schwermut wieder loszulassen. Wir checken später am Vormittag aus dem Apartment aus und duschen uns zuvor noch einmal eiskalt ab. Ich schieße Polaroids von ihm, während er nackt seine Sachen zusammenpackt. Die Rucksäcke im Auto verstaut entscheiden wir uns für einen letzten Spaziergang am Wasser, quasi, um uns von Paris zu verabschieden. Dann wollen wir die Stadt Richtung Belgien verlassen.

Von einem der Maler unter den Weidenbäumen am Ufer der Seine lassen wir uns zeichnen, als wir eigentlich längst auf der Autobahn nach Antwerpen sein wollten. Zeit ist nur ein Gefühl, die ganze Reise schon. Ich gebe ihm mein Telefon, um die Szenerie in einem Foto festzuhalten. Nachdem ich eine Weile still gesessen habe, tausche ich Plätze mit Nick.

»Ich habe dir etwas geschrieben.« Er drückt mir mein Handy zurück in die Hand, die Notizen offen. Eine, in die er gerade geschrieben hatte, ein Gedicht, ein paar Zeilen.

Notre-Dame
Im Schatten von Notre-Dame,
Mit kritischem Blick geprüft.
Der schlanke, aufrechte Rücken.
Erhaben.
Hände und Beine leicht verschränkt.
Demütig und doch stark.

Der Blick leicht melancholisch,
Wie du an manchen Tagen.
Gesäumt von kirschbraunem Haar,
Blicken deine Augen in Tiefen.
Sie sehen,
Und fühlen.
Sie fühlen,
Und berühren.
Sie berühren,
Und begehren.
Schmeicheln und verzehren.
Strotzen vor Empathie.
Kommen sah ich es nie.

»Warst du inspiriert?«, frage ich, als er dem Maler den Geldschein überreicht und unsere gemalte Erinnerung in der runden Papphülle verstaut. Der letzte Satz hallt in mir nach. *Kommen sah ich es nie.*

»Du saßt da gerade, und ja. Gerade war ich versucht, das einmal für mich festhalten. Das sollte ich viel öfter tun. Momente aufschreiben, so wie du.«

Dieser Urlaub brennt sich in aller Ausführlichkeit in mein Gedächtnis, weil das hier zum ersten Mal, rund um die Uhr, nur wir sind. Wir sind zwei verschiedene Menschen, mit einer anderen Vergangenheit, mit unterschiedlicher Art, das Leben anzugehen – aber gezofft haben wir uns tatsächlich nicht. Vor allem haben wir uns einander geöffnet. Ich würde jeder frischen Beziehung empfehlen, der Stadt zu entfliehen, um sich wirklich intensiv kennenzulernen. Dem Alltag oder sich selbst. Wir halten noch in Antwerpen und unsere Füße in die kalte Nordsee. Der Juli unterwegs ist viel zu schnell vergangen.

Berliner Samstagsmelancholie

Auf einer WG-Party in Kreuzberg sitze ich im offenen Fensterrahmen, die Füße in die Wohnung baumelnd, und beobachte das Partyvolk zwischen Wohnzimmer und Flur. Es ist Samstag, und um in keine Post-Urlaubsdepression zu verfallen, habe ich zugesagt. Die Wohnung ist im ersten Stock über einem Swingerclub. In manchen Räumen riecht es nach Eukalyptusöl. An den Briefkästen kleben »I love Drogen«-Aufkleber. Die Wohnung ist ein unrenovierter Altbau mit hohen Decken, und als meine Freundin und ich zwölf Uhr zum Brunch eintreffen, ist der Techno bereits laut aufgedreht. Die Fensterläden sind alle weit offen. Die elektronische Musik vom kleinen Plattenteller in der Ecke wird fast übertönt von dem aufgeregten bis tiefen Geplapper der Leute, die sich allesamt kaum zu kennen scheinen. Trotzdem wirkt es wie ein Leichtes, miteinander ins Gespräch zu kommen. Mindestens hundert Leute drängen sich an diesem Samstagnachmittag in der Wohnung. Irgendetwas gibt es in Berlin immer zu feiern. Nick ist bei seiner Familie oder wo auch immer, sein Handy ist seit einigen Stunden aus. Ich finde mich zwischen Fremden wieder. Alles beim Alten.

»Paris-Syndrom«, murmelt ein Fremder, nachdem ich ein paar Worte verloren habe, dann wendet er sich ab. In dieses Berlin passe ich nicht rein. Mein Kopf wandert zu dem Gespräch und dieser Liebe von vor ein paar Jahren, die mich mit Vorwürfen erdrückt hat. Ich habe lange nicht mehr an sie gedacht, bis wir in Paris übers Verlieben geredet haben, darüber, betrogen und verletzt zu werden, und trotzdem, hoffnungsvoll weiterzuziehen.

Wie ging das, mit etwas abschließen? War es etwas anderes, als es so weit in den Hintergrund treten zu lassen, bis es irgendwann automatisch in Vergessenheit geriet? Den Unterschied hatte ich nie gelernt. Ich vermisse diese warme Blase, in der wir uns in unserem Urlaub befunden haben. Zu gerne würde ich wieder in sie zurückkriechen.

Eine Mischung aus Aufbruchsstimmung, Berliner Samstagsmelancholie und Müdigkeit liegt in der Luft. Letzteres bin vielleicht auch nur ich. Die Gespräche tragen sich über die drückende Stille zu mir ans offene Fenster, bevor sie vorbei ins blendende Grau fliegen. An mir bleibt nichts hängen. Dazwischen schnappe ich Fetzen über Studiengänge und abgebrochene Jobs auf, die letzte Party im *Kater Blau*, die Mengen an Wodka-Mate und Sekt in der komplett schwarz gestrichenen Küche. Ich bin wortkarg und erdrückt von der Lautstärke und den Gesprächen, vom Himmel, der sich gleißend hell in die Altbauwohnung drängt. Immer wieder kneife ich die Augen zusammen, um die sich durch die Wohnung bewegenden Schemen scharf zu stellen. Ich bin zu müde für das hier, nicht aufnahmefähig. Die Szenerie überfordert mich, heute ist nicht mein Tag. Ich winke Maja zu, die wild gestikulierend zwischen großen Fremden lässig an einem Türrahmen lehnt, und bin schon verschwunden. Es ist erst früher Abend. Ich fahre nach Hause mit dem Plan, mich in mein Bett zu legen, vielleicht Essen zu bestellen und einen Film anzumachen. *Still* von AVEC läuft auf dem Heimweg auf meinen Kopfhörern. Ich fühle mich gleichermaßen leicht und schwer, als ich mich durch die Menschen auf den U-Bahn-Gleisen am Alexanderplatz und dann draußen in die Tram bewege. Es fängt in großen platschenden Tropfen an zu regnen. Ich mache die Augen zu und fühle jede Zeile des Songs.

Als ich nach Hause komme, fehlt unten im Hausflur neben dem Fahrstuhl der Spiegel. Alles, was in Berlin nicht angekettet ist, ist grundsätzlich ›zu verschenken‹, so will es ein ungeschriebenes Gesetz. Was nicht niet- und nagelfest ist, wird also geklaut. So wie meine Monstera beim Einzug, so wie die Sitzbank vor einem Geschäft in der Rykestraße, während es geöffnet hatte. Als würden alle ihr Benehmen vergessen, weil ›man das halt so macht‹.

Nick klettert zu mir in mein Bett, als ich längst schlafe. Er hat inzwischen den Ersatzschlüssel für unsere WG. Ab und zu merke ich in einem Zwischenstadium zwischen Wachsein und Träumen, dass ich etwas zu ihm sage. Ich höre mich nicht, aber ich höre ihn, als würde ich erst durch seine Stimme aufschrecken, eine Ebene mehr in mein eigenes Bewusstsein hinein. »Ich bin da. Alles ist gut.« Innerhalb von Sekunden bin ich wieder weg. Das passiert in dieser Nacht noch ein paar Mal und in den folgenden Wochen immer mal wieder, wenn ich im Traum meine Ängste verarbeite. Und ihn stets höre, wie er flüstert.

Es ist dunkel, als ich richtig aufwache, noch vor der Morgendämmerung. Ich robbe mit meinem Kopf zu ihm, bis ich mit meiner Stirn seine Wange berühre.

»Hey, du«, wecke ich ihn. Gerade hat er noch tief und fest geschlafen. »Warum war dein Handy aus?«

»Ich war bei Freunden.«

»Aber kann man das nicht schreiben?«

»Ich hatte mein Handy gar nicht mit.« Vielleicht war das das Einzige, was wirklich zwischen uns stand: Er schwebte in Sphären, in denen er vergaß, sich zu melden, zum Hörer zu greifen. Er kommunizierte schlecht, aber aus ganz anderen Gründen als ich. Ich hatte es nie gelernt, manches aus mir herauszulassen, er konzentrierte sich immer nur auf das, was vor ihm war.

»Betrügst du mich, irgendwann?«, bricht es unvermittelt aus mir heraus. Für mich genauso wie für ihn. Unsere Gespräche in Paris haben einen Wirbelsturm an Erinnerungen aus vergangenen Zeiten und ihren Beziehungen in mir aufgewühlt. Verletzt zu werden, zu trauern, alleine zurückzubleiben. Ich schlucke einen dicken Kloß aus meiner Kehle runter ins Nirgendwo, wo er wie ein harter Stein in meinem Magen liegen bleibt.

Nick richtet sich auf, so schnell habe ich ihn selten wach werden gesehen. »Wie kommst du darauf?«, wispert er und nimmt mein Gesicht in seine Hände. Das Zimmer ist fast schwarz, aber ich sehe trotzdem, wie mitfühlend und traurig er mich ansieht.

»Ich habe Verlustängste bei mir bemerkt. Angst, dass ich mich auf etwas einlasse, das wieder so endet wie alles andere zuvor«, stelle ich mich aufrichtig meiner eigenen Verletzlichkeit.

Nick hatte sein Leben, Dates und die Liebe vollends ausgekostet, und das halte ich ihm manchmal vor, weil es mich einschüchtert. Er lacht dann immer nur dieses offene Lachen mit den Grübchen, den Falten und dem verwegenen Grinsen und antwortet ›Und? Das war doch alles vor deiner Zeit. Das hat mit dem Jetzt absolut nichts zu tun‹. Hat es das? ›Schöne Männer hat man nicht für sich alleine‹, trichterte mir meine Mama früher passend dazu ein.

Hellwach starren meine Augen weiterhin in die Dunkelheit. Immer mehr beginne ich, mich selbst zusammenzupuzzeln. Wieso es mir im Frühling so schwergefallen war, mich auf Nick einzulassen, nachdem er mir seine Gefühle in einer WhatsApp-Nachricht gestanden hatte. Ein: ›Ich glaube, ich habe mich in dich verliebt‹, das mir die Leichtigkeit unserer Verbindung wie den Boden unter meinen Füßen wegzog und mich ins Straucheln brachte. Wieso darauf eine Zeit folgte, in der ich Berlin nur noch in Grautönen sah. In Leichtem, Losem, war ich besser. Es fühlte sich wie eine unlösbare Aufgabe an, mich auf sich beschleunigende Intensität ohne vorher abgesteckte Begrenzungen einzulassen und sie völlig wertfrei zu betrachten, statt alles Erlebte, meine Erwartungen und mein eigenes Tempo mit in die Gleichung zu setzen.

Vielleicht war das das wahre Problem, dem ich mich langsam näherte: Wie ging das überhaupt, für die Liebe sein Herz aufs Spiel zu setzen? Wie ging das, kopfüber reinzuspringen, statt sich von der eigenen Angst leiten zu lassen? Die Liebe ist merkwürdig, und manches steckt so tief in uns drin, dass wir achtundzwanzig Jahre oder ein ganzes Leben brauchen, um zu verstehen, wie wir funktionieren.

»Ich bin da. Ich bleibe da. Hilft es, wenn ich dich fest in den Arm nehme, während du versuchst, wieder einzuschlafen?« Er wartet meine Antwort nicht ab, antwortet selbst nicht richtig auf meine Frage zuvor. Damit gibt er mir am ehesten das Gefühl, dass diese Frage keine ist, die zwischen uns im Raum stehen muss. Ich drehe mich um, lasse ihn seine warmen Gliedmaßen um mich schlingen, seinen Kopf in meinen Haaren vergraben, und mich fallen. Matt liege ich auf dem Kissen.

»Wie tief wird diese Liebe hier wohl gehen«, murmele ich in die Schwerelosigkeit um uns. Ich war mir nie genau sicher, was er für mich empfand, konnte nicht einordnen, ob er es genauso ernst meinte wie ich. War es immer so, dass einer mehr liebte, fühlte als der andere, und wechselten sich diese Rollen im Laufe der Zeit immer wieder ab?

»Kann man nicht wissen«, antwortet er mir. Ich schnaufe, *dieser Pragmatismus!*, und boxe ihn gegen die Schulter. Er lacht.

»Du schweifst nie ab«, flüstere ich, vollkommen wertfrei. »Von uns, von der Realität, vom Jetzt.«

»Ja«, stimmt er zu.

»Wieso?«

»Jeder Moment, in dem ich zu viel träume oder in Erinnerungen rumhänge, ist ein ungenutzter Moment, in dem ich nicht im Jetzt leben kann. Nur das jetzt ist real. Alles andere ist Schall und Rauch.«

»Hm. Ich bin da anders. Zukunft und Vergangenheit erschaffen ja erst mein Jetzt. Losgelöst kann ich nichts betrachten.«

»Das ist okay, dass du anders bist. Wir müssen nicht identisch sein.«

»Mir macht Angst, dass du nie unsicher bist, nie Angst hast.«

»Woher weißt du, dass ich keine Angst habe?«

»Hast du?«

Ich merke, wie er sich einen Ruck gibt. Dann sagt er: »Weißt du was, ich lese dir mal einen Brief vor. Den habe ich vor einer Ewigkeit geschrieben, aber dir nie gegeben. War eher so für mich.« Nick hat mir schon vor einer Weile erzählt, dass er wieder angefangen hatte zu schreiben, auf Briefpapier und mit Füller, in kleine Notizbücher, kurze Gedichte, wie das in Paris neben Notre-Dame.

»Was für ein Brief?«

»Warte, ich habe es gleich.«

Er hangelt sich aus dem Bett, knipst das kleine Licht auf meinem Nachtisch an, öffnet erst seine Tasche am Bettrand, dann sein Tagebuch darin, und zieht zwei gefaltete Zettel raus. Die Blätter knistern. Ich drehe mich um und lege mich so hin, dass ich ihn sehen kann. Er räuspert sich.

»Du musst mir das nicht vorlesen«, sage ich noch.

»Doch, ich möchte aber gerne«, insistiert er.

Hey,
ich weiß, eigentlich magst du schmalzig nicht, und ich entschuldige mich jetzt schon mal für die ganzen Rechtschreibfehler und dass/das-Fehler.

Die ich nicht mitkriege, wenn er liest, denke ich noch.

Eine kleine Geschichte, die ich dir erzählen wollte. Ich war irgendwie verloren im letzten Sommer. Nicht, dass es schlecht war. Nicht in den Momenten. Jeden habe ich genossen. Vielleicht wollte ich so was wie der ewige oder perfekte Junggeselle sein. Immer positiv, immer energiegeladen. Immer auf dem Sprung. Keine Begegnung ohne eine kleine Maskerade. Kein Flirt, bei dem die warme Seite nicht etwas weiter in den Hintergrund gerückt wurde. Eher rückblickend irgendwie verloren. Ich war hier und dort. Ständig unterwegs. Immer auf der Suche. So viel zu tun, ohne etwas wirklich zu tun. So viel unterwegs, ohne zu sehen, dass man im gelegentlichen Stillstand wirklich vorankommt. Dabei habe ich mich nur abgelenkt. Abgelenkt von den Dingen, die ich wirklich will, von dem, der ich wirklich bin. Abgelenkt mit kurzfristigen Freuden, ohne Blick auf das große Ganze. Ohne Gedanken über den Weg, den ich beschreiten will. Irgendwie, als wate man durch den Nebel in der Stunde vor der Morgendämmerung.

Er liest langsam und bedacht, jede Zeile eine eigene Geschichte.

Tja, irgendwie auf der Suche, nach etwas, einem Gedanken, einer Möglichkeit, einem Zeichen, vielleicht nach Jemandem. Gibt man das zu, wenn man gefragt wird? Nein. Habe ich wirklich gesucht? Nicht bewusst. Verändern einen diese oberflächlichen Begegnungen? Ja. Wo bleibt da der Platz für die feinfühlige, die emotionale Seite? Irgendwie verloren, ohne zu wissen, dass man es ist. Und irgendwie auf dem Weg, Jemand zu sein, der man eigentlich nicht sein will. Und irgendwo dumpf im Hinterkopf eine kleine Frage, die immer nur leise, im Dunkeln der Nacht, zu mir flüstert: Kannst du lieben? Und auf einmal folgt: Lasse ich es nicht zu? Verschließe ich mich davor? Habe ich es nicht gelernt? Erwarte ich zu viel?
Lassen wir das, die generelle Antwort. Wird schon. Lieber die zwei Stunden Schlaf nutzen, bevor morgen das Schauspiel von vorne beginnt. Der Winter kam, und in einer klitzekleinen Pause, im braunen Sessel, mit einem Whiskey am Sinnieren, kriecht dieser Gedanke langsam und träge in mein Bewusstsein: Vielleicht sollte ich es mal langsam angehen lassen und mir ab und an Zeit für mich nehmen. Gar nicht so übel die Vorstellung.
Dann Ernüchterung. Und ein kleines Fiasko. Was soll ich sagen? Ich habe nicht mit dir gerechnet. Das alles nicht kommen sehen. Jetzt bist du da. Und ich kann dir gar nicht erklären, was das für ein gutes Gefühl ist. Dich zu haben. Neben dir aufzuwachen. In deine herrlichen, wachen, neugierigen und fröhlichen Augen zu schauen. Du komplettierst mich. Bist in vielen Dingen ein

Vorbild für mich und machst mich besser. Ich liebe es, wie du von Dingen träumst, Ziele verfolgst und ein so feinfühliges und zärtliches Wesen hast. Schon bei unserer ersten Begegnung habe ich diese Tiefe in deinen Augen gesehen. Du reflektierst dich ständig. Du willst dich selbst und andere besser machen. Du malst die Zukunft in wunderschönen Farben. Deine, meine, unsere.
All diese Fragen, die in mancher Nacht mir den Schlaf geraubt haben. Auf einmal weggewischt oder einfach zu beantworten. Wie einfach es mir fiel, Zeit mit dir zu verbringen. Wie gerne ich dich sehen will. Alles ist so leicht mit dir. Unterhalten, diskutieren, schwimmen, spinnen, lachen. An einem ruhigen Ort verweilen. Dass meine Vergangenheit und die Persona, die ich war, nicht mit deinem Bild von mir übereinstimmen, ist mir klar, solltest du aber selbst als größtes Kompliment für dich werten. Denn du veränderst mich. Und auch wenn ich für dich immer fröhlich bin, habe ich noch nie so tiefe Einblicke gewährt. Und auch nicht meine Fehler, und ich weiß, ich habe einige. Du weißt gar nicht, wie schwer es mir fällt, manches davon zu teilen. Aber das Teilen hilft mir, besser zu werden. Du machst mich besser. Danke.
Und ich wurde noch nie so angesehen. Wenn es stimmt, dass die Augen der Spiegel der Seele sind, dann ist in deinen viel Platz für mich, und das kann ich manchmal gar nicht fassen. Gerade in diesen kleinen Momenten, Bages, dieser kleine Platz …

Er blickt auf. »Da habe ich nicht weitergeschrieben.«

Ich sehe ihn noch lange an, ohne etwas zu sagen, und dann bringe ich nur die Bitte raus, mir das noch einmal vorzulesen. Und noch mal. Bis ich jedes Wort in mich aufgesaugt habe.

Am nächsten Morgen und auch am übernächsten brauchen wir ewig, um uns aus dieser warmen Umarmung zu lösen, in der wir die Nächte verbringen. Mein Eingeständnis, seine Ehrlichkeit fühlen sich beides wie riesige Schritte in unserem Universum an. Auf einmal ist Montag. Ich gehe mit dem Hund raus, mache uns Kaffee und krieche dann zurück zu ihm ins Bett. Als er zur Arbeit geht, bleibe ich einfach dort liegen. Die Tage vergehen.

Ramen, Späti, Poesie

August

»Der Kaffee der Frau geht auf mich, und ich nehme noch zwei mit Kokosmilch für hier«, ruft Nick in die Unterhaltung vor ihm rein, schlängelt sich elegant um die Frau herum und legt einen Zehneuroschein auf den Tresen. Die Frau kramte seit ein paar Sekunden in ihrer Tasche, allem Anschein nach auf verzweifelter Suche nach ihrem Portemonnaie. »Mist, Mist«, murmelte sie immer wieder in das Zischen der Kaffeemaschine.

»Das kann ich nicht annehmen. Warum machen Sie so was?«, dreht sie sich erschrocken zu uns herum. Sie trägt einen makellosen Trenchcoat und ihre Handtasche lose am Handgelenk. Alles an ihrem Outfit ist in Beige-Tönen gehalten. Die dunklen Haare liegen glatt und wie ein eleganter Fächer auf ihren Schultern auf. Ein wenig erinnert sie mich an Milli.

»Warum nicht?«, lächelt Nick sie an. »Ich helfe Ihnen aus und übernehme Ihren Kaffee, und das nächste Mal, wenn Sie hinter jemandem stehen, der sein Geld nicht findet oder nicht genug dabeihat, übernehmen Sie seinen oder ihren Kaffee. Und der- oder diejenige übernimmt wieder bei jemand anderem die Kaffeerechnung. So kann man es doch weitergeben.«

»Also doch einen Hafer-Cappuccino und jetzt dazu zwei Latte mit Koko …«, murmelt der Barista abwesend im Hintergrund und tippt in die Kasse.

»Wow, so etwas Aufmerksames hat noch nie jemand für mich getan«, bedankt sich die Frau aufrichtig und nimmt ihr Getränk entgegen.

»So etwas Nettes habe ich auch noch nie für jemanden getan«, bemerke ich, als sie aus der Tür ist. Mir wird schwindlig davon, dass dieser Mann so viel Liebe in die Welt strahlt. Nick liebt das Leben mit absolut jeder Faser seines Daseins, und das ist so inspirierend, dass ich nicht anders kann, als ihn ehrfürchtig anzustarren und mich mitreißen zu lassen.

»Wenn ich nicht dabei gewesen wäre, hätte sie gedacht, du willst sie anmachen«, werfe ich ein.

»Weil ich nett war? Menschen sollten viel öfter einfach so nett zueinander sein. Ohne Hintergedanken.«

»Das stimmt. Ich mag dich. Guck, das war nett«, grinse ich, als wir uns an einen freien Tisch am Fenster setzen.

»Ach ja? Was denn alles genau?«, frotzelt Nick ein bisschen neckend.

»Du bist großzügig und angekommen in deinem Leben. Du lebst und liebst alles, was du tust. Ja und dann mag ich … deine steinharte Matratze. Das wars eigentlich soweit, ehrlich gesagt, sonst bist du nur ganz okay«, lache ich.

Sein Brief pochte seit ein paar Tagen in den Ecken meines Kopfes. Nick wollte nie nur ineinander knallen, er war sich der Verantwortung des Datens bewusst, er blieb, so empfand ich, immer ehrlich, bei mir. Alles, was er sagte, war klar, unmissverständlich. Genau so liebte er auch. In seiner Gegenwart ließ er keine Fragen offen. In seiner Abwesenheit nur die, warum er so oft ohne Handy unterwegs war. Ich grübelte, wie falsch ich seine Sicherheit eingeschätzt hatte, dass diese Klarheit nicht ausschließlich Teil seiner Persönlichkeit war, sondern er sich auch hinterfragt hatte, unsicher war, seine Reise aus Dates und ihren oberflächlichen Impulsen bereichernd und kritisch sah. Ich wusste von seiner Zeit vor mir, den Geschichten. Ich hatte ihn für furchtlos gehalten, dafür, dass er das Sortieren der eigenen Gefühle so viel besser beherrschte als ich. Es war Quatsch, sich von einer Vergangenheit einschüchtern zu lassen, denn natürlich brachte jeder seine eigenen Erlebnisse, Träume und Ziele mit in eine neue

Partnerschaft ein. In meiner Skizze von ihm hatte ich ihn ausgemalt, so wie ich ihn sah, ohne ihm auch Unsicherheiten einzugestehen, damit vielleicht seine Spitzen, die Ecken und Kanten genommen.

Ich hatte Antworten vorweggenommen, die eher Fragen hätten sein sollen, und die ich mir nun stellte. Was ich von der Liebe will, und wie die Liebe ist, die mich glücklich macht, was ich von der Stadt will, in der ich lebe, gehörte dazu. Ich stellte mir die Fragen offen in den Raum, ohne wiederholt der Meinung zu sein, dass ich auf alles die richtige Antwort parat haben musste.

Abends, als ich in seinem Bett liege, fällt mir auf, dass ich achtundzwanzig Tage am Stück den Sommer, ohne eine Pause, mit Nick verbracht habe. Erst waren wir in Frankreich im Urlaub und haben uns die 4,2 Quadratmeter meines Bullis brüderlich mit meinem Hund geteilt, anschließend abwechselnd in seiner oder meiner WG gewohnt, aber immer zusammen. Das wird mir spätestens am nächsten Morgen klar, als ich für das zweite Festival-Wochenende des Jahres packe, diesmal mit Janne, und mich das erste Mal seit vier Wochen, bis auf die Arbeitsschichten, von Nick verabschiede. Janne und ich, wir haben uns seit Mai nicht gesehen. Während ich mich mehr und mehr an Berlin gewöhnte, reiste sie drei Monate durch Südamerika. Es gibt so viel zu bereden, ich freue mich unbändig auf sie.

Ich hole Janne am Vormittag an ihrer Wohnungstür in Neukölln ab. Sie steht schon in einem bunten Kaftan mit ihrem Rucksack unten an der Straße. Ihre blonden Haare wehen im Wind ihrer Lebendigkeit. Wir haben uns viel zu lange nicht gesehen. Unsere Begrüßung ist überschwänglich, und gemeinsam stacheln wir uns zur größten Euphorie an. Ein paar Stunden Fahrt später tauchen wir ein in diese andere Welt, die sich letztes Jahr wie ein lang vermisstes Zuhause anfühlte. Dieses Jahr ist sie eher eine Raststätte auf einem Weg zu neuen, unbekannten Zielen.

»Ich hab dich vermisst. Deine Liebe in dieser Welt, meiner Welt, das hat mir gefehlt«, sage ich zu ihr.

»Ja, ich dich auch. Aber ich hatte die schönste, atemberaubendste Zeit. Ich hoffe, du auch.« Und ich denke darüber nach, was ich aus diesem Jahr, aus diesem Sommer bisher gemacht habe, wie viele Abenteuer ich mir ins Leben gezogen habe, wie viel ich Ja gesagt habe. Wir haben uns so viel zu erzählen, teilen Erkenntnisse und Wachstumsschmerzen. Ich erzähle ihr von den letzten drei Monaten Berlin und Frankreich, sie mir von ihrer Reise durch Südamerika. Ein wenig sind wir vom Leben distanzierte Fremde in dieser bunten Welt.

Wir sind so sehr mit uns beschäftigt, dass wir uns auf dem Festival, auf dem wir letztes Jahr noch Küsse mit Fremden in Menschenmengen tauschten, diesmal fehl am Platz fühlen. Alt irgendwie. Wir treffen Jannes Knutschung vom letztem Jahr wieder, als wir tagsüber im Sand tanzen, und ich werde verfolgt von jemandem, der von mir angepinkelt werden möchte. Nach dem Festival, den kalten Bulli-Nächten und vielen Umarmungen schlafen Janne und ich zwei Tage durch. Getrennt voneinander, jede bei sich.

* * *

Ich sitze auf einem der wackligen Holzhocker vorm *What do you fancy love* in Mitte mit einem Guacamole-Bagel und einem Tee und belausche die Unterhaltungen um mich herum. Es sind hauptsächlich Marketing-Fachleute, die sich noch auf einen schnellen Kaffee vor dem ersten Meeting treffen oder die Pausen zwischen ihren Terminen mit einer arroganten Hektik fürs Networken nutzen. Die beiden neben mir fachsimpeln, kurz nachdem sich das Gegenüber gesetzt hat, über Karsten, der schon das dritte Jahr in Folge das gleiche schlechte Werbekonzept an seine Kunden vertickt hat. Über Leona, die das mit den Media-Budgets immer wieder verhaut, und über ihre eigenen kleinen und großen Erfolge der Woche. Vor allem die großen. Eigentlich sind alle groß und können sich kaum vor Anglizismen retten. Am Ende ruft einer: »Okay wir müssen wann anders genau hier weitermachen, ich muss in zwei Minuten in einen Call, gotta run!«, ohne dass der andere noch etwas erwidern kann. Der zuerst Gehende scheint das Treffen jetzt auf eine seltsame Art und Weise in puncto Hektik und Beschäftigtsein gewonnen zu haben. In ausgelatschten Superstar-Sneakern und Levi's-Jeans zu Sakko und Hemd eilt er davon. Der andere bleibt betrübt zurück. Ihr Treffen dauerte maximal acht Minuten. Ein Kellner zuckt beiläufig mit den Schultern, als eine Frau ihren Kaffee verschüttet. Niemanden geht hier der andere etwas an.

Nicht nur in Mitte scheint Berlin unverbindlich. Wie ein großer verrückter Urlaub, aber auch wie eine Zeitreise in eine Welt, in der Uhren anders ticken, die Welt sich schneller und langsamer dreht – gleichzeitig. Nick und ich wollen abends noch zu seinen Eltern fahren. Ich packe zusammen, trete den Rückweg nach Hause an und ziehe Bilanz. Der Mitbewohner und ich, wir wohnen fast ein Jahr zusammen in unserer Wohnung. Ich bin mir inzwischen sicher, dass WGs nichts für mich sind. Leider wohnen Nick und ich beide jeweils in einer. Ich kann in keiner der beiden Wohnungen wirklich entspannen und erschrecke zutiefst, wenn ein Schlüssel im Schloss herumgedreht wird. Das ist auch etwas, was ich erst über mich lernen musste.

›Ich komme ja wieder‹, hatte ich Josy und Milli versprochen, als ich nach Berlin gezogen war. ›Irgendwann komme ich zurück nach Hause. Nach Hamburg.‹ Weil sich Berlin nur wie ein kurzes Abenteuer, Hamburg für mich aber nach Heimat anfühlte. Im Frühling dann, war ich mir nicht mehr so sicher. Wo gehörte ich hin?

»Wann warst du das letzte Mal bei dir zu Hause?«, will Nick wissen, als wir Samstagabend in seiner Heimat aus dem Auto steigen, und deutet auf das Haus seiner Eltern. Wir wollen seine Scheune die Straße runter ein weiteres Mal besichtigen und ausmessen.

Die Sonne ist fast untergegangen, über den angrenzenden Feldern flimmert sie noch verschwommen.

»Welches Zuhause denn?«, frage ich abwesend und betrete sein Elternhaus. Ich korrigiere mich, weil ich selbst überrascht über meine Wortwahl bin. »Im Haus meines Papas? Ewig nicht. Ostern vielleicht.« Heimat, Zuhause und Identität sind alles Begriffe, die sich für mich mit der Zeit in ihrer Bedeutung verändert haben. Meine Eltern haben sich früh getrennt. Meine Schwester und ich sind zwischen den Wohnungen aufgewachsen, wir mogelten uns so durch. Auf der Suche nach Verbindung und Zugehörigkeit nahm ich eine Vermittlerposition ein, ich versuchte, zu kitten, was zerbrochen war. Als mittlerweile fünfjähriges Mädchen verstand ich nicht, dass es für diese Liebe keine Zukunft gab. Ich gab mir selbst die Schuld daran. Nach der Trennung meiner Eltern waren beide öfter umgezogen, ich hatte seither immer mindestens zwei Zuhause, zwischen denen ich pendelte, nie nur eins. Ich packte regelmäßig eine Tasche, meine Schulsachen, mein Kuscheltier und meine Hausschuhe, um sie woanders auszupacken. Ich war immer nur für kurz, nie für lange an einem Ort. Mit meinem Abitur war meine Mama auch aus der letzten Wohnung, die in meiner Heimatstadt mein Zuhause war, ausgezogen. Inzwischen wohnte sie in einem anderen Bundesland, mein Papa war in eine kleine Wohnung nach London gezogen. Beide hatten neu geheiratet. Welches Zuhause war dann das, das so eine Frage meinte? Es gab meine Heimatstadt und danach die, in der ich ein langes Sommerpraktikum gemacht hatte. Meine Studienstadt und diese Kleinstadt in Schweden, in der ich mittendrin für ein Semester studiert hatte. Die Stadt in Spanien, in der ich während und nach dem Studium mehrere Sommer gearbeitet hatte. Danach gab es Hamburg und Berlin. Ich hatte überall eine wunderbare, wichtige Zeit. Aber die Rastlosigkeit meiner Kindheit und Jugend hat sich mit meinem Erwachsenenleben mehr verwoben, als mir bislang bewusst war. Ich war immer schon auf dem Sprung, nie gekommen, um zu bleiben. Ich kannte es nicht anders.

Nick hat eine Heimat, ein Elternhaus. Seit vielen Jahrzehnten am gleichen Fleck. Er hat seine ganze Kindheit zwischen diesen Mauern verbracht, deren Dielen beim Betreten knarzen. Mit ausladender Handbewegung führt er mich durch kinderbildergetäfelte Wände zum Abstellen meiner Sachen zu seinem Zimmer, das noch in dem gleichen Orange gestrichen ist wie damals, als er mit zwölf alles umräumte. Nick hatte Russland und Kolumbien viele Monate bereist, in Brasilien gewohnt, in Connecticut studiert, war aber immer wieder zurückgekommen. Hierher, in exakt dieses Haus, nach Brandenburg aufs Land.

Seine Familie umarmt mich und sich gegenseitig, als wir uns Samstagabend sehen, und noch einmal, als sie sich Sonntagmorgen an den von Nick und mir gedeckten Frühstückstisch setzen. Mutter, Vater, Bruder, Umarmungen.

»Wozu das, wir haben uns doch gestern schon alle begrüßt?«, frage ich ihn später interessiert.

»Weil wir uns freuen, einander zu sehen. Einander mögen. Dann kann man sich doch umarmen?«

»Klar, kann man«, erkläre ich mich entschuldigend. »Wir bei uns machen das nur nicht.« Wie eine entfernte Beobachterin betrachte ich die Dynamik einer mir unbekannten Familie. Ich bin eher distanziert aufgewachsen und erzogen worden. Nick und seine Mama sind beste Freunde, Verbündete auf Augenhöhe, Mutter und Sohn und alles dazwischen. In ihren Umarmungen zeigen sie die Freude, sich morgens zu sehen und gemeinsam zu frühstücken. Meine Mama sagte früher scherzhaft, dass wir keine Freunde sein könnten, weil wir schon Mutter und Tochter sind und man nicht beides gleichzeitig sein kann. Nick spielt zusammen mit seinem jüngeren Bruder weiterhin Fußball in seinem Dorf, weil er die Gemeinschaft dort schätzt. Sein Opa und seine Eltern verpassen kein einziges Spiel. Ich fühle hier so viel Wertschätzung füreinander, wie fasziniert sehe ich ihnen manchmal bei diesem *Familiesein* zu, das einer innigen Freundschaft gleicht. Der eine Bruder, der den Kopfsalat im Garten ernten geht, der andere, der die Stühle auf der Terrasse in die Sonne rückt. Die Aufgaben sind verteilt, ich habe keine. Ich bin eine stille Beobachterin, eingeladen, ohne zu wissen, wozu genau.

»Berührungen machen weicher, herzlicher, bringen einander näher. Man ist weniger gestresst und in festeren sozialen Bindungen«, zählt er mir die Vorzüge später auf und streckt die fünf Finger seiner linken Hand einen nach dem anderen abzählend in die Höhe. »Also ist es gesünder. Deswegen.« Dann umarmt er mich so fest, dass ich nicht mehr entkommen kann.

»Aufhören, lass sofort los!«, protestiere ich vehement und ersticke an meinem eigenen Lachen.

* * *

Die Sonne knallt in Hamburg vom Himmel, durch die vergilbten Scheiben und auf unsere kleine Tischgruppe am Fenster. Gismo und Penny, unsere Hunde, beschnüffeln sich vorsichtig, Josys Blick ist auf die drollige Szenerie gesenkt, während Milli ihre Augen über die Menschen im Café schweifen lässt. Ich strahle diese Frauen und Hunde glücklich an.

Direkt am nächsten Wochenende hatte ich mich bei Josy und Milli angekündigt und in den ICE geworfen, nach Hamburg, aus Sehnsucht. Wenn ich mich irgendwo zu Hause fühlte, dann hier. Als der Zug über die Elbe, durch die Hafenanlagen und dann lautlos in den Bahnhof einrollte, merkte ich, wie oft die beiden bei mir in Berlin waren, und wie selten ich diese Strecke in den letzten Monaten gefahren war. Obwohl ich diejenige bin, die weggezogen war – das musste ich dringend ändern.

Während Nick und ich durch die Natur in Frankreich tourten, hatte Josy ihren Sommerurlaub mit Tom auf Fuerteventura verbracht. Milli war für eine Woche mit ihrer Mutter in ein Luxus-Retreat auf Usedom gefahren. Inzwischen glänzt der August mit einem leichten Anflug von Spätsommer in der Stadt. Endlich sind wir wieder zusammen. Milli drapiert ihre

Gucci-Tasche auf der Bank, die sie hegt und pflegt. Ich setze meine Hündin neben mich auf meinen glatt gestrichenen Jutebeutel.

Um uns drängen sich die Hamburger ins Café, schnattern und umwehen uns mit Leichtigkeit und Satzfetzen. Josy macht einer Gruppe von Freundinnen Platz, die mit ihren blassblauen und grünen Kinderwagen die leeren Flächen neben uns einnehmen. Es riecht nach gerösteten Kaffeebohnen, nach gebackenem Bauernbrot und dem Regen vom Vormittag. Das Rattern der Maschine unterbricht unsere Gespräche. Gismo liegt unter dem Tisch und macht sich auf den kalten Fliesen breit. Ich strecke meine Beine aus und entspanne meine Schultern. Hier fühle ich mich wohl.

»So, du und Hamburg, das wird dann also nichts mehr? Wie läuft es mit Nicks Scheunen? Zieht ihr da wirklich hin?«, fragt Josy und rührt in ihrem Kaffee. Der Milchschaum schwappt wie ein ungezügeltes Meer über den Rand und läuft in Sturzbächen an der Tasse herunter. Ich weiß es nicht, denke ich. War ich fürs Landleben gemacht? Ich glaube schon. Ich fände es schön.

»Ich muss meinen Kopf dazu noch nach der richtigen Antwort durchsuchen. Aber es hat eigentlich alles, wonach ich mich sehne. Natur, Wasser, Ruhe und gute Luft«, antworte ich ihr.

»Ja, suche mal«, bemerkt Milli, »ich suche mir derweil einen neuen Job.«

»Oh, wieso das?«, frage ich bestürzt. Sie war immer glücklich zwischen ihren Kollegen, dem Agenturleben, dem Familiengefühl.

»Das mit den Arbeitszeiten, das geht einfach nicht mehr. Regelmäßig sitzen wir abends, zweiundzwanzig Uhr noch da, brüten über dem nächsten Pitch. Erst recht, seitdem ich Teamleiterin bin. Ich habe bestimmt hundert unbezahlte Überstunden. Kein Wunder, dass ich kein Sozialleben habe. Also, weitersuchen.«

Ich nicke.

»Ich suche nichts, ich hab alles«, wirft Josy ein. »Meine Wohnung, meinen Hund, meinen Freund und mich.« Ihre positive Energie sprüht in unsichtbaren Funken durchs Café.

»Ich suche irgendwie alles«, murmelt Milli leise vor sich hin. Und besser hätten die beiden sich selbst wohl nicht beschreiben können. Ich träume ein bisschen vor mich hin.

»Ich suche in jeder Stadt wirklich guten Kaffee«, sinniere ich. »Und immer, wenn ich keine Reiseführer konsultiere, sondern einfach loslaufe, einfach bin, finde ich ihn. Zufällig, an einer Ecke, in einer unscheinbaren Gasse. In Palma war das so, in Kopenhagen und in Porto auch.«

Eigentlich sind wir alle lebenslang auf der Suche. Nach dem Sinn des Lebens, nach einem Job, der wirklich erfüllt, nach unserer zweiten Hälfte, nach den Auslösern, die uns triggern. Nach verloren gegangenen Familienmitgliedern oder nach dem Stoff, der richtig kickt. Nach dem Studium suchen wir einen Job, nach neuen Möglichkeiten, wir suchen die schnellste Verbindung von A nach B, den Schlüssel in der Wohnung, nach Urlaubsangeboten in Prospekten oder zusammenpassenden Socken in der Wäschetrommel. Irgendetwas sucht jeder. Aber wenn man sagt, dass der Weg das Ziel ist, ist dann die Suche das Finden und nicht das Finden das Finden? Ist die Suche nach etwas im Leben das, was uns beschäftigt, lebendig hält?

Ich erzähle den beiden von meinen Überlegungen zu Heimat, Rastlosigkeit und der Scheune, Milli erzählt von ihren letzten Treffen. Josy ist auf dem Sprung, weil sie noch mit Toms Eltern verabredet sind, und verlässt Milli und mich nach einer guten halben Stunde.

»Dann wartet ab, irgendwann entknotet sich alles von selbst. Das ist immer so. Du mit Hamburg und du mit deinen Dates«, verspricht sie Milli und mir im Gehen.

Sie zieht Gismo, ihren strubbeligen Straßenhund, unter dem Tisch hervor und zur Tür raus.

»Tschüss Gismo, tschüss«, winke ich ihm, und er wedelt mit

dem Schwanz, zieht an der Leine, will zu uns zurück. Als die beiden weg sind, hebe ich meinen Hund auf meinen Schoß. Sie rollt sich augenblicklich zu einem kleinen Kringel ein.

»Milli, was machen wir mit dem angebrochenen Tag?«, frage ich in Josys Leere hinein.

»Und dem angebrochenen Leben, meinst du?« Ihr Gesicht hat sie unter dem Vorhang ihrer seidig-glatten schwarzen Haare ins Kinn aufgestützt.

»Ja, das auch.«

Wir spazieren durch die vollen Gassen der Altstadt und nehmen nach einem weiteren Kaffee, imposanten Schaufenstern und einem tropfenden Eis am Jungfernstieg die S-Bahn zu Milli. Es ist früher Abend, als sie in Ottensen ihre Wohnung aufschließt. Sie hebt die Post vom Boden auf und legt den Schlüssel rechts in das goldene Kästchen. Ihre schicke Tasche stellt sie auf die helle Kommode daneben. Ich folge ihr in die Wohnung und lasse meine Sachen neben ihr weißes Leinensofa fallen.

»Also, das aktuelle Problem ist folgendes«, beginnt sie ohne Umschweife, als wären wir in der schützenden Umgebung ihrer eigenen vier Wände jetzt endlich zu den tieferen Themen vorgedrungen, »ein paar Treffen gab es ja. Ich hab einige Männer nach Markus gesehen.« Sie erzählt ausführlich von einem Norman und einem Torben.

Milli hatte aus Prinzip keine One-Night-Stands, eine Versprechung an sich selbst aus frühen Jugendjahren, also musste sie jeden mindestens zweimal treffen. Und dann, spätestens beim zweiten Mal – verliebte sie sich. Jedes einzelne Mal.

»Ich stürze mich Hals über Kopf in eine Sache hinein, und ganz plötzlich ist sie vorbei, und ich fühle mich so zurückgelassen. Machtlos und alleine«, schließt sie ihre Erzählung ab.

»Vielleicht bist du nur ins Verliebtsein verliebt«, entgegne ich. »Du verliebst dich in den Wunsch, gemocht zu werden, in die Vorstellung. Nicht speziell in den Mann. Kann das sein?«

»Hm.«

»Stell dir vor, er würde dir jetzt sofort die Welt zu Füßen legen. Wären deine Gefühle die gleichen?«

»Sicher nicht. Ich will das nicht einmal. Es geht mir nie gut damit, wenn ich mich rückblickend beobachte. Aber ich kann es einfach nicht langsam angehen lassen!« Die Wörter des letzten Satzes schnauft sie, als wäre hinter jedem einzelnen ein Punkt. »Tee?« Mit einem lässigen Fingerschnipsen stellt sie den Wasserkocher an. Wir machen uns daran, ein schnelles Abendbrot aus ihren Kühlschrankresten zusammenzubasteln. Mit Brot, Aufstrichen, Oliven und einer Flasche Riesling setzen wir uns zurück in ihre gemütliche Sofaecke unterm Fenster.

»Ich weiß oft nicht, worüber man beim ersten Date reden soll. Ich zermartere mir den Kopf. Das macht mich am nervösesten. Dann plappere ich irgendetwas und verschrecke alle. Oh und dann hatte ich letztens einen Typen vor mir sitzen, der unbedingt das Café auswählen wollte, beim Reingehen dort den Jackenständer umgeworfen hat und sich so mit der Kellnerin unterhalten hat, geduzt, kumpelhaft gerügt, als würde er sie schon ewig kennen. Nur sie ihn anscheinend nicht. Beim Hinsetzen ist er fast rückwärts vom Stuhl gekippt. Generell hat er sich aufgeführt, als wäre das sein Wohnzimmer, über die Tische hinweg gerufen, Gespräche kommentiert, Kaffee verschüttet. Lu, du kannst dir das nicht vorstellen. Ich bin im Boden versunken.«

»Ich kann es mir vorstellen, so ansatzweise.« Ich lache über ihre dramatischen Ausführungen und ihre weit aufgerissenen Augen. Ich denke an meine unangenehmeren Dates, und an die schönen Treffen, gleichermaßen.

»Daten war für mich einfach nie etwas Schönes«, fährt sie fort. »Generell, Männer zu treffen hat sich für mich dadurch die letzten Monate, ach was sage ich, Jahre, in etwas extrem Negatives verwandelt.«

»Wenn es gerade nichts Positives für dich hat, dann lass es doch mal für eine Weile«, schlage ich vor und beiße in köstliches, frisches Brot. Wie Maja im Juni ist sie schon die zweite Freundin, der ich empfehle, das Daten mal für eine Weile zu lassen. »Ich finde es nicht verkehrt, zwischen den Dates eine Leere zu haben. Selbst in meinem ›Jahr voller Dates‹ gab es einen Oktober, November, Dezember komplett ohne ein einziges Date. Man muss ja nicht zwingend Menschen treffen. Ich finde es gut und wichtig, auch mit sich allein sein zu können, aus den richtigen Gründen zu daten – eben, um eine gute, entspannte Zeit unter Menschen zu haben, nicht, um aus Langeweile und Mangel an Aktivitäten mit sich selbst eine Leere zu füllen«, doziere ich.

»Um dann die Abende mit noch mehr Arbeit zu füllen.« Sie lacht. »Das mit der Tinder- und der Bumble-App war wenigstens mal eine Ablenkung.« Milli geht in ihre helle Küche und holt den fertigen Tee und zwei tiefe Tassen.

»Ich weiß, aber wenn es gerade nichts Gutes für dich hat, wenn es dir keine allerschönste Zeit beschert, dann lässt du es eine Weile sein. Und dann gehst du wieder ran, wenn du dich wieder richtig gelassen fühlst. Ich würde das ganz klar trennen: Es ist nichts falsch daran, sich nach Liebe zu sehnen. Das tun wir alle, irgendwo. Liebe ist etwas so Großes, Schönes, das wir kaum fassen können, eine vage Vorstellung. Es geht eher um das *Wie*. Beeinträchtigt dein Sehnen nach Liebe dein Jetzt, dann hat die Liebe in dem Moment nichts Schönes mehr für dich. Ist dein Sehnen ein ›ich freu mich auf ein Irgendwann, und derweil erfülle ich mich selbst mit meinen Freundschaften, mit meiner Jobwahl, mit Liebe‹ dann hat die Liebe und auch die Sehnsucht danach doch sehr viel Schönes für dich. Für mich liegt darin der Unterschied.« Ich ziehe mir die dicken Socken aus meinem Gepäck an. Die Balkontür ist offen, und der warme Wind des Sommers umspielt mit leisem Klingen das darin hängende Mobile.

»Das stimmt. Verabredungen sollten etwas Schönes sein. Oder letztens: Ich hatte ein Treffen, das war wie eine Therapiesitzung. Der Typ hat auf einmal angefangen, bei mir abzuladen, warum wohl sein bester Freund keinen Kontakt mehr zu ihm will. Was soll ich da sagen?«

»Ich glaube, es ist wichtig, da eine Grenze zu ziehen. Ich meine, man muss sich nicht allem annehmen. Es ist auch Liebe und Wertschätzung zu dir selbst, wenn du dir nicht jedes fremde Problem auflädst. Und das ist kein ›Ich lass die negativen Gefühle nicht an mich heran‹. Mit meinen eigenen setze ich mich sehr wohl auseinander. Aber ich muss mich nicht mit denen von Fremden auseinandersetzen, die ich wahrscheinlich nie wiedersehen werde. Klar, wenn du einen guten Rat hast, einen Tipp, dann gib ihm den – aber du musst das nicht tun. Du musst dir das nicht aufbürden, du brauchst deine Liebe selbst noch viel mehr, als andere sie jemals brauchen könnten.«

»Ja, da hast du recht.«

»So ist es auch mit Büchern, Filmen, wenn dich etwas belastet, gib es dir einfach nicht. Mein Leben ist Lebensfreude. Da haben Horrorfilme zum Beispiel keinen Platz, die können für dich stellvertretend für alles stehen. Das Leben ist kurz, und ich lasse nur das bei mir hinein, worauf ich wirklich Lust habe. Aus Liebe und Wertschätzung zu mir selbst.«

Sie schaltet den Fernseher an und zappt durch, bis sie bei einer Wiederholung des Bachelors hängen bleibt.

»Jeder hat so seine eigenen Baustellen und deine sind da anders als meine. Aber ich kann dir nur sagen: Lass dieses Negative los. Daten kann für dich auch wieder etwas Schönes werden. Und pass auf, dass du alles aus den richtigen Gründen tust.«

»Danke für deine Zeit«, Milli drückt mich herzlich mit meinem Kopf an ihren, und wir versinken in den tiefen Polstern ihres Sofas. Ich glaube, so ehrlich und offen haben wir noch nie miteinander geredet. Vielleicht brauchten wir das mal, nur uns und eine durchquatschte Nacht. Auf einmal weiß ich, dass wir einen ganz wichtigen Punkt in unserer Freundschaft geknackt haben, dass wir uns so sehr sehen und verstehen wie nie zuvor.

Ich hatte für mich selbst beschlossen, dass mir an dieser Freundschaft etwas lag und dass ich mich mitteilen musste, weil es ohne meine Gefühle kein uns geben konnte. Auch das war Wertschätzung – nicht alles in mir zu verschließen.

»Danke dir für deine Zeit!« erwidere ich bestimmter.

»Ich glaube, ich lass Tinder mal wieder und spreche Männer in Cafés an. Wenn überhaupt.«

»Mach das mal«, beschließe ich mit ihr. Wir reden noch ein paar Stunden durch, dann schlafen wir nebeneinander in ihrem Bett ein.

An einem kleinen Blumenstand auf der Schanze decke ich mich am nächsten Morgen mit frischen Geranien ein und mache mich damit auf den Weg zu Hera, meiner ältesten Freundin. Milli war bereits beschwingt in ihre Agentur aufgebrochen. Hera und ich sind früher Nachbarinnen gewesen. Seitdem habe ich sie fest in mein Herz geschlossen. Sie sieht jung und wunderschön aus, wie eine Diva vergangener Jahrzehnte. Strahlend öffnet sie mir die Tür zu ihrem kleinen Paradies mit Garten. Ihre Wohnung ist keine vierzig Quadratmeter groß. Weiße Holzmöbel tragen große Blumensträuße in Vasen mit verschnörkelten Verzierungen. An den Wänden hängen Leinwände in Gold und Grün, die sie selbst bemalt hat.

»Hallo schönste Frau, die ich kenne«, begrüße ich sie freudig über die Türschwelle hinweg. In ihrer kleinen Wohnung tönt Foreigner aus den Lautsprechern. Erst letzten Sommer waren wir zusammen auf einem Konzert der Band gewesen. Wie immer winkt sie ab.

»Ach du, erzähl nicht so was.« Sie hat eine große Sonnenbrille auf, die sie hoch in ihre honigblonden Haare schiebt.

»Ist nur die Wahrheit.« Ich sehe ein Lächeln über ihr Gesicht huschen. Lautlos folge ich ihr in ihr kleines Stück Garten, wo sie die Geranien in eine Vase stellt und ein paar Mal dreht, bis sie die perfekte Position gefunden haben. Sie trägt meistens weite, helle Leinenblusen zu engen Bluejeans und weißen Turnschuhen. Im Frühling ist sie einundsiebzig geworden.

Hera hatte sich vor einem oder zwei Jahrzehnten von ihrem Mann getrennt und genoss seither ihr Leben im zentralen Hamburg, ganz in der Nähe ihres erwachsenen Sohnes.

»Ich mach uns einen Kaffee und schneide eine Mango, ja? Ich habe sonst nichts weiter da«, tönt sie aus dem kleinen Küchenfenster.

»Perfekt.« Die Mango ist schon mehr, als ich im Kühlschrank gehabt hätte.

Wir begegneten uns im Treppenhaus meiner alten Wohnung, nur ein paar Wochen nachdem ich in das Ein-Zimmer-Apartment in Winterhude gezogen war. Ich war erst acht Monate in Hamburg und hatte die Stadt und ihre Bewohner bislang als eher kühl empfunden. Hera bewies mir das Gegenteil: Wir sahen uns zwischen dem zweiten und dritten Stockwerk, sie war mit Wäsche auf dem Weg nach unten, ich ging mit dem Hund die Treppen hinauf, und wir wussten auf den ersten Blick, dass wir uns sympathisch sein würden. Ungefähr eine Stunde standen wir quatschend zwischen den Etagen. Hera ging schon immer offen und ohne Berührungsängste auf Menschen zu, fiel ihr später auf, als wir darüber redeten. Immer wieder erzählte sie mir in den letzten vier Jahren, die wir uns kennen, von süßen Spontantreffen mit fremden Menschen im Stadtpark, von Unterhaltungen am Alsterufer. Von ihren vielen Spaziergängen durch Hamburg, und davon, wie sie die Stadt, in der sie schon ihr ganzes Leben lang wohnt, stetig neu entdeckt. Nicht selten handelten ihre lebhaften Schilderungen von Begegnungen mit alleinstehenden Männern in ihrem Alter. Hera zieht die Menschen wie magisch in ihr Leben an. Ich habe mir nie vorher darüber Gedanken gemacht, wie ältere Menschen sich kennenlernen, verlieben und ihr Leben miteinander bestreiten. Oder ich hatte schlicht niemanden in meinem Leben, den ich dazu hätte befragen können.

»Weißt du, alte Liebe ist anders«, holt sie aus, als ich sie danach frage. Ich brauche die Liebe nur anschneiden, da leuchten ihre Augen. Sie erzählt dann von Juri, mit dem sie ihre Sommer in den Siebzigerjahren auf Ibiza oder an der Côte D'Azur verbracht hat. Oder von Falk, für den sie immer die Eine geblieben ist, und der sie jedes Jahr auf sein Landhaus einlädt. Die Fotos von damals hat sie griffbereit in einer Schachtel auf ihrer Kommode verstaut. Hera breitet sie zwischen uns, den Kaffeetassen und der Schale mit Mango aus, während sie redet und gestikuliert, mich lebensfroh anfunkelt.

»Alte Liebe ist realistischer. Jeder hat seine Geschichte schon geschrieben. Man hat Familien gegründet, vielleicht Scheidungen oder Verluste hinter sich. Wenn man sich in meinem Alter kennenlernt, kann man nur noch vorsichtig versuchen, das restliche Leben miteinander zu genießen.«

Ich nicke. Ich kann es mir kaum vorstellen, aber es erfüllt mich mit Glück, es zu versuchen.

»Es geht dann nicht mehr darum, miteinander Pläne zu schmieden, sondern nur noch darum, wie man sich guttun kann. Die ganzen gesellschaftlichen Erwartungen drumherum werden vom Alter abgekratzt. Da redet dir keiner mehr rein. Du musst nichts mehr erfüllen. Dann ist es nicht ›Wirklich der?‹ oder ›Ist das nicht ein bisschen früh?‹ oder ›Wirklich nur ein Kind?‹, sondern einfach nur ›Ach, wie schön!‹«

»Ach, wie schön«, wiederhole ich.

»Jeder hat ja auch so sein Leben. Ich könnte nicht ohne diesen kleinen Garten hier. Letztes Jahr an der Alster, dieser Harald, der hat ja auch gesagt, Hera, ich finde dich so toll, gib dein Leben auf und komm zu mir in meine Dachgeschoss-Wohnung in die Hafencity. Da habe ich gesagt, Harald, das wird nicht passieren. Da war er schon traurig. Aber so ist das eben. Überall Beton und Stahl, was will man auch da.«

»Lag aber bestimmt auch nicht nur daran«, schmunzele ich und schenke uns Kaffee nach.

»Nein, der hatte auch nicht viel zu erzählen. Jemand, der fünfundsechzig oder siebzig Jahre auf der Welt ist und nichts zu erzählen hat, das ist doch traurig. Du siehst es jemandem genau an, ob er schon aufgegeben hat. Guck auf die Haltung, in die Augen. Jemand, der das Schönste aus seiner verbleibenden Zeit machen will. Das sieht man direkt. Und wenn du alt bist und jeden Tag wie einen neuen Frühling nimmst, als hättest du alle Zeit der Welt. Das zieht an.«

Hera macht mir Mut und Hoffnung, auf Leben und Liebe im Alter. Nicht, dass ich daran gezweifelt hätte, aber es ist schön, sie als leuchtendes Beispiel vor mir sitzen zu haben. Ich glaube, dass wir von Älteren viel lernen können. Sie sind unser älterer Spiegel. Unsere Zukunft vielleicht. Genau dort werden wir auch irgendwann sein. Heras Sicht auf das Leben ist eine andere. Wie wenn jemand, der die ganze Welt bereist hat, jemandem die Welt erklärt, der gerade erst loszieht. Wir stehen uns gegenüber, auf anderen Seiten des Lebens, ohne die Wertschätzung für das uns Unbekannte verloren zu haben.

»Hattest du Angst vor dem Älterwerden?«, frage ich sie deswegen.

»Älter werden ist etwas Tolles!«, schreitet sie direkt ein. »Älter werden heißt, am Leben, lebendig zu sein.«

Ich lächele. »Schön gesagt.«

»Meine Nachbarin, die Silke, die beschwert sich ständig darüber. Über ihre Falten und wie alt sie ist. Die ist nicht mal vierzig und glaubt, ihr Leben sei vorbei. Dabei ist das Leben schön, zu jeder Lebenszeit. Da habe ich zu ihr gesagt, Silke, zieh mal die Faltenröcke aus und leb ein bisschen. Sie ist so ernst mit allem, das tut mir richtig leid. So viel Ernsthaftigkeit, das macht doch kaputt.«

Hera erzählt wieder von ihren Sommern auf Ibiza, damals, als sie selbst zwischen zwanzig und vierzig war, in den 70er- und 80er-Jahren. Wie leicht sie und ihre Freunde das Leben in Westdeutschland nahmen. Sie lebten ein ganz anderes Leben als meine Eltern und Großeltern in der DDR.

»Willst du noch mal nach Ibiza zurück?«, frage ich sie. Wie aufregend wäre es, wenn man alle Orte noch einmal besuchen könnte, die man jemals gesehen hat, weil man überall ein Stück seiner Persönlichkeit des entsprechenden Alters verteilt hat. Wie ein Puzzle, verstreut über die ganze Welt. »Oder in die Zeit von damals zurück, deine wilden Jahre?«

»Nein, das ist doch etwas ganz anderes. Das Leben ist wie ein Kuchen, und man isst eben das Stück, was man gerade vor sich hat. Mit Genuss! Jetzt bin ich hier. Guck. Ich hab's schön.« Sie zeigt in ihren Garten.

»Ja, hast du.« Ihre sorglose Antwort löst eine Welle der Zufriedenheit in mir aus.

Wir reden noch eine Weile über das Gefühl, zu Hause zu sein, und ich frage sie, ob sie immer wusste, wo sie hingehört. Ihre Antwort ist wie alles an ihr besonnen und unmissverständlich in ihrer Klarheit. Mit Hera zu reden gibt viel, als würde sie eine komplett neue Welt mit in mein Leben bringen. Ich dachte, dass vor allem gleichaltrige Freundinnen und loses Daten meinen Horizont erweitern, aber tatsächlich sind es auch meine Rentnerfreundin Hera und unsere Gespräche, die das tun. Sie inspiriert mich, ohne dass sie weiß, dass sie das tut. Ich vermisse viel an Hamburg, und vielleicht am allermeisten sie.

Am Abend übernachte ich erneut bei Milli in Ottensen und nehme morgens die S-Bahn zum Jungfernstieg, um eine Runde um die Alster zu laufen. Ich trainiere für einen Marathon im November, ein Lichtpunkt an meinem Himmel, ein echtes Ziel, ein großer Traum. Der Sonnenaufgang über der Wasseroberfläche, meine Sehnsucht nach meinen Läufen am Wasser, nach der Heimat in mir, all das berührt mich so tief, dass mir die Tränen in Sturzbächen vom Gesicht laufen. Selbst die tiefsten Bindungen und Freundschaften sind ambivalent, denke ich, während ich das Tempo anziehe und lossprinte. Gebe ich genug, bekomme ich genug, bedeuten wir einander ähnlich viel?

»Komm zurück!«, schreibt Josy mir, als ich später wieder in den ICE steige und der Zug losrollt in Richtung Funkloch. An ihre Nachricht angehängt sind vier Ausrufezeichen und ein Foto, auf dem sie und Tom die Daumen in die Höhe recken. Ich lächele, versperre mein Handy wieder und lasse es in meine Hosentasche gleiten. Es waren intensive Tage.

Klar, ich würde nach Hamburg zurückziehen können und Nick und ich würden uns an den Wochenenden sehen. Er hätte im Zweifel kein Problem damit. Das hatten wir schon besprochen. Dass er mitkommt, kam nicht infrage. Von Hamburg aus würde er die Scheune das nächste Jahr über nicht umbauen können. Aber wollte ich das wirklich? War so ein Ziehen, irgendwo in meinem Herzen, die Sehnsucht nach einer Stadt, mir wichtiger als eine Liebe, die vor Ort war, vor meinen Augen? Definitiv nicht. Vielleicht war es so, dass man, je älter man wurde, immer etwas vermisste. Freunde, die weit weg wohnen, Natur zwischen Großstadtmauern, die letzten Momente der Sorglosigkeit oder vergangene Zeiten.

In Anbetracht meiner Ratlosigkeit und meiner Sabotage in der Vergangenheit fand ich es an dieser Stelle besonders wichtig, nicht abzuhauen. Mich mal nicht in die Ferne zu verabschieden, Kilometer an Distanz zwischen uns zu bringen, um mich meiner Verletzlichkeit zu entziehen. Ich wollte nicht weg. Ich wollte mich Nick, der Liebe und allem, was das mit sich brachte, stellen. Und vielleicht war es endlich an der Zeit, mit Berlin das gleiche zu tun. Diese Stadt zu meiner Stadt zu machen. Wo war mein Platz in dieser Stadt?

Es ist Samstagmorgen, als ich eine große Runde allein um die Spree laufe, irgendwann durch Kreuzberg, durch Neukölln, am Kanal entlang. Zehn Kilometer später lande ich im Tiergarten, laufe durchs Brandenburger Tor und visiere wieder den Alex und mein Zuhause an. Ich laufe, weil ich dabei unendlich tief Luft holen kann. Weil ich merke, wie sich meine Schulterblätter zusammenziehen, während ich die Arme im Takt mitnehme. Weil ich merke, wie mein Bauch arbeitet, wie ich stärker werde, mehr aushalten kann, gleichzeitig gelassener reagiere, weniger mit dem Alltag überfordert bin. Laufen macht mich kaputter und stärker zugleich, ersteres immer nur für einen Moment, letzteres den ganzen restlichen Tag, und den nächsten noch dazu. Es gibt nichts, bei dem ich den Kopf besser frei bekomme und zu konkreten Lösungen gelange. Ich bin eins mit der Musik oder dem Zwitschern der Vögel, mit meinen klopfenden Schritten auf dem Asphalt, meinen Gedanken und der Sonne in meinem Gesicht. Eins mit der Welt.

Motiviert beschließe ich, ein paar Berlin-Tage zu unternehmen. Als würde ich mir ein paar Tage freinehmen, Urlaub eben, aber diese nutzen, um meine eigene Stadt zu erkunden. Jeden Tag ein anderes Viertel, mal ins Museum gehen, mir Ausstellungen raussuchen. Mein Alltag findet nur zwischen Prenzlauer Berg und Friedrichshain statt. Ich bin in meinen eigenen Grenzen gefangen.

Die nächsten Tage tingele ich durch Kreuzberg, Charlottenburg und Schöneberg. Ich sehe mir die Menschenmengen rund um den Savignyplatz an, wie sie in der Abendsonne ihr Feierabendbier trinken, laufe durch den Viktoriapark am Bergmannkiez, in dem Hunde frei herumtollen, und besuche das Mauermuseum. Fasziniert stehe ich vor den Schwarz-Weiß-Fotografien uniformierter Grenzbeamter. Auf der Hauptstraße in Schöneberg laufe ich an David Bowies Wohnung vorbei. Der Akazienkiez nebenan erinnert mich an ein verwegenes Paris der 20er Jahre.

Mit einem Kioskbesitzer am Südstern komme ich zufällig ins Gespräch. Ich wollte mir eine Cola für den Weg holen, ihm war das Museumsticket des DDR-Museums in meinem aufgeschlagenen Portemonnaie aufgefallen.

»Haste dir bisschen Berlin angekiekt?«, fragt er mich. »Touri, wa?«

»Ich wohne tatsächlich hier«, entgegne ich, und bin immer wieder selbst überrascht, wenn ich das ausspreche oder Berlin in ein Onlineformular eintrage. »Aber ich lerne meine eigene Stadt gerade noch mal besser kennen.«

»Da musste raus hier. In Schillerkiez und in Wedding. Da findste dit echte Berlin.«

»Werde ich machen, danke.« Ich packe mein Geld wieder zusammen.

»Berlin, dit is nicht mehr das Gleiche wie vor zehn, zwanzig Jahren.«

»Das glaube ich gern.«

»Alle sind hier so unentspannt, wa. Dat war im alten Berlin och anders. Heute is eher, kennste eenen, kennste alle.«

Ich erzähle ihm aus einer Laune heraus von meinem Sommer voller Dates, und wie er vor allem am Anfang nur von schlechten Dates dominiert wurde. Von Missverständnissen mit Männern, von Kommunikation und vom Aneinander-Vorbeireden. »Ick hab da gerade was bei Fromm zu gelesen«, sagt er und schlägt Seite 233 in dem abgewetzten Taschenbuch auf, das er kurzerhand aus seinem Mantel hervorzaubert. Es war das gleiche Buch, das Nick letzten Monat in Frankreich gelesen hatte. »Also, wat Fromm, glaube ich, meint, na jut, dafür müsste man jetzt die janze Seite lesen, aber Männer haben es historisch nicht jelernt, mit Frauen umzugehen, und wenn Eltern da nicht hinterher waren, aus einem Mann einen Feministen zu machen …« Ich verstehe kein Wort.

»Oh, ist das *Haben oder Sein*?«, frage ich interessiert.

»Jenau. Janz schlauer Mann, der Erich. Hat auch mal in Berlin jewohnt. Aber nur janz kurz. So wie alle hier.«

* * *

Ein paar Tage später trete ich grinsend auf der Warschauer Straße von einem Bein aufs andere. Ich habe blendende Laune. Zwischen den alten, einschüchternden Stalin-Bauten, die heute zu Wohnhäusern umfunktioniert sind, steige ich in die Tram. Es stinkt nach Bier. Die Pupillen des Herren rechts haben Tellergröße. Asiatinnen in Lederhosen kommen mir entgegen, als ich einen Platz suche. Das Mädchen an der Tür hat einen Strohhut auf und eine hellblaue Piñata unterm Arm. Berlin ist ein großer Spielplatz für Erwachsene aus aller Welt. Fahrräder drängeln sich in den Bereichen zwischen den Sitzplätzen. Ich werde von einer Wespe ins Bein gestochen, als ich mich setze. Meine Flip-Flops schlappen in eine Bierpfütze.

Als ich bei mir in Prenzlauer Berg aussteige, bemerke ich, dass rund um die Kreuzung alle Spätis geschlossen haben. Das Sonntagsverbot scheint durchgesetzt zu werden. In Prenzlauer Berg sind keine Clubs mehr, weil die Zugezogenen, die in die Szene wollten, mit fortschreitendem Alter und ausufernder Familienplanung gegen die Ruhestörung geklagt haben. Berlin verändert sich, jeden Tag. Die letzten Berlin-Tage waren so inspirierend, mein Körper ist in jeder Ecke mit Glück gefüllt. Ich tanze unten in meinen Hausflur rein und durch die nächsten Tage des Sommers. Nur mit mir selbst habe ich mir das Leben zu einem neuen Abenteuer gemacht. Mein Wespenstich schwillt noch am gleichen Abend zu einem untertellergroßen Fladen an.

Mit Maja sitze ich eine Woche später im Café *Neundrei* am Monbijoupark, auf Metallstühlen an den kleinen schmalen Tischen am Fenster, die genau einen Laptop breit sind. Cafés scheinen in Mitte grundsätzlich auf den effizienten und platzsparenden Freelancer ausgelegt zu sein, der sich, seinen Laptop und seine drei Notizbücher auf einem wackligen Hocker balanciert, und nicht auf ausschweifende Kaffeerunden mit Freundinnen. Maja hat, während ich im Urlaub war, ein paar neue Anläufe gewagt, sich zu neuen Dates verabredet.

»Und? Wie waren die?«, frage ich neugierig.

»Ich habe dir doch von diesem Schröder erzählt?«

»Ja, da klingelt was.«

»Der mit der Mutter, mit den Fotos mit ihr in seinem Profil. Er wollte sie auch zum Date mitbringen. Und dann war da noch einer, der meinen Brüsten Namen geben wollte. Einfach wow.« Das Wow zieht sie in die Länge und verdreht dabei die Augen.

»Klingt wild«, lache ich.

»Überfordernd. Ich glaube, ich habe ein Tinder-Burn-out.« Maja stützt ihr schmales Kinn unter ihren langen blonden Haaren in die offene Handfläche und schaut aus dem Fenster, das sich nur Millimeter vor ihrer Nase befindet. Sie ist letztes Jahr vom Land hergezogen, wo sie eine Ausbildung gemacht hat.

»Vielleicht ist es auch Berlin. Liebe hier ist anders«, sage ich langsam.

»Wie genau? Wie meinst du das?«

»Ich glaube, dass die Liebe hier in Berlin einfach eine ganz andere ist. Dass man sich hier schneller und langsamer zugleich rein stürzt. Dass hier alle Parameter verschoben sind. Du gehst vielleicht direkt beim ersten Treffen mit jemandem mit, aber behältst noch mindestens zwei Jahre dein Zimmer in deiner WG. In der Zeit haben deine Freunde auf dem Land längst ein gemeinsames Haus gebaut. Du siehst dich oft, aber nicht ständig, denn immerhin ist hier jeden Tag etwas los, und außerdem ist Charlottenburg echt weit von Marzahn weg.« Ich erinnere mich an Louis aus dem Frühling, der sich nach unserer Einweihungsparty in mein Bett legte mit den Worten ›Charlottenburg ist doch nachts viel zu weit weg‹. »Die Entfernungen hier gleichen in Kleinstadt-Relation einer Fernbeziehung. Nur, dass du in der gleichen Stadt lebst. Also: Schnell und langsam zugleich. Ich würde das nicht ranken. Ich würde nicht sagen, dass das eine besser ist als das andere. Ist halt nur anders. Ist halt Berlin.« Es kribbelt in mir, so wie nach einer richtig guten Kopfmassage. Nur dass das, in diesem Moment, die Liebe für diese neue Stadt in mir ist.

»Was ist für dich das Schönste und das Schlimmste an Berlin?«, frage ich Nick am gleichen Abend.

»Das Schlimmste …«, beginnt Nick und denkt beim Reden noch nach, »ist auf jeden Fall, dass es so weit weg von Meer und Bergen ist, und diese Eigenart, sich hier über die eigene Individualität und damit in Abgrenzung zu anderen zu definieren. Und das Schönste, das ist einfacher. Definitiv die Möglichkeiten hier. Berlin gibt jedem die Toleranz und die Option, ganz er oder sie selbst zu sein und sich zu entfalten. Und für dich?«

»Beides zugleich: Dass hinter jeder Ecke ein neues Abenteuer auf dich wartet.«

3 Millionen von Bosse dudelt im Hintergrund. Am gleichen Abend noch sage ich in der Küche zum Mitbewohner: »Du, ich habe nachgedacht. Ich will hierbleiben. Ich bin mit Berlin noch nicht fertig. Ich bleibe.« Ich sage es eher zu mir selbst als zu ihm. Er nimmt keine Notiz von mir. Es stört mich nicht einmal.

Und du bist heute Nacht unterwegs

Tramstationen voller Zigarettenkippen
Kalter Kaffee
Ramen, Späti, Poesie
Mehr Brücken als Venedig
Zerwohnte Altbauten
Zerwühlte Decken
Küssende Münder in verrauchten Clubs
Liebe in jedem traurigen Gesicht
Gelb
Berlin, du bist gelb

Um zu schauen, ob unter diesen drei Millionen

Niemand weiß,
Ob das hier für immer ist –
Aber ist das nicht
Auch völlig egal?
Jetzt ist jetzt und
Das hier fühlt sich nach Liebe an.

Jemand ist, der dich versteht

Barfuß im Kopf

»Ich habe doch einen Freund, Jasper meine ich, mit dem war ich gestern Abend was trinken«, erläutert Nick. »Er hat mir von seinem neuesten ... ähm, wie sagt man das?« Wir hatten uns nach dem Feierabend in einem Park in seiner Nähe getroffen. Wir picknicken, während die Sonne langsam untergeht und das Gras um uns mit letzter Kraft anwärmt. Ich habe die Schuhe ausgezogen und packe gerade Obst und belegte Brote aus.

»... neuesten Aufriss erzählt?«, ergänze ich bemüht hilfreich und rolle mit den Augen. Er hatte mir schon öfter von Jasper erzählt, und in den Gesprächen ging es meistens um Jaspers Prahlen mit seinen Eroberungen. Er war nur ein entfernter Bekannter, Nick und er hatten nicht wirklich viel gemeinsam, empfand ich. Nick hatte ihn mir mal in einem Imbiss vorgestellt. *Man kennt sich halt.*

»Er hat mir von der Frau erzählt, die er gerade trifft«, fängt Nick das Gespräch wieder auf und beschreibt die Situation in für ihn üblichen, gewählten Worten. »Und wir haben darüber gequatscht, und er meinte, dass sie dich kennt, weil sie über dich geredet hat, also über uns.« Er lässt das Ende seines Satzes offen im Raum hängen. Wenn ich eines wirklich hasse (wenngleich hassen ein starkes Wort ist, das ich eigentlich nicht verwende, weil es ein Gefühl ist, das ich nicht fühle, aber man sagt das halt so, ›wenn ich eines wirklich hasse‹), dann ist es, eine Vorbereitung auf etwas zu bekommen, ohne die Sache zu erfahren. So etwas wie ›Ich muss morgen mit dir über etwas Wichtiges reden‹ oder ›Es ist etwas passiert, ich erzähle es dir, wenn ich zu Hause bin‹. Ich kriege kalte und heiße Schweißausbrüche zugleich. In

Windeseile zermartere ich mir den Kopf, wen er meinen könnte, nur um darauf zu kommen, dass ich kaum Frauen in Berlin kenne. Eigentlich bin ich hier immer noch fremd. Als ich schon angestrengt die nächste Geburtstagsparty ohne Gäste vor mir sehe, fährt Nick fort und holt mich mit einem vollen Knall in die Realität und in unser Gespräch zurück: »Marlene heißt sie, die kennst du doch auch?«

»Marlene???«, entfährt es mir. Fast hätte ich den Hummus kopfüber ins Gras fallen lassen. Ich kannte Jasper nicht gut, aber kenne sie, und sie schien mir nicht die Frau, sich auf jemanden wie Jasper einzulassen. Marlene war die, die sich in der Schule über die Schulter umdrehte und die Haare warf, wenn der Lehrer vorlas, wer die beste Note in der Mathe-Klausur hat. Sie war die, die mit vierundzwanzig Kinder wollte, weil das so in ihrem Lebensplan notiert war. Nur ist Maximilian kurz vorher nach Australien abgehauen. Seither arbeitet sie rund um die Uhr oder meckert mich vor Kaffee-Ketten an, wenn ich sie zufällig treffe, wie zuletzt im Juni. Gespräche voller zynischer Beleidigungen, in denen ich mich so unwohl fühlte, dass ich es seither fast zwei Monate nicht übers Herz brachte, mich wieder bei ihr zu melden. Und den Kontakt auch nicht vermisste.

»Ehe Marlene jemanden an sich ranlässt, hat sie den Typen in Grund und Boden diskutiert«, werfe ich an Nick gewandt ein, »ich kann mir daher deinen Erzählungen nach echt nicht vorstellen, dass Jasper ihr Typ wäre. Oder vielmehr gesagt, sie seiner.«

»Du, ich bin genauso überrascht darüber – nach allem, was ich von dir gehört habe«, erwidert Nick. Ich hatte nach meinen zwei Treffen mit Marlene im Juni erst Janne am Telefon und später Nick von ihr und meinem Unwohlsein nach unseren Treffen erzählt. Ich hatte ewig nicht mehr an sie gedacht.

»Ihr Zynismus hat mich so runtergezogen. Ich verstehe nicht, warum Menschen, speziell junge Frauen so sind. So verbittert. Sie hat ständig bissige Bemerkungen gemacht, über dich und mich zum Beispiel, und das Wort ›Freund‹ beim Erzählen in imaginäre Anführungszeichen in die Luft gesetzt, als wärst du ausgedacht oder ’ne Lachnummer, weil unser Erstkontakt in einer App stattfand. Das könnte ja nichts werden.«

»Für manche Menschen funktioniert das Leben nur mit Zynismus. Das ist ihr Schutzwall vor der Welt.«

»Liebe ist für mich das Gegenteil von Zynismus. Wer das Leben mit Liebe angeht, hat für Zynismus keinen Platz«, philosophiere ich. »Letztes Jahr haben Janne und Nils mir erklärt, dass schlechte Dates, bei denen man sich wenig zu sagen hat, völlig fein sind – denn nicht jeder Mensch versteht sich blind. Das wäre ja auch utopisch. Jeder ist gut so, wie er ist, nur manche eben nicht füreinander. Ich glaube, das ist bei Freundschaften genauso.«

»Natürlich ist es das«, knufft er mich in die Seite. Er küsst mich, und ich verdränge den Gedanken an Marlene augenblicklich wieder aus meinem Kopf. Die Sonne ist hinter der Elsenbrücke untergegangen und lässt die flirrende Dämmerung des Spätsommers zurück.

Als wir auf dem Heimweg an einer Bar vorbeilaufen, aus der spanische Musik zu hören ist, packt er mich bei der Hand und wirbelt mich über die Straße. Ich lasse mich mitreißen. Als wären wir allein auf dieser Welt, drehen wir uns umeinander und tanzen über den Fußweg, bis ich völlig außer Puste bin. Vorbeiziehende Passanten werfen uns verblüffte Blicke zu, die mich zum Kichern bringen.

»Hey du, ich schreibe gerade. Sag mal ’nen Satz, der unsere Liebe zusammenfasst«, delegiere ich ihm später in seiner Wohnung durch die Räume hinweg zu.

»Was am Anfang oberflächlich und wild war, wurde mit der Zeit tief und innig«, ruft er aus der Küche zurück. Ich gehe seiner Stimme hinterher, den Laptop in meiner Armbeuge balancierend.

»What? War das schon der Satz?«

»Nicht zufrieden?«

»Das klingt so austauschbar. Kann man das nicht über jede Beziehung behaupten?«

»Weil hundert Leute etwas machen, heißt das nicht, dass es das Gleiche ist.«

»Du bist komisch«, necke ich ihn.

»Du auch.«

»Ok, egal.«

»Nee, jetzt sag deinen Satz!«

»Für mich ist diese graue Großstadt durch dich und durch mich und durch die Menschen und unser Miteinander bunt und voller Liebe«, sage ich ganz langsam und nach einigem Nachdenken. Nick lacht.

»Ach komm, der ist ja wohl nicht besser als meiner?«, fragt er und piekst mich in die Seite.

Unsere letzten Tage des Sommers vergehen rasant, wie im Schnelldurchlauf. Nick bringt mich zum Lachen, meist ohne es zu beabsichtigen. Er ist zuverlässig, aber immer irgendwo mit dem Kopf in den Wolken. Ich amüsiere mich köstlich über das vergangene Wochenende, als ich Sonntagmorgen aufwache, und spule in meinem Kopf zurück.

Es war Freitagabend, als ich ihm zwischen *I Was Made for Lovin' You* und *Listen to Your Heart* im *Süß,* unserem Stammclub, ins Ohr flüsterte, dass ich ihn gerne nackt ausziehen würde. Er verabschiedete sich noch in der gleichen Sekunde von seinen Freunden, dass wir jetzt gehen müssten. Die guckten mich erstaunt an. Ich hatte noch einen vollen Gin Tonic in der Hand und brach in einen Lachkrampf aus, der nicht mehr aufhören wollte. Ich, wie ich das Wort nackt nur erwähnte, er, wie er hektisch um sich blickte, als würde der Club brennen, und uns raus und in seine Wohnung schaffen will, seine irritierten Freunde, die das Gespräch durch die wummernden Bässe gar nicht gehört haben konnten. Es war Samstagmittag, wir hatten just an der Wakeboard-Anlage in Ruhlsdorf geparkt, als Nick feststellte, dass er keine Badehose mithatte. Aus Berlin hier raus war es über eine Stunde Fahrt gewesen. Ich prustete los, und bald darauf kamen wir beide aus dem Lachen nicht mehr raus und sanken erschöpft an der Wand des Bullis herunter.

Am Samstagabend brachte Nick meine neue Lichterkette an, während ich den Geruch frisch gewaschener Wäsche einatmete und mein Kopf sich ganz pudrig anfühlte. Ich liebe es nicht nur, in frischen Laken einzuschlafen, sondern vor allem auch, am Sonntagmorgen darin in meinem aufgeräumten Schlafzimmer aufzuwachen. Mein erster Gedanke, als ich die Augen öffne: Wie schön! Ich habe Nordseite, ich sehe die Sonne auf den Bäumen gegenüber reflektieren, ohne geblendet zu werden. Am Vorabend hatte ich noch gelbe Gerbera geholt, die mir beim Frühstück am Esstisch ein Lächeln auf die Lippen zaubern. Allein, dass die Wohnung so aufgeräumt ist, dass wir sturmfrei haben, dass das hier fürs Wochenende alles meins ist, gibt mir einen wohligen Schauer von Glück, wie zuletzt in Bages.

Sonntagmittag ist mein Kopf ganz duselig, so witzig und leicht war dieses Wochenende bislang. Es ist einer dieser Tage, an dem ich morgens noch nicht weiß, wie glücklich ich abends an ihn zurückdenken werde. Wir verbringen den ganzen Sonntag zu zweit und unterhalten uns über Vergangenes, während er Gemüse in einer Pfanne wendet und ich auf der Arbeitsplatte sitze und die Beine baumeln lasse. Die Mittagssonne drängt sich bis in unsere Gesichter.

Später sitzen wir im Garten seiner Mama im Gras, nachdem wir noch einmal über sein Grundstück gestapft waren, einen Grundriss und erste konkrete Ideen entworfen hatten. Moglii lief die ganze Fahrt raus aufs Land. Für mich der perfekte Soundtrack für diesen Tag, für unseren Sommer. Inzwischen verbrachten wir viel Zeit *hier draußen*. Nick gießt uns Weißwein in zwei Gläser und reicht mir das vollere. Hinten über der weiten Wiese kündigt sich langsam der Sonnenuntergang an.

»Ist es nicht verrückt, dass wir überall auf der Welt alle auf den gleichen Himmel starren?«, frage ich ins warme Nichts.

»Technisch gesehen nicht, es sieht jeder einen anderen Abschnitt«, erklärt Nick in seiner fachmännischen, realistischen Art.

»Naja, du weißt schon, wie ich das meine. Im übertragenen Sinne. Himmel ist Himmel. Ist es nicht verrückt, dass ein Mensch im Irak, wenn er hochschaut, den gleichen Himmel sieht wie ich? Also, dass dieser Himmel uns alle miteinander verbindet. Dieser Gedanke macht für mich jede Entfernung viel kleiner.«

Dass wir beide ins gleiche Universum schauen, uns auf einer Kugel befinden, nur ein paar tausend Kilometer voneinander entfernt, aber doch durch den Blick in den Himmel verbunden. Ich blinzele und versuche, die Sterne scharf zu stellen. Manchmal denke ich über Zufall und Schicksal nach und wie merkwürdig es ist, welche Leute beschließen, zu einem Paar zu werden. Zu einer Einheit für kürzer oder länger oder immer, aber zumindest für eine unbestimmte Zeit gemeinsam durch die Welt und das Leben zu gehen. So wie wir.

»Könntest du echt die Großstadt von jetzt auf gleich hinter dir lassen? Die Freunde in der Nähe, die Spätis, nachts einkaufen zu gehen und überhaupt, das ganze pulsierende Leben?«

»Klar«, antwortet er ohne zu zögern. »Nicht von jetzt auf gleich. In unserem zukünftigen Wohnzimmer hier steht ein Traktor. Aber irgendwann, klar!«

Ich nehme einen großen Schluck aus meinem Weinglas und starre weiter in den Sternenhimmel, der durch den schwindenden Sonnenuntergang dringt.

»Und du?«, fragt er.

»Ich glaube, ich auch.« Wir sehen uns an, und es fühlt sich zwischen den Apfelbäumen und den weitläufigen Feldern wie eine Verabredung an, die nur durch unsere Blicke geschmiedet wird. Ja, wir könnten hierher gehören. Vielleicht hatte ich andere Voraussetzungen als Nick, bin nicht mit seiner Art Zuhause aufgewachsen – aber vielleicht war genau das der Grund, dass ich mir selbst so ein Zuhause erschaffen konnte. Vielleicht sogar hier mit ihm in Brandenburg. Nick breitete sich aus und nahm einen Platz als meine Heimat ein, bei der ich nicht wusste, dass er frei war. Und es fühlte sich gut an.

Liebe ist Liebe ist Liebe

September

Ein paar Wochen später sitzen wir mit Nicks Freunden auf Usedom in einem Strandcafé. Er hatte mich zu diesem Urlaub überredet, ich mich überreden lassen, weil ich die Ostsee mag und gerne am Meer bin. Seine Freunde hatte ich bislang nur flüchtig gesehen und in den vergangenen Monaten noch keine Verbindung zu ihnen aufbauen können. Aber vielleicht war das auch keine zwingende Voraussetzung, um ein gutes Wochenende miteinander zu verbringen, und bislang hatte ich das nicht bereut. Wir teilen uns eine große Ferienwohnung und haben bisher eine wirklich gute Zeit.

Als wir gerade unser Essen bekommen, Pommes und Ketchup in Pappschalen zu Cola mit Blick auf die großen Wellen, blinkt auf meinem Handy eine neue Nachricht auf. Eine Schulfreundin teilt Bilder ihrer Hochzeit in der WhatsApp-Gruppe unseres Jahrgangs. Sie hatte am Wochenende ihre langjährige Lebenspartnerin geheiratet. Ich muss lächeln, als ich die beiden inmitten ihrer Eltern sehe, wie sie sich überglücklich anstrahlen. Schöne Dinge werden noch schöner, wenn man sie teilt, also zeige ich das Bild in unsere kleine Runde.

»Puh«, schnaubt der eine und zoomt ins Bild rein.

»Wasn?«, frage ich bemüht. Am traurigsten finde ich, dass ich ganz genau weiß, worauf er hinauswill. Eigentlich wollte ich nur eine schöne, liebevolle, positive Nachricht mitteilen. Glück und Liebe zu teilen, ist etwas Schönes.

»Naja gut, Lesben beim Knutschen zuzugucken geht ja noch. Schwule finde ich da schon schwieriger«, haut er raus.

»Was? Schwierig, wenn zwei Männer sich küssen?«, frage ich unschuldig. Nur dieser eine Satz, und in mir fällt jegliche Euphorie zusammen. Ich weiß genau, wie diese Situation ausgehen wird, wo das hier alles hin driftet. Mit der absichtlichen Unschuld in meiner Stimme wage ich den Versuch, die Situation nicht zu schnell eskalieren zu lassen.

»Das habe ich nicht gesagt«, feuert er zurück. »Sondern einfach, dass ich es schwierig fände. Also da müsste ich erst einmal damit klarkommen, falls zum Beispiel mein Sohn mal schwul wird.«

»Womit genau musst du klarkommen? Was macht es für einen Unterschied, ob dein Sohn einen Freund oder eine Freundin mit nach Hause bringt?« Ich bringe nur Nick zuliebe die Geduld auf, mich in diese Diskussion zu stürzen, statt aufzustehen und zu gehen. Am liebsten hätte ich gefragt: Womit musst du klarkommen? Musst du mitmachen oder was?

»Der Unterschied ist, dass es von meiner Skala abweicht, von dem, was ich erwartet hätte. Von dem, was normal ist. Und dann müsste ich in mich gehen und überlegen, wie ich damit umgehen kann. Das ist doch mein gutes Recht.«

»Wer definiert denn das ›Normal‹ eines anderen? Und überhaupt, eine sexuelle Neigung ist angeboren, irgendwie in einem drin, so wie eine natürliche Haarfarbe oder die Schuhgröße, die man hat. Du tust ja gerade so, als ob das eine freie Entscheidung wäre, welches Geschlecht man liebt, wen man mit nach Hause bringt. Liebe ist keine Entscheidung.« Ich bin mehr in Rage, als ich es sein sollte.

»Sorry, ich komme halt ausm Osten vom Dorf, so bin ich erzogen. Dass das von der Norm abweicht. Also ja, bei uns ist was anderes ›normal‹.« Er verdreht genervt die Augen und verschränkt die Arme vor seiner Brust.

»Sorry, ich komme halt auch ausm Osten vom Dorf«, äffe ich seine abwertende Tonlage nach, »aber ich bin nicht meine Erziehung. Und du nicht deine.«

»Man ey, ich glaube, du willst mich auch gar nicht verstehen.« Die Diskussion schaukelt sich wie ein Spielball zwischen uns hin und her, die anderen schweigen betreten. »Okay, ich erkläre es dir«, beschließt er gönnerhaft. »Stell dir vor, deine Eltern haben dir deine ganze Kindheit erzählt, dass Spinnen eklig sind. Dann verinnerlicht man das. Und dann braucht man vielleicht sein ganzes Erwachsenenleben, für sich innerlich einzugestehen, dass Spinnen doch nicht eklig sind. Verstehst du es jetzt?«

»Spinnen?« Mir bleibt der Mund offen stehen. »Ich glaube nicht, dass dir deine Eltern erzählt haben, dass Schwule eklig sind. Suchst du nach einem Sündenbock für deine negativen Empfindungen, weil du dich nicht mit deinen Vorurteilen auseinandersetzen willst?«

Er blitzt mich durch seine Sonnenbrille an. »Es geht doch einfach nur darum, dass ich mich damit auseinandersetzen müsste. Meinen ersten Impuls zu Dingen, die von der Norm abweichen, kann ich ja nicht ändern.«

»Sicher, am Ende definiert ›normal‹ jeder für sich. Aber ganz ehrlich, ich wollte nur etwas teilen, das mich gerade zum Lächeln gebracht hat. Wenn es das bei dir nicht tut, wegen mir, dann eben nicht, aber deine erste Reaktion darauf fand ich unangebracht, dabei bleibe ich.«

Das Gespräch verstrickt sich dahin, Vergleiche zu Krankheiten zu ziehen, die man ja auch erst einmal für sich verarbeiten müsste, zu Krebsdiagnosen, zu Normen und der Abweichung davon. Ich sage nichts mehr. Es wäre zu schön gewesen, sich mit Nicks Freunden intuitiv zu verstehen. Erst im Nachhinein merke ich, dass ich am liebsten in Tränen ausgebrochen wäre. Meine Maske der Schlagfertigkeit versteckt, wie viel Traurigkeit in mir brodelt. Wie Menschen es anderen Menschen schwer machen können, einfach nur ihr eigenes Leben zu leben, ihre eigene Art von Liebe zu fühlen, das will nicht in meinen Kopf rein. Wieso man zu so etwas überhaupt eine Meinung haben will oder sich mit dem Liebesleben anderer Leute kritisch auseinandersetzen will. Wen ein anderer Mensch liebt, geht mich nichts an. Wen ein anderer Mensch liebt, geht niemanden etwas an. Punkt. Liebe ist Liebe. Auch, wenn es das eigene Kind ist. Den restlichen Nachmittag bin ich schweigsam, zu tief trifft mich diese Diskussion. Nick hatte sich aus dem ganzen Gespräch komplett rausgehalten. Irgendwann verlasse ich enttäuscht den Strand.

Falls ich mal Kinder habe, dann hoffe ich, dass sie lieben, wer sich für sie richtig anfühlt. Dass sie, falls sie sich verlieben, jemanden haben, der sie gut behandelt, auf Händen trägt, zuvorkommend und ehrlich ist. Das Geschlecht ist dabei vollkommen egal. Wer wäre ich, mir darüber ein Urteil zu erlauben? Jeder Mensch hat die Liebe verdient, die ihn oder sie erfüllt. Wie die ausgelebt wird, das muss jeder für sich selbst entscheiden. Als ich mit diesem Gedanken allein die Tür des Apartments aufschließe, breche ich dann doch in tiefen Schluchzern in ein Meer voller Tränen aus.

Nick bemerkt meine Traurigkeit, als er später in die Ferienwohnung kommt, zieht mir deshalb nach meiner nickenden Zustimmung langsam meine nassen Badesachen aus, und streichelt in langen Bewegungen vom Nacken an über meinen Rücken. Eine Weile liegen wir so da.

»Wie du deine Ansichten mit Feuereifer verteidigst«, murmelt er dann. So leise, dass er kaum zu verstehen ist, fast schon, als würde er mich nicht stören wollen, »das imponiert mir. Ich habe noch nie so darüber nachgedacht. Ich mag deine starke Meinung. Von dir kann ich wirklich viel lernen.«

»Danke, aber das sind keine *Ansichten*. Das ist doch gesunder Menschenverstand. Dachte ich zumindest.«

Ich bin das erste Mal so richtig enttäuscht von ihm. Ich habe ihn für einen Mann gehalten, der die Welt verbessern will, und er hat nicht einmal seine Stimme erhoben, um sich einzubringen. Er saß einfach stumm zwischen mir und seinen Freunden. Vielleicht überdramatisierte ich – aber ich war enttäuscht.

Ich fand, dass er ein Mann mit einer Meinung und einer starken Stimme war. Aber Nick war eben auch jemand, der sich nie beweisen wollte. Es gab keine Diskussionen, kein Drama, und wenn sich eines anbahnte, sagte er einfach nichts. Für ihn war alles glasklar. Und manchmal machte mich das verrückt, weil das für mich rein gar nichts erklärte. Was ging in seinem Kopf vor?

* * *

Als ich Nicks Mitbewohnerin ein paar Tage danach von unserer Diskussion über Liebe und Geschlechterrollen erzähle, schlägt sie einen versöhnlichen Ton an, den ich nicht erwartet hatte. Ich hätte sie eingeschätzt, sich mit wehenden Fahnen hinter mich zu stellen. Stattdessen erwidert sie: »Ich finde, sich auf etwas neu einstellen zu wollen, ist eigentlich eine positive Formulierung einer neuen Situation. Für mich schwingt da in keiner Silbe etwas Homophobes oder Ablehnendes mit. Nicht-instinktive Begeisterung finde ich nicht gleichzusetzen mit Ablehnung. Und ist es für Eltern nicht schwierig, wenn die Kinder flügge werden? Einstellen muss man sich da doch auf alles.«

»In echt war das Gespräch anders, negativer«, stammele ich, »das war nicht so, wie du es jetzt interpretierst. Vielleicht habe ich es falsch wiedergegeben.« Mir fehlen die Worte, als wäre die Verbindung zwischen meinen Gefühlen und der rationalen Ebene meines Gehirns durchtrennt worden. Habe ich es vielleicht nicht falsch wiedergegeben, aber in der Kombination aus Tonfall und Worten gehört, was ich hören wollte? Mir schon vorher ein Bild gemacht, was jetzt folgte, dass die Sätze nur so an mir vorbeirauschten, dass ich dem anderen gar keine Chance ließ, vernünftig zu diskutieren, weil ich vorverurteile, für mich alles schon feststand? Im Nachhinein konnte ich das nicht mehr rekapitulieren. Je mehr ich die Gesprächsfetzen in meinem Kopf auseinandernahm, desto unsicher wurde ich. Ich zweifelte an meiner eigenen Urteilskraft.

»Vielleicht lag es auch an mir«, räume ich schließlich ein. »Ich habe keiner anderen Meinung eine Chance gegeben. So ist das immer, wenn ich Intoleranz wittere. Als würde in meinem Kopf eine Sicherung durchbrennen.«

»Ich kenn die ja alle«, fährt Nicks Mitbewohnerin fort. »Das sind Menschen, die nicht mal dagegen sind, sondern es ist für manche einfach etwas, das in ihrer Realität nicht repräsentiert wird. Aus Elternsicht zerbricht da auch eine Blase von Enkelkindern. Weil das ja angeblich nur zwischen Mann und Frau funktioniert. Und wir kommen eben aus einer heteronormativen Gesellschaft. Es wäre naiv zu glauben, dass alles andere schon genauso normalisiert wäre, auch wenn das schön wäre.«

»Aber Liebe ist doch Liebe ist doch Liebe«, murmele ich.

Vielleicht hatte sie recht, ich konnte es nicht objektiv beurteilen. Vielleicht haben wir alle unsere eigene Sicht auf Toleranz. Vielleicht können wir da gar nicht aus unseren Vorprägungen ausbrechen. Wir waren in unserer Diskussion an der Ostsee vom Thema abgedriftet. Trotzdem finde ich die erste Reaktion, die auf das Bild meiner verheirateten Schulfreundinnen, statt einfach gar nichts zu sagen, weiterhin selbstbezogen und unangemessen. Ich finde, dass die Liebe etwas ist, was für Begeisterung sorgen sollte. Ohne zu zögern, egal weshalb. So wie es Hera formulierte, als sie übers Verlieben in ihrem Alter sprach, wenn jeder nur noch sagt: ›Ach, wie schön‹. So sollte es doch in jedem Alter sein. Ach, wie schön.

»Wow, nee, die Reaktion geht ja echt gar nicht!«, bekräftigt zumindest Janne meinen ersten Eindruck, als wir ein paar Tage später darüber reden. Wir haben uns zum Laufen verabredet, eine Runde durch den Treptower Park, an der Spree entlang und über die Insel der Jugend zurück. »Jede Liebe ist etwas Wunderschönes, ohne Wenn und Aber«, befindet sie.

»Oder? Sehe ich auch so. Liebe muss man feiern. Da gibts doch keine zwei Sekunden Bedenkzeit, ob man ebenso fühlen würde oder etwas so erwartet hätte. Völlig egal. Liebe ist doch großartiger als jede persönliche Befindlichkeit.« Dabei verstehe ich inzwischen durch das Gespräch mit Nicks Mitbewohnerin, dass auch eine andere Herangehensweise durchaus Berechtigung hat. Unser Hintergrund, unsere Erfahrungen formen uns. Interessant, wie unterschiedlich man selbst Toleranz deuten kann, und dass es nicht mal da ein definitives Schwarz und Weiß gibt.

»Immer!«, antwortet Janne euphorisch. Wir joggen so langsam, dass wir uns entspannt unterhalten können.

»Eigentlich ging es da um eine Schulfreundin und einen wirklich schönen Moment.« Ich überlege und lasse meinen Blick durch das Waldstück vor uns schweifen. Unsere Füße setzen in einem gleichmäßigen Takt nebeneinander auf, die ersten gefallenen Blätter des Herbstes knirschen unter unseren Turnschuhen. »Es gibt so Gespräche und Situationen, die in Windeseile derartig abdriften, dass jemand anderes das Gespräch an sich reißt und auf sich bezieht, es komplett ›über sich macht‹. Eigentlich ging es gar nicht um ihn und wie er diese Liebesbeziehung jetzt bewertet und was er mit seinen Kindern machen würde. Hatte niemand nach gefragt. Die Unterhaltung ist dadurch direkt von ihrem Kern verschwunden, nämlich von den zwei Frauen, die sich lieben.«

»Ich glaube, das ist etwas Menschliches.« Janne schnauft und drosselt ihr Tempo noch ein wenig mehr. Die anderen Läufer überholen uns in großem Bogen. »Jeder kann über sich am besten reden, immer besser als über andere. Wir ziehen uns selbst gerne als Beispiel heran. Grundsätzlich hätte jeder von uns zu ungefähr jedem Thema irgendeine Anekdote zu erzählen, wenn man kurz graben würde. Und dann denkt man, wenn ich das so erlebt habe, dann muss das ja so sein. Weißt du, wie ich das meine? Wir erklären die Welt gerne an uns selbst und verlieren manchmal die Fähigkeit oder die Empathie zu abstrahieren. Viele nehmen die eigene Meinung, die eigene Existenz, die Privilegien und das eigene Weltbild für viel zu wichtig.«

»Stimmt, das trifft auf so viel mehr als nur die Liebe zu.« Ich denke an Ausgrenzungen, die auf viel mehr Ebenen stattfinden, atme tief ein und schweige. Wir haben uns in unserem Gespräch über die Welt und ihre Angewohnheiten so in Rage geredet, dass wir kaum noch zum Laufen kommen. Unser Tempo ist auf ein Minimum runtergeschraubt, eine Oma mit Rollator würde uns überholen. Auf der Brücke zur Insel der Jugend bleiben wir stehen und blicken eine Weile aufs Wasser, die Arme auf das Geländer aufgestützt.

»Was ich mich letztens auch gefragt habe«, beginne ich, »ist, ob Outings überhaupt noch zeitgemäß sind. Weil es ja immer noch zeigt: Wenn ich auf das eine Geschlecht stehe, dann ist das klar, wenn es das andere ist, oder sogar, Gott bewahre, beide, dann muss ich davon erzählen. Als hätte es jemanden zu interessieren? Ich meine, lieb doch, wen du willst, verdammt. Geht niemanden etwas an. Nicks Mitbewohnerin meinte, so ranzugehen wäre naiv. Wahrscheinlich hat sie recht. Unser Berlin-Kosmos ist nicht die Realität. Es gibt noch viele Menschen, die sich von der Sexualität anderer betroffen fühlen. Das zeigt die Situation ja.«

»Das ist unsere Bubble.« Sie nickt.

Nach vierzehn Kilometern verabschieden wir uns am Ostkreuz. Ich trotte zurück zu Nicks Wohnung. Das Laufen hat meinen Kopf befreit. Unser Gespräch hat mir gutgetan, es hallt in mir nach und macht mir klar, dass es in vielen Situationen mehr als einen Ansatz gibt. Meine Gedanken in den nächsten Tagen drehen sich um Engstirnigkeit und Selbstlosigkeit, unsere Meinungen und darüber, sich zu wichtig zu nehmen, um Toleranz und Rücksichtnahme. Ich habe sicher auch nicht immer so lebens- und liebesbejahend gedacht, sondern meine vielen Reisen, meine vielen Umzüge haben mich erst zu diesem offenen Menschen gemacht. Würde ich mit dem Menschen, der ich vor zehn Jahren war, der Frau, die drei Jahre mit einem sie betrügenden Mann zusammenwohnte, sich nicht trennte, auch so hart ins Gericht gehen? Würde ich mir nicht auch Verständnis und Zeit wünschen, mich dahin zu entwickeln, wo andere schon längst waren? Ich habe nicht das Recht, anderen vorzuschreiben, wie normal oder alltäglich etwas für sie ist. Unsere dunklen Schubladen müssen wir selbst aufräumen.

Ich war von Nick enttäuscht gewesen. Aber wie könnte ich Perfektion von ihm erwarten, wenn ich mir selbst meine Fehler erlaubte? Und ich konnte nicht voraussetzen, dass wir immer einer Meinung waren. Meine Erwartungen zu sortieren, war eine Aufgabe für sich. Von den Männern, die ich datete, erwartete ich, dass sie eine interessante Geschichte zu erzählen hatten, von meinen Freundinnen erwartete ich, dass sie sich von selbst meldeten und es sich zusammenreimten, wenn ich selbst nicht genug erzählen wollte, stiller wurde, von Fremden, dass sie meine Freude über die Liebe teilten, von meiner Familie, dass es völlig okay war, dass ich mich rauszog, kaum mehr nach Hause kam. Vielleicht war das nur ich, und das, was ich gebe, warum ich meine Familie so anders wahrnahm als Nicks. Was ich gebe – vielleicht war das zu wenig oder nie genug, was ich erwartete dagegen grundsätzlich zu viel.

Können wir überhaupt objektiv beantworten, ob wir Erwartungen haben? Ist das vielleicht nicht mehr als ein abgekartetes Spiel, das unser Unterbewusstsein komplett ohne uns macht?

Auf dem Weg noch einmal raus zum Grundstück mit den zwei Scheunen in Brandenburg sind die Dorfstraßen gesäumt von hellblauen Wahlplakaten. Je weiter wir uns von Berlin entfernen, desto weniger real fühlen sich meine Gedanken an. Berlin ist so bunt und neben den gelben Trams hauptsächlich grün. In meinem Herzen, vom Gefühl. Ist da Platz für Brandenburg?

Sommerende

Unser Berlin
Dort haben wir umeinander getanzt
Dort uns das erste Mal geküsst
Ob das hier schon alles ist?
Du verneintest, ich juchzte.

Also machten wir weiter,
Versahen all die farblosen Orte
Mit bunten Erinnerungen
Stück für Stück mehr echtes Glück

Dein Kiez und mein Kiez
Wurden zu einer verwobenen Karte von Livestandorten
Immer wieder einander angenähert
Bis da endlich +2 stand

Augen hoch vom Bildschirm dann
Lächeln und winken
In deinen Augen versinken
Und in einer ewigen Umarmung verschwinden

Zwischen Rotwein und Stille hinter verklärten Altbaufassaden

Inzwischen hatte ich auch einen Ersatzschüssel von Nick und seiner Mitbewohnerin ausgehändigt bekommen, so viel Zeit, wie ich da verbrachte. Ich finde es immer noch seltsam, einfach so aufzuschließen, frage die beiden vorher, ob jemand zu Hause ist, und klingele im Zweifel lieber. Ich will nicht stören. Nach einem kurzen Check, dass ich schon in der Nähe bin und beide nicht zu Hause, beschwöre ich mich selbst, schon mal in sein Zimmer zu gehen.

Während ich durch die Welt zog, hatte Nick seit zehn Jahren die gleiche Wohnung in Friedrichshain. Klar, mal untervermietet, um ein Jahr durch Brasilien und eines durch Russland zu reisen, aber an diesen Ort in Friedrichshain kehrte er immer wieder zurück. Das hier war sein Zuhause. Jetzt kam noch die Scheune dazu. Dorthin, wo er war, war er immer gekommen, um zu bleiben, was er sich erschuf, hatte Hand und Fuß. Für mich war alles in meinem Leben bisher eher ein kurzer Stopp im Halteverbot mit eingeschaltetem Warnblinker.

Ich liege lesend auf dem Bett seines Altbauzimmers, als er aufschließt. Er hat Rotwein in der Hand, trägt die enge Jeans, die ich so an ihm mag, sein Regencape und einen gestreiften Pullover, mit breiten Querstreifen in Beige und Dunkelblau. Mein Hund begrüßt ihn schon an der Tür, er grinst. Der alte Holzboden knarrt, als er eintritt.

»Echt ein schöner Anblick, dich hier in meinem Zimmer vorzufinden. Könnte ich mich dran gewöhnen.«

»Vergiss es, ich ziehe nicht hier ein«, scherze ich, aber sein Gesicht erhellt sich.

»Ach, wäre eigentlich eine schöne Idee.«

»Nick, das hier ist eine WG. Das Zimmer ist zu klein für zwei. Soweit ich weiß, will deine Mitbewohnerin nicht in naher Zukunft ausziehen. Und das hier ist ein Altbau«, zähle ich auf, was für mich gegen seinen Vorschlag spricht.

»Ja, deswegen ja. Altbau. Wunderschön.« Nick grinst von einem Ohr zum anderen, ganz glücklich zwischen Holzdielen und Stuck, als hätte er nur den letzten Satz gehört. Ich hatte mich noch nie mit den kalten Altbau-Wohnungen und ihren knarrenden Böden anfreunden können. Die allgegenwärtige Altbau-Liebe von Millenials in Großstädten schien jeder zu fühlen – außer mir. Berlin hat gefühlt noch mehr von ihnen als Hamburg. Hier ist jedes Haus ein eigenes Universum aus Vorderhaus, Hinterhaus und Seitenflügeln rund um einen Innenhof, den Mülltonnen und Fahrräder bewachen.

Seit ich von meiner neu sanierten Wohnung mit dem offenen Hof im Prenzlauer Berg erzähle, werde ich müde belächelt.

»Kein Altbau also«, sagten die Leute, mit denen ich darüber redete, mit einem leicht enttäuschten Ausdruck, »das ist natürlich schade, hast du keinen gefunden?« Anschließend luden sie mich in ihre schlecht belichteten und belüfteten und genauso überteuerten Hinterhof-Wohnungen ein, die so aussahen, als hätte man sie jahrelang nicht gereinigt, obwohl sie frisch geputzt waren, mit den dunkelbraunen Dielen und dem PVC in einer alten Küche, unter vergilbten Fenstern, die den direkten Blick in die Wohnung der Nachbarn erlaubten, während ihre Augen verklärt glänzten. Versteckt in ein paar Ecken: Ein winziger Rest schlecht erhaltener Stuck. Das war also der Traum.

Nicks Wohnung ist schön, weil er hier ist. Sonst ist es, für mich, einfach nur eine Wohnung.

»Rotwein?«, fragt Nick in meine Gedanken hinein und ist schon unterwegs, die Flasche zu entkorken. Wir setzen uns in Decken eingewickelt auf den winzigen, straßenseitigen Altbau-Balkon seiner Mitbewohnerin. Ich ziehe die Beine an, um mein Kinn darauf abzulegen. Nick zündet Kerzen an. Während wir uns zuprosten, erst von unserem Tag erzählen und dann zu lesen anfangen, wird es um uns herum dunkel und beginnt zu nieseln. Der Balkon schmiegt sich so nah an das Wohnungsinnere, dass wir trotzdem geschützt sind.

Nick streicht sich die dichten braunen Locken aus der Stirn, ohne von seiner Buchseite aufzusehen, obwohl man hier draußen trotz Kerzenschein kaum noch etwas erkennen kann. Ich lese unzählige Bücher gleichzeitig an, während er sich immer nur auf genau eines konzentriert und sorgfältig jede Seite umblättert. Mir ist der *Seewolf* zu zäh und ihm ist *Vom Ende der Einsamkeit* zu traurig. Die beiden Bücher, die wir uns bei unserem ersten Date empfohlen haben. Dieses erste Aufeinandertreffen in einem Restaurant ein paar Querstraßen weiter hatte meine Faszination für ihn entfacht. Neugier, hatte er bei unserem ersten Treffen gesagt, ist das, was ihm an einem Menschen als erstes auffällt. Eine Frage, bei der man als Antwort, Augen, Hände, Lächeln, Humor, Ausstrahlung erwartet. Generell beantwortete er viele Dinge ganz anders, als man es von einem Mann in seinem Alter, in der Großstadt, erwartet hätte. Ehrlicher, langsamer, bedachter.

»Also ja, ich hätte die gleichen orangen Sätze angestrichen, und vielleicht noch ein zwei mehr. Es lässt einen nur irgendwie so schwer zurück, so träge. Es deprimiert mich«, beurteilt er meine Buchempfehlung, die er gerade ausliest.

»Ja. Nachdenklich. Ich mag das.«

Als Lesezeichen hat er ein Polaroid-Bild von uns aus Riga. Wir sind uns uneins, und das ist in Ordnung. Irgendwann, als uns die Balkonstühle zu hart werden, ziehen wir um und legen uns auf sein sauber gemachtes Bett. Wir reden und schweigen.

* * *

Sonntagmorgens ist mit Abstand meine liebste Tageszeit in Berlin. Vor allem jetzt, Anfang September. Ich liebe die Stille. Die Sonne scheint, aber da ist diese kalte Luft, die mir um die

Nase weht. Ich habe einen langen grauen Cardigan an, einen gelb gemusterten Schal und darunter meine Grunduniform in Schwarz, ein langes Oberteil, eine Leggings und meine Glitzer-Dr.-Martens, die seit dem letzten Festival von einer dicken Staubschicht verziert sind, die nicht mehr abgeht.

Das hier ist das Ende des Sommers. Die ganzen Gespräche über Heimat und übers Lieben machen mich nachdenklich, wehmütig. Sie machen mich bereit für den Herbst. Ich finde, es hat was, sich abends fröstelnd in eine Decke zu kuscheln und die dicken Strickpullis und Socken rausholen zu müssen. Wir leben mit den Jahreszeiten, und abwechselnd im Äußeren und im Inneren. Wenn im Außen Ruhe einkehrt, passiert im Innen umso mehr – deswegen sehnen sich so viele hektische Städter nach Urlaub auf dem Land. Sie sehnen sich nach äußerer Stille, um ihre Gedanken zu hören.

Wenn ich draußen unterwegs bin, versuche ich, mich mit dem Kopf immer wieder in Stille zu versetzen. Es ist fast so, als könnte ich mich darauf programmieren. Dann stehe ich in der U-Bahn, die Hand fest um den Haltegriff geschlungen, und höre einfach nichts. Nicht die Gespräche, das Rattern des Zuges und die Durchsagen, nicht das Piepen, wenn die Tür sich schließt. Dann höre ich nur Stille, die sich in meinem Kopf wie weiche, flauschige Watte ausbreitet.

Der letzte September und der letzte Herbst waren viel aufregender. Ich war im September noch mitten im Sommer in Hamburg, war wieder in großer Runde nach Lloret de Mar und anschließend alleine nach Ibiza geflogen, war spontan auf der Wiesn, bin umgezogen nach Berlin, war währenddessen noch mit meinem Papa in Dublin – ein Geschenk zum Fünfzigsten an ihn – und danach mit Janne zwei Wochen in Mexiko. Letztes Jahr füllte ich alles zwischen August und Dezember mit einem fetten Stempel Abenteuer. Dieses Jahr ist das nicht so. Dieser Herbst ist ruhiger. Stiller. Regen in einer neuen Stadt, die jetzt nach knapp einem Jahr so richtig meine Heimat ist. *Depth over Distance* entwickelt sich zu meinem Herbstlied, der Song, den ich immer höre, sobald ich das Haus verlasse und voller Zuversicht die Außenwelt betrete.

Wir haben verlernt, Stille zu ertragen, einfach sein zu lassen. Ich glaube, wir haben ein konstantes Bedürfnis, sie zu füllen. Leise Momente mit Musik oder Small Talk, einsame Phasen mit Menschen über Menschen. Mit manchen anderen Menschen legt sie sich drückend und schwer zwischen einen, wie eine dunkle Wolke, die man schnellstmöglich in oberflächlichen Konversationen ertränken und vertreiben muss. Mit Nick fühlt sich Stille angenehm an. Die Eiswürfel knacken, als der Barista die kalte Hafermilch und den Espresso-Shot über sie drüber laufen lässt. Ich bin mal wieder bei *Plant Base*, in meiner Straße.

Auf einmal wachte ich auf, und es war September. Während wir diesen Sommer hatten, war alles so unbeschwert. Es gab keine Verpflichtungen, keine Termine, keinen Druck. Es gab nur uns beide, und Frankreich, und die Sonne. Als ich den Bikini aus dem Reisesack nehme und in die letzte Ecke meines Schrankes räume, weiß ich – in diesem Moment ist nicht nur der Sommer vorbei, in diesem Moment werden auch wir auf eine Probe gestellt.

Und auch wenn der Sommer als Ganzes nicht mehr wie ein Film vor meinem geistigen Auge ablaufen wollte, wusste ich doch, dass ich an jedem einzelnen Morgen zufrieden gewesen war. Nur zu gut erinnerte ich mich an all die Wimpernschläge zurück, die jeden Morgen zwischen Schlaf und Wachsein traten. Es gibt da so ein paar Sekunden, in denen ich nicht weiß, wo ich gerade bin. Manchmal weiß ich sogar nicht, welches Jahr wir schreiben oder ob ich nur träume, ob es wirklich schon hell draußen ist. In diesen Momenten muss ich mich aktiv entscheiden, wach zu werden, und werde doch von einer unsichtbaren Kraft immer wieder nach unten und zurück in den Schlaf gezogen. Diese wenigen Sekunden, in denen du nicht weißt, wo du bist, was du vorhast und was gestern war. Schon wach? Oder noch schlafend? Noch Sommer, oder schon Herbst? Für einen ganz kurzen Moment – ein reines weißes Blatt. Ich blinzele ein paar Mal, drücke die Augen wieder fest zusammen und erinnere mich. Alles um mich herum nimmt Formen an und Umrisse, verschwommen. Sie werden zu klaren Linien. Diese kurzen Augenblicke, in denen ich zur Ruhe kam, das Blinzeln zwischen Tag und Nacht, in welchem mir der Sommer zeigte, dass – mal wieder – alles möglich war.

* * *

»Ich tindere jetzt übrigens wieder«, eröffnet Milli mir abgeklärt. Es ist später im September, Josy und sie sind für eine Marketingmesse in Berlin. Wir sehen uns nur kurz, ihr Programm ist straff getaktet. »Und diesmal komplett und richtig ohne Hintergedanken. Ich habe meine Vorstellungen losgelassen. Dieses neue Alter, diese neunundzwanzig, das hilft mir, vieles anders zu sehen. Man wird echt weiser, wenn man älter wird«, lacht sie und knufft mich in die Seite. »Das hier ist das letzte Jahr meiner Zwanziger, und ich will jetzt verdammt noch mal ’ne gute Zeit haben.«

»Stell dir mal vor, was das wird, wenn wir 34 oder 48 sind, wie lebensklug werden wir dann wohl sein«, lache ich. »Ich freue mich auf jedes Alter.« Voller Liebe denke ich an meine Freundin Hera.

Ich nehme Milli in den Arm, weil ich merke, wie groß dieser Schritt ist, den sie im Loslassen gemacht hat. Ich bin stolz auf sie. »Ist dir schon mal aufgefallen, dass wir total schlecht im Loslassen sind? Unsere Schultern kleben an unseren Ohren, und es fällt uns nichts schwerer, als die einfach mal dauerhaft unten zu lassen. Unsere Zunge klebt am Gaumen, dabei fühlt sich Loslassen so befreiend an.«

»Total.«

»Ich hab Hamburg losgelassen, ich dachte, ohne diese Stadt

um mich herum könnte ich nicht existieren. Ich habe mich über sie definiert! Und trotzdem habe ich sie losgelassen, als ich die Intuition hatte, dass ich in Berlin etwas Gleiches, Ähnliches oder Besseres finden könnte. Irgendwo aus dem Bauch heraus kam das. Ich wusste, dass das Leben das für mich regelt, wenn ich dem nachgehen will. Genau so ist es gekommen. Klar, ich vermisse meine Alster und euch, ich falle manchmal in eine reglose Melancholie zurück, aber dafür habe ich Nick, Janne, Maja. Ich hab losgelassen und hinzugewonnen. Als hätte mein Herz überall ein paar Puzzleteile, die ich immer wieder einsammeln und zusammenfügen kann. Ich kämpfe nicht gegen die Zeit an oder renne einem anderen Leben hinterher oder habe das Gefühl, dass ich irgendwelche Lebensziele in einem bestimmten Alter erreichen muss. Alles kommt einfach so und passiert einfach so. Das Leben hat schon immer alles geil für mich geregelt, weil ich schon seit Jahren immer losgelassen habe. Ich habe Veränderungen kommen und gehen sehen. Und dabei nichts festgehalten. Nicht mal meine heiß geliebte Single-Freiheit.«

»Ach man, Luise. Ich feiere das mit dir und Nick. Ehrlich gesagt habe ich es Anfang des Jahres nicht ganz gerafft, was dein Problem war. Du kamst mir so lethargisch vor. Mich hat das fast verrückt gemacht, was du ihn überhaupt hinterfragst. Du bist eben anders als ich. Einfach irre, dass wir befreundet sind.«

»Finde ich auch. Es ist leicht, sich zu verstehen, wenn man komplett gleich denkt. Aber es ist noch viel wertschätzender, wenn man sich auch dann versteht, also verstehen will, wenn man ganz anders tickt. Und das weiß ich sehr zu schätzen.«

»Ich auch.«

»Das Ding ist«, erkläre ich Milli meine Sicht, »ich mache mich gut als Single. Ich kann das. Ich kann gut für mich selbst sein, allein meinen Arsch hochkriegen, mein Leben nur für mich allein feiern. Zu zweit sein ändert aber die ganze Dynamik. Und plötzlich merke ich, dass ich das, was ich für meine Superpower gehalten habe, für mich eigentlich die leichteste Übung gegen den wahren Endgegner ist: Zu zweit trotzdem man selbst zu bleiben. Du kannst vielleicht das andere besser. Aber die Aufgabe ist, auch jeweils das zu versuchen, was uns nicht auf den ersten Blick leichter fällt.« Mit einem Partner hat man die Vorteile, dass da jemand ist, den man vermissen kann. Und den Nachteil, dass man jemanden vermisst. Ich bin gerne Single gewesen. Ich habe mir gerne meine eigenen vier Wände schön gemacht, mich eingerichtet, meine Urlaube gebucht und die Vorzüge geschätzt. Abends das Bett für mich ausgefüllt, meine Mahlzeiten geplant und sonntags den ganzen Tag High-School-Filme im Bett geguckt. Als Single gehe ich mehr aus, mache mehr mit meinen Freundinnen, bin generell freier im Kopf, weil da niemand ist, mit dem ich dauerhaft texte und den ich dauerhaft vermisse, wenn ich von ihm räumlich getrennt bin.

»Kannst du dich noch an diesen Moment im Treptower Park erinnern, irgendwann im Juni, als wir bei dir zu Besuch waren?«

»Ja, kann ich.«

»Kannst du dich erinnern, wie du von Nick erzählt hast, von der Scheune, und ich mich, hm, nicht so richtig für dich freuen konnte? Ich hab da nur an mich gedacht, wie immer. Dich mit meiner eigenen Situation verglichen.«

»Ja.«

»Ich wollte nur sagen, dass es mir leidtut. Das war nicht fair von mir. Ich hab dir nicht erlaubt, dein Glück komplett rauszulassen, weil ich es auf mich und die Abwesenheit solch einer Geschichte in meinem Leben bezogen habe. Dabei ist unsere Freundschaft kein Vergleich, und ich eigentlich nicht so unfair und unreif. Also, das tut mir echt leid. Das wollte ich dir schon lange sagen. Ich freu mich echt, dass du ihn hast und dass er dich so ergänzt.«

»Milli?«

»Hm?«

»Das weiß ich alles. Und ich habe dir das zu keinem Zeitpunkt übel genommen. Ich hab dich lieb.«

»Ich dich auch.« Nachtragend zu sein würde die Welt und unser beider Leben nicht besser machen. Ich bemerke Schritt für Schritt, dass bei Milli kein Stillstand herrschte. Wir hatten unsere Freundschaft merklich weiterbewegt, als ich das Wochenende bei ihr in Hamburg verbracht hatte, und das hier ist ein weiteres Puzzleteil, das sich fügt.

»Ehrlich gesagt, seid ihr auch ganz schön kitschig.« Sie lacht, rollt mit den Augen und tut so, als würde sie sich den Finger in den Hals stecken und sich übergeben.

»Ja, schuldig. Aber was soll ich machen. Er ist mir einfach so passiert. Wie so ein Straßenhund, der einem zuläuft.« Ich lache mit ihr mit, und vielleicht steigern wir uns ein bisschen in diesen absurden Vergleich hinein.

»Dieser Tag und unsere Gespräche haben mich auch lange beschäftigt. Da war eine komische Stimmung. Das, was du da über Familienfeiern erzählt hast – ich habe letztens einen wahren Satz gehört, über den ich lange nachgedacht habe«, erzähle ich ihr langsam. »Nur weil die Musik aufhört zu spielen, musst du dich nicht auf den erstbesten Stuhl setzen. Du kannst auch ohne Musik stehen bleiben und den Raum um dich einnehmen.«

»Ja, und das mache ich jetzt. Den Raum einnehmen. Gib mir mal ein paar Dating-Tipps. Wie würde eine Lu da rangehen?« Sie zückt ihr Handy und öffnet das Profil, in dem immer noch der blaue Schmetterling die Beschreibung ziert. Gedankenverloren scrollt sie durch unbeantwortete Chats.

»Der hier!« Sie zeigt mir ein Profil von einem Maik.

»Triffst du eigentlich nur Männer mit dem gleichen Anfangsbuchstaben, Milli? Also ja, denk an die Hochzeitseinladungen, die sind wichtig.« Ich kichere übertrieben.

»Nenn ihn Joachim, wenn dir das lieber ist. Aber guck mal, der ist heiß.«

»Und was ist mit ihm?« Ich zeige auf einen der neueren Chats weiter oben.

»Wir haben uns letzte Woche getroffen, hat sich jetzt für mich nicht ergeben, dass ich das wiederholen muss.«

»Wie seid ihr auseinander gegangen?«

»Ich habe mich seit unserem Treffen vor einer Woche nicht mehr gemeldet.«

»Oh, wartet er auf eine Antwort von dir?«

»Ich weiß nicht. Vielleicht. Ja, ich denke schon.«

»Also wenn du meine Meinung dazu hören willst … wenn du denkst, dass er auf eine Meldung wartet, dann schreib ihm und melde dich höflich ab. Nett, aber bestimmt. Ich habe auch schon mal nichts mehr geschrieben, aber bloß, weil mein Gefühl mir gesagt hat, dass das total in Ordnung sei. Dass das Gegenüber auf nichts wartet. Dieses Ghosten, das hat viel mit Empathie zu tun. Ich glaube, jeder weiß, ob das Gegenüber sehnsüchtig auf eine Nachricht wartet, oder ob es okay ist, etwas auslaufen zu lassen. Und dem würde ich meine Entscheidung inzwischen immer anpassen. Ich finde, das hat auch etwas mit Respekt zu tun.«

»Ich habe da noch nie drüber nachgedacht, wie ich vorgehen sollte. Das ist alles neu für mich, immer noch.«

»Ich finde Ghosting okay, wenn man noch ganz am Anfang steht. Beziehungsweise nenne ich es ›nichts erzwingen, sondern es sich ergeben lassen‹. Es kann nicht jeder Mensch zusammenpassen, das ist doch völlig klar. Es passen Menschen eher nicht zusammen, als dass sie es tun. Von daher bin ich nicht der Meinung, dass man so ein Gefühl dann noch in Worte fassen muss. Dass man ständig immer und überall be- und verurteilende Absagen verteilen muss, als wäre man der absolute Boss darüber, anderen Menschen Oprah-Winfrey-mäßig zu sagen, dass sie nicht zu einem passen: DU nicht! Und du nicht! Und du auch nicht! Das hat so etwas Urteilendes. Klar zu kommunizieren, ohne verletzend zu werden, ist ein schmaler Grat. Es wäre mir lieber, wenn jemand sich nicht mehr meldet, denn dann weiß ich ja eh, woran ich bin, statt eine Nachricht zu bekommen wie ›Hey Luise, du bist leider gar nicht mein Typ und nicht so wie ich gedacht habe, deswegen würde ich den Kontakt lieber abbrechen‹. Für Gefühle gibt es eben manchmal keine Erklärung, sie sind da, oder sie sind es nicht. Sich nicht zu melden zeigt doch, dass das Interesse nicht ausreicht, dachte ich immer.

Aber für jemand anderen kann eine ausbleibende Rückmeldung verletzender sein als eine ehrliche Nachricht mit einer kurzen Begründung. Aber das sieht auch jeder anders, weißt du? Frag zehn Frauen und Männer und du kriegst zehn verschiedene Meinungen. Das ist nur *meine.*«

»Also das finde ich nicht okay. Aber da wäre zu klären, was Empathie und Höflichkeit wirklich bedeutet. Ich fände es besser, einem Menschen klar abzusagen«, mischt sich Josy ein, als sie sich an den Tisch setzt. Sie hatte noch in einem längeren Termin gesteckt.

Ich begrüße sie und lache. Sie fügt sich nahtlos in unser Gespräch ein. »Abzusagen. Wie bei einem Bewerbungsgespräch. Hallo Herr Schuster, bei der großen Anzahl an Bewerbungen müssen wir leider eine Auswahl treffen und können daher nicht alle Kandidaten und Kandidatinnen weiterhin kennenlernen. Leider hat es für Sie heute nicht gereicht. Vielen Dank für Ihre Zeit«, amüsiere ich mich.

Josy lacht. »Ach man, dass du dich darüber so lustig machen musst. Du bist bescheuert. An einem ›Der Abend war schön, aber lass uns das dabei belassen‹ ist doch nichts verkehrt.« Dann umarmt sie Milli zur Begrüßung.

»Ist es nicht, klar. Ich bin einfach nur feige.«

»Nick kommt gleich noch vorbei, ist das für euch in Ordnung?«, frage ich vorsichtig in Richtung Milli und mit einem Anflug von schlechtem Gewissen, obwohl wir gerade alles zwischen uns geklärt haben. Die beiden stimmen zu, und eine halbe Stunde später, nachdem wir von Kaffee zu Drinks gewechselt sind, biegt er um die Ecke. Er nimmt erst Milli, dann Josy in den Arm, küsst mich anschließend irgendwo zwischen Stirn und Augenbraue und winkt den Kellner heran, um einen Rotwein zu ordern. Nach einer kurzen Aufwärmphase plappern wir genauso durcheinander wie vorher, sind nur um einen Gesprächsteil gewachsen. Ich genieße, wie gut die drei sich verstehen, und lasse immer wieder den Blick über ihre Gesichter schweifen.

* * *

Nick ist leidenschaftlicher Tänzer, aber bisher hatten sich unsere tanzenden Zusammenkünfte auf Clubabende zwischen Electro und den Vengaboys beschränkt. Immerzu wirbelt er mich herum.

Um den Bachata-Tanzkurs, zu dem er mit mir schon zu unserem zweiten Date wollte, bin ich trotzdem bislang herumgekommen. Dabei tanzen wir viel. In der U-Bahn, wenn einer der Berliner Untergrund-Musikgruppen ins Abteil kommt und Stimmung macht, im Supermarkt zwischen Brotlaiben und Wasser-Stapeln, wenn wir uns mal wieder nicht entscheiden können, was wir zusammen kochen wollen, und ein Jingle aus den Lautsprechern über uns schallt, oder später bei der Zubereitung in der Küche.

Cry to Me von Solomon Burke mutiert zu unserem Lied für unsere eigene Küchentanzparty. Es ist mein Trick: Immer, wenn er gerade anfängt, die Zwiebeln zu schneiden, lege ich es auf – ich bin selbst unter Anweisungen ein miserabler Koch. Schon bei den ersten Takten lässt er alles an Küchengeräten zurück auf die Arbeitsplatte fallen, wackelt mit der Hüfte in seiner persönlichen Elvis-Imitation, bevor er mich durch die Küche wirbelt.

»Ich finde, du machst das echt gut«, kommentiert er, als ich nach dem Lied völlig außer Puste auf einen Stuhl sinke und er sich wieder Zwiebeln und Knoblauch widmet. Er lügt, das wissen wir beide, ich bin eher *Baby* zu Anfang des Filmes und er ist eine junge, dunkelhaarige Version von Patrick Swayze. Als ich noch überlege, welcher Szene aus Dirty Dancing er und ich mit unserem Rumgehopse am nächsten kommen (so unbeholfen wie ich, war sie eigentlich nie), redet er schon weiter: »Ich würde sagen, du hast dich schon viel zu lange davor gedrückt, mal mit mir regelmäßig zum Salsa oder zum Bachata zu kommen.«

»Okay«, murmele ich ergeben. »Wann ist das denn immer?«

»Bei dir in Prenzlauer Berg ist dieser offene Kurs, da kann man einfach so hingehen. Dort lernt man jede Woche einen neuen Schritt oder eine neue Drehung und die tanzt man nacheinander mit allen, man tauscht quasi unter den Leuten durch.«

»Mit allen?«, frage ich verblüfft nach, »ich tanze also nicht mit dir?«

»Nur am Anfang, dann tauschen wir weiter. Indem du mit unterschiedlichen Tänzern tanzt, lernst du besser, dich auf jemand Neues einzustellen. So kannst du später mit jedem tanzen, weil du dadurch deine tänzerische Anpassungsfähigkeit schulst.«

»Ich will aber nur mit dir tanzen. Ich muss mich auf niemand Neues einstellen«, schmolle ich.

»Man lernt auf beide Arten dazu. Wie, ist doch eigentlich ganz egal.« Verträumt schaut Nick mich an.

Ich überlege. Seine Worte übers Tanzen bringen mich auf neue Gedanken. Das ist eine schöne Metapher aufs Leben und die Liebe. Da wäre die Version, in der ein Tanzpaar das ganze Leben zusammen tanzt und so perfekt aufeinander eingespielt ist, dass sie das Beste aus sich herausholen, aber eben auch nur gemeinsam funktionieren. Oder die andere Version, bei der jemand verschiedene Tanzpartner und Führungsstile ausprobiert oder sich auf unterschiedliche Tanzarten eingestellt hat, und so Vielseitigkeit gelernt hat und weiß, was er vom Tanzpartner erwartet. Während die erste eine tiefe Intensität über viele Jahre aufbaut, innigste Vertrautheit, lebten Nick und ich beide die zweite Variante. Wir hatten uns ausprobiert, viele Erfahrungen gesammelt. Letztendlich können wir es uns nicht aussuchen, wie wir durchs Leben und die Liebe tanzen, ob wir schon jung die intensive Bindung fürs Leben finden oder in Etappen die Liebe an vielen Orten und in vielen Menschen sehen. Die Musik lässt uns nicht die Wahl. Sie findet uns.

Auch wenn Anton letztes Jahr im Meer vor Spanien und Josy in diesem Frühling bei einem Treffen in Berlin mir ihre Meinung erläutert hatten, nämlich, dass Liebe eine Entscheidung ist, glaubte ich noch immer nicht ganz, dass man sich für das Verlieben entscheiden musste, es überhaupt konnte. Auch wenn ich aktiv mitgestalte, glaubte ich, dass ich an dem Schicksal, das für mich gedacht war, nicht vorbeischlittern konnte. Mit dem, was man hat, glücklich zu sein und ob man sich wirklich aufeinander einlassen will, schien mir aber tatsächlich eine Entscheidung zu sein. Also vielleicht verstand ich inzwischen doch, was Anton meinte.

»Wir haben diese Erfahrungen doch beide gesammelt. Wir sind getanzt, so viel. Jetzt möchte ich gerne nur noch mit dir tanzen. Ich brauche nicht mehr durchzuwechseln. Mir reicht es, die Musik mit dir zu fühlen. Jedes einzelne Wort, jeden Schritt.«

Unsere Liebeserklärungen aneinander verpackten wir in aufwendigen Metaphern. Auf einmal war aus unserem Februar ein September geworden, und wir küssten uns immer noch über der halb verglommenen Kerze in denselben Restaurants.

Pommes

Er bestellte Rotwein zu meinen Pommes,
Und ich dann noch zwei Bier.
Er küsste mich weiter
Was machst du hier?
Und ich löschte die Kerze,
Um uns nicht zu verbrennen.

Widersprüchlich

Oktober

Am Wochenende steht Janne mit Gepäck vor meiner Tür, und wir machen uns auf zum Parkplatz meines Bullis und dann auf die Straße Richtung Rostock und Ostsee. Die Freundschaft zu Josy und Milli ist anders als unsere. Janne ist so etwas wie meine Abenteuer-Freundin, wir reisen zusammen, erleben etwas. Dieser Ausflug ist spontan, sie hatte gefragt, was ich am Wochenende mache, und innerhalb von nur wenigen Sätzen hatten wir beschlossen, dass ich sie abhole, sie währenddessen noch Couscous-Salat vorbereitet, und wir auf einen um diese Jahreszeit leer gewordenen Campingplatz mit Parkplätzen direkt am Meer halten. Um das ganze Wochenende zu lesen, am Strand zu spazieren, zwei Tage an der frischen Luft zu verbringen. Janne fährt das erste Stück, und ich verschränke meine Beine auf dem Beifahrerplatz zu einem Schneidersitz. Wir sitzen in großen Strickpullis einträchtig nebeneinander und folgen mit unseren Augen der sich vor uns windenden Straße. Ab und zu singen wir laut und schief zu Oh Wonder, James Bay oder Dermot Kennedy mit. Unsere Haare wehen im Fahrtwind, der durch einen kleinen Spalt über meiner Fensterscheibe kalt ins Auto zischt. Es ist Herbst geworden. Der Hund schlummert selig in meinem Fußraum in seinem Körbchen.

»Weißt du, was ich mich frage?«, eröffne ich ihr den folgenden Monolog rhetorisch. Beim Autofahren haben wir immer die besten und schönsten Gespräche. Manchmal würde ich mich gerne mit ihr ins Auto setzen – ganz ohne Ziel – und stundenlang fahren, Musik hören, reden, die Landschaft bestaunen und die Welt fühlen. Wie schön ist es, dass wir genau das heute machen. Wir reden schon seit zwei Stunden durch.

»Es gibt manche Menschen, die immer wieder betonen, dass dies der beste Sommer ihres Lebens war. Die nostalgisch zurückdenken. Und sich im gleichen Satz auf die Zukunft freuen. *The best is yet to come.* Ich gehöre oft dazu. Also gleichzeitiges Klammern an weit entfernte Vergangenheiten, gemeinsam mit der Hoffnung, dass alles, was kommt, das Ganze noch toppen wird. Als würde unsere Gegenwart nur aus Vergangenheit und Zukunft bestehen, und nicht aus dem Ist-Moment. Ständiges Denken in Relationen, in Superlativen. Das ist doch verrückt, oder?«

»Etwas so zu ranken, macht es leichter, das Leben zu greifen, zu begreifen. Es für sich einzuordnen oder es abzuschließen. Manche leben für die ›Weißt-du-noch‹-Momente. Für andere ist das ›das war der schönste Sommer meines Lebens‹ euphorisch an Abenden im Spätsommer ausgerufen etwas ganz Normales. Ist doch schön.«

»Nick kann das total gut. Nur im Jetzt sein. Er macht mich damit verrückt, aber ich bewundere ihn sehr. Ich fühl dagegen immer alles. Vorher, jetzt, irgendwann.«

»Jede Art zu fühlen hat seine Berechtigung. Ich finds schön, wie Nick durchs Leben geht«, gesteht Janne. »Wenn du immer sagst: Ich habe nur das Jetzt. So versuch ich mir das Leben auch zu machen. Die schönste Zeit ist immer genau jetzt.«

»Außer wenn ich im Jetzt zu sehr am Single-Dasein hänge und mich nicht auf einen Mann einlassen will. Das war nicht so schön.« Ich lache.

»Ach Quatsch.«

»Ich hab das mit Josy und Milli erst vor ein paar Tagen ganz ausführlich besprochen.«

»Und, was sagen die beiden dazu? Ich muss sagen, dass ich das unabhängige Leben auch schöner finde. Ganz ehrlich, ich feiere es, dass du Nick gefunden hast, oder er dich, oder egal wer wen. Aber ich feiere es ungefähr hundert Prozent genauso sehr, dass ich niemanden gefunden habe die letzte Zeit. Ich bin die letzten Monate durch Südamerika gereist, ohne vermissen zu müssen, ohne mich ständig bei jemandem zu melden. Mein Handy war zwischendurch in Chile sogar acht Tage komplett aus. Es ist schön, wenn sich jemand sorgt, klar. Aber es ist gerade gut, dass niemand das tut. Dass ich nicht zwischen Reisen und der Liebe abwägen muss. Sich verlieben ist mega, aber wie sehr sollte man es bitte feiern, solange man das noch nicht getan hat? Übrigens werde ich, wenn ich mich mal verliebt habe, genauso euphorisch über das Gegenteil reden.«

»Ja, weil es unheimlich schön ist, sich zu verlieben.«

Inzwischen haben wir geparkt. Sie wirbelt vor meinem Bulli im Sand herum und ist ein übersprudelnder Wasserfall voller Ideen, Reiseplänen, kürzlich gemachten Geschichten, von Hostel-Stories und Bekanntschaften. Ich liebe ihre Energie. Janne ist wie ein Junkie, auf der Suche nach dem nächsten Abenteuer. In Hochgeschwindigkeit zieht sie durch ihr Leben, nimmt jede Party, jeden Moment mit. Sie lebt ihr Leben als großen Serotonin-Rausch, während ich es liebe, mich in meinem Alltag zu langweilen, ein Buch im Garten, ein kaltes Getränk, der Hund im Gras. Wir packen die Stühle und den Tisch, den Hummus und den Wein aus dem Auto aus und genießen die über dem Meer untergehende Abendsonne.

»Manchmal fühle ich mich hin- und hergerissen«, erzähle ich ihr dann. Zwischen diesen beiden Welten. Zwischen dem Gestern und dem Morgen. Zwischen den Freundinnen in Hamburg und denen in Berlin. Manchmal habe ich das Gefühl, egal was, ich kann niemals allem gleich gut gerecht werden, wie allen Freundinnen eine gleichermaßen gute Freundin zu sein, meinen Job gut auszuführen. Überhaupt ist da total viel, bei dem man sich so im Dazwischen befindet. Bin ich jetzt extrovertiert oder introvertiert oder beides, wo fühle ich mich wohler, Hamburg oder Berlin, will ich meine Ruhe oder unter Menschen gehen, bin ich gerne Single oder gehe ich in einer Beziehung erst wirklich auf, wofür interessiere ich mich beruflich, will ich schreiben oder in meiner Selbstständigkeit weiter durchstarten …« Ich verstumme.

»Kannst du doch alles sein. Immer beides.«

»Meinst du?«

»Menschen sind ambivalente Wesen. Es ist nicht alles schlüssig, was du machst. Es ist nicht alles eindeutig, was du denkst. Manchmal fühlen wir uns heute so und morgen so. Oder du fragst dich über Erlebnisse von vor fünf Jahren, was da mit dir los war.«

»Oh ja, das tue ich«, werfe ich prustend ein.

»Man kann widersprüchlich sein. Des anderen Widerspruchs ist für dich vielleicht beides Teil deiner Persönlichkeit.«

»Hm«, nicke ich.

»Es ist nicht alles logisch und stimmig. Dein Leben ist ja kein Hollywood-Film mit Drehbuch, in dem alles Sinn macht und am Ende, puff, ist alles gut. So ist das Leben nicht.«

»Menschen werfen dir Unstetigkeit vor, wenn du in deinen Meinungen schwankst, heute das, und morgen das gut findest. Das ist das größte Problem unserer heutigen Generation. Zwischen all den Möglichkeiten in einem Maß hin und her zu pendeln, dass uns trotzdem noch wir selbst bleiben und für andere greifbar bleiben lässt«, mutmaße ich.

»Indem dir die Ambivalenz, der augenscheinliche Widerspruch auffällt, hinterfragst du dich. Das allein lohnt sich schon total. Du beschäftigst dich damit, wer du wirklich bist, welche Dinge dir etwas bedeuten. Du kommst dir selbst dabei näher. Das ist doch etwas sehr Schönes.« Sie lächelt. »Und überhaupt, du darfst beides sein. Du darfst Berlin und Hamburg sein. Du darfst die laute und die leise Luise sein. Du darfst introvertiert sein, und trotzdem auf den Tischen tanzen. Du darfst dich für Businessthemen interessieren und genauso für schreiben oder Poesie. Du darfst Nick von ganzem Herzen lieben, und dennoch gerne alleine sein. Du darfst glücklich sein und unsicher.

Das Leben ist kein Entweder-oder. Du musst nicht immer nur eins von beidem sein. Das Leben ist keine ständige Entscheidung. Wir sind beides. Ich bin auch so oft beides.« Janne schmeißt fast unseren Campingtisch um, so wild gestikuliert sie in ihrer Erzählung. Die Gläser auf dem Tisch klirren und eine Männerrunde vor einem Camper den Strandweg runter dreht sich interessiert zu uns um.

Ich nicke dankbar. Ja. Ich kann beides sein. Lieben und trotzdem frei. Die Wellen plätschern stetig. Wir klappen die Liegefläche meines Autos um, breiten die Decken und Kissen aus, die noch vom Frankreich-Trip im Auto liegen. In der Nähe riecht es nach den ersten angeschmissenen Grills, nach Herbst und verbranntem Laub. Die Luft knistert. Mit Tee stoßen wir aufs Leben an.

Umgeknickt

»Du, ich glaube, ich will alleine nach New York fliegen«, spreche ich aus, was schon seit einer Weile auf meinem Herzen liegt. Wir hatten überlegt, ob Nick mich begleitet, in den Familienurlaub im November. Die Flüge sind noch immer nicht gebucht, ich drücke mich davor. Vor der Entscheidung, ob das unser oder mein Ding wird. Mein Papa und ich sind zum New-York-Marathon angemeldet, mein Halbbruder und meine Stiefmama kommen mit. Nick hatte vorgeschlagen, uns alle zu begleiten und anzufeuern. Was auch bedeuten würde, dass ich mit ihm woanders wohne, und von da aus zwischen dem Hotel meiner Eltern und unserem wahrscheinlich überteuerten Airbnb-Apartment pendeln würde. Der bloße Gedanke daran, vor dem Hintergrund der Marathon-Aufregung, überfordert mich bereits. »Irgendwie fühlt sich das für mich gerade organisatorisch zu viel an. Allem gerecht zu werden. Ich glaube, ich muss mich da auf die Familie und aufs Laufen konzentrieren«, sage ich. Ich hatte mit Janne an der Ostsee lange darüber gesprochen und mir eingestanden, dass man das auch nicht immer können muss. Allem gerecht werden.

»Das ist okay.« Er blickt auf.

»Wenn wir zusammen verreisen, würde ich das lieber mit Zeit und Ruhe und eben nur zu zweit machen. Also, ich denke, ich möchte das gerne als Familienurlaub belassen und vorschlagen, dass du und ich eine andere Reise planen. Vielleicht Portugal im Frühling, da würde ich wirklich gerne hin. Nur mit dir.«

»Gar kein Problem. Portugal klingt schön. Wie du magst, und wie es für dich einfacher ist. Es war nur eine Idee, aber mach es so, dass es für dich mit Familie passt.«

»Okay. Dann Portugal.«

Im Juni hatte ich ihn auf ein Festival mit meinen Geschwistern mitgenommen, aber wir waren trotzdem noch eigenständige Menschen. Es fühlt sich nicht ganz leicht an, das anzusprechen und mich trotz unserer Beziehung gegen seine Begleitung zu entscheiden. Nick macht es mir leicht. Es erzeugt keine träge Stimmung zwischen uns, für ihn war das völlig in Ordnung. Er sagte das nicht nur, er meinte es auch so. Trotzdem fühle ich mich, tief in mir drin, als hätte ich versagt.

Der Oktober rauscht so dahin. Es ist ein farbloser Monat. Ich mühe mich mit meinem Lauf-Trainingsplan ab, stehe fünf Uhr morgens auf, um die Kilometer reinzukriegen, die angeraten sind. In meinem oft streng zurückgebundenen Zopf fallen mir die vielen grauen Stellen hinter meinen Schläfen auf. In breiten Strähnen ziehen sie sich durch meine braunen Haare.

»Bitte einfach nur tönen, in meiner Naturhaarfarbe, so, dass die grauen Haare weggehen«, erkläre ich, als ich mich am nächsten Tag in meiner Mittagspause auf den Friseurstuhl bei mir an der Kreuzung fallen lasse. Ein helles, aber kühles Mittelbraun, wie meine Naturhaarfarbe. Ich mache wenig an meinen Haaren, sie liegen gut, ohne dass ich sie dazu überreden oder zwingen muss, es war nie mehr nötig, als zwei Mal im Jahr die erhellten und kaputten Spitzen abzusäbeln. Ich blicke auf die Uhr, vergewissere mich, dass ich nicht zu spät zu meinem nächsten Termin komme, und lasse die Friseurin machen. Tönen, keine Veränderung, das wird ja eine ihrer leichteren Übungen sein und kaum mehr als eine Stunde dauern. Ich warte ab, blättere mich durch die umliegenden Zeitschriften, und als ich zehn Minuten später meinen Blick in den Spiegel vor mir hebe, sind meine Haare schwarz. Tiefschwarz. Es brodelt und juckt auf meiner Kopfhaut, und auch durch den nassen Haarwulst auf meinem Kopf erkenne ich, dass das weder eine leichte Tönung ist noch eine Farbe, die mich am Ende noch so aussehen lässt wie ich selbst. Mein Herz klopft wie wild unter dem Deckmantel des

Friseurumhangs, als ich sie darauf hinweise, als ich mich ungebeten zum Waschbecken begebe, um die Farbe ausgewaschen zu bekommen, und hört auch nicht auf, als ich trocken geföhnt stammele, dass das nicht dem entspricht, wie ich es haben wollte. Sie schickt mich mit einem Spiegel raus auf die Straße, im Licht würde es ganz anders aussehen. (Klar.) Ich zittere. Der Herbstwind peitscht mir die noch klammen Strähnen bei sechs Grad ums Gesicht. Stimmt, im Tageslicht schimmert der Schwarzton zusätzlich blau. Ich werde nicht ernst genommen und mit Erklärungen abgespeist, irgendwann einfach nur noch ignoriert, irgendwann rausgeschmissen. Nachdem ich zu Hause eine hastig getippte E-Mail an die Chefin des Salons verschickt habe, breche ich in Tränen aus.

Nicht, dass ein kühles Schwarz hässlich ist, ich kenne viele Frauen, die damit großartig aussehen. So wie Milli, sie ist ein Ebenbild von Eleganz, mit ihrer langen seidigen Mähne und dem rosa Porzellanteint. Aber tiefes Blauschwarz, das bin einfach nicht ich. Ich gucke mir selbst kränklich-blass aus dem Spiegel entgegen, meine Hautfarbe wirkt in diesem schwarzen Rahmen fast gelb. Ich bin das warme Braun, ein bisschen ausgewaschen und erhellt in den Spitzen, vom Schwimmen im Sommer. Die neue Farbe lässt mich krank und fahl wirken, unausgeschlafen. Ich habe das Gefühl, sie betont die tiefe Furche von vielen Jahren Migräne inmitten meiner Stirn, und je länger ich in den Spiegel gucke, desto mehr frage ich mich, wer diese blasse Person ist, und stelle fest, wie wenig ich mit ihr aktuell gemeinsam habe. Ich widerstehe dem tiefen Wunsch, mir die Haare alle einzeln auszureißen, wickele sie in einen Dutt und stülpe einen Kapuzenpullover drüber. Ich kann mich nicht im Spiegel angucken und habe einen Monat, von dem ich mir einfach nur wünsche, dass er vorbeigeht. Ich bin erschöpft.

* * *

Nick, meine tiefschwarzen Haare und ich haben uns für den Sonntagmorgen für einen Halbmarathon am Stadtrand Berlins angemeldet. Ein letzter von vielen Übungsläufen, die ich unternehmen will. Im Morgengrauen brechen wir auf.

Der Parcours ist eng, es regnet in Strömen. Der schmale Weg führt an einem See entlang, über Stock und Stein. Matschiges Laub klebt in Haufen aufeinander, ich laufe auf den Fußballen, um nicht auszurutschen, muss immer wieder abbremsen, weil die Menge sich staut. Mitleidig gucke ich Nick an, der immer ein Stück vor oder neben mir läuft. Wir hören Musik, jeder für sich, wechseln kein Wort. Es folgen Treppen, dann öffnet sich der Wald und spuckt uns Läufer in die dichten Gassen einer Kleinstadt aus, die wir durchqueren müssen, ehe es am See weitergeht. Bei Kilometer neun, irgendwo zwischen Laub und Bordsteinkante, knicke ich um. Mein linkes Knie macht nicht mehr mit, gibt nach, ich strauchele. Nur mühsam kann ich mich auf den Beinen halten und zwei weitere Kilometer hinter mich bringen.

»Es geht nicht mehr, lauf du weiter«, weise ich Nick an, der merkt, wie ich kämpfe und auch sein Tempo drosselt.

»Auf keinen Fall, ich bleib bei dir«, widerspricht er und nimmt meine Hand, als ich stolpere. Er weicht nicht von meiner Seite. Mein Knie schmerzt, mühselig humpele ich den Lauf zu Ende und passiere nach zwei Stunden vierzig gehend das Ziel. Der Oktober ist ein Tiefpunkt, der nicht vergehen will. Da weiß ich noch nicht, was folgt. Da glaube ich noch an den Marathon.

Gelbe Blätter

Ich sitze vor meinem Tagebuch und starre reglos die Wand vor mir an. Als ich meinen Blick senke, fahren meine Fingerspitzen über die weißen Seiten voller geschriebener Worte, über die minimalen Absenkungen, die der Kuli auf den Blättern hinterließ.

Einsamkeit
Gewollt gehasst
Veranlasst mich
Stehen zu bleiben
Zu schweigen
Alles gut

Ich blättere eine Seite weiter.

Warum sollte man Zeit nutzen
Wenn sie ja doch eh vergeht
Ist am Ende ganz egal
Welchem Sinn mein Gestern steht

Und weiter.

Fangen an, uns einzuschränken
Nachzudenken
Einzulenken

Weiter.

Du darfst nicht immer deinen Gedanken komplett vertrauen. Nur weil du mal kurz zweifelst, heißt das nicht, dass dein ganzes Ich direkt alles infrage stellt und der Zweifel wirklich begründet ist. Du bist nicht alles, was du denkst. Was du denkst, ist nicht alles wahr. Du bist mehr als deine Zweifel.

Weiter.

Alles, was wir erleben, ist in der Sekunde, in der wir es erleben, bereits Vergangenheit.

Weiter.

Wir sind genauso süchtig nach Happy Ends wie nach Zuneigung und Käse.

Der Herbst legt sich in einem schweren Teppich aus gelben Blättern über die Stadt. Nach nächtlichen Regengüssen sehen diese morgens wie an den Boden festgetackert aus. In federnden Schritten stapfen müde Berliner ihre frühen Wege ab. Pizzaschachteln, Dönerreste, Glasscherben von kaputten Bierflaschen, alte Möbel. In der Eintönigkeit, zwischen Matsch und Pfützen, fällt mir der Müll, der sich überall durch Friedrichshain zieht, besonders auf. Dann, abends, kommt mir eine Idee.

»Ich würde echt gerne mal bei einem Poetry-Slam mitmachen«, erzähle ich Nick. »Ich würde gerne mal vor einer Menge an Leuten stehen und einen meiner Texte vortragen. Weil das Überwindung wäre, aber auch, weil man dann ein Ziel hätte, mal so richtig lange und intensiv an einem Text zu feilen. Mehr als die Tagebuch-Notizen, die ich jeden Tag aufschreibe. Beziehungsweise diesen Fetzen mal eine Struktur, eine Idee verleihen und sie mit Rhythmus vortragen. Das wäre wirklich schön.«

»Mach das doch. Hast du schon etwas Brauchbares geschrieben?«

»Nicht wirklich. Muss sich das reimen?«

»Ich glaube nicht. Erzähl eine Geschichte.«

»Okay, ich will so etwas schreiben wie: ›Ich bin 27 jetzt und habe festgestellt, inzwischen brauch ich ’ne To-do-Liste dafür, was ich alles richtig machen muss.‹ Also darüber, wie viele Entscheidungen wir jeden Tag treffen, wie überfordernd das sein kann. Wie schwierig es sein kann, auf alles gleichzeitig zu achten, alles richtig zu machen. Allem gerecht zu werden.«

»Schreib das doch mal auf. Also Satz für Satz, wie er dir in den Kopf kommt. Drei Minuten lang. Und danach schaust du, was wir daraus machen können. Einfach eine Notiz.«

»Gute Idee«, nicke ich.

Ich schreibe auf:

Ich bin 27 jetzt und habe festgestellt – inzwischen brauch ich ’ne To-do-Liste dafür, was ich alles richtig machen muss. Ich muss nett sein und freundlich, okay, das fällt mir leicht. Ich muss Ja sagen und Nein sagen, aber immer jeweils zur richtigen Zeit. Ich muss Minimalismus leben und ja nicht zu viel haben, aber trotzdem irgendwie alles da. Nicht fliegen und kein Auto fahren, und Nestlé *ist scheiße und Coca-Cola auch. Und Briefe am besten im selben Monat noch aufmachen, weil, wo kommen wir da sonst hin. Und während alte weiße Männer in Georgia Gesetze für junge Frauen fällen, fällt mir dann noch ein: Ich muss für meinen Körper kämpfen, daran denken, meine Stimme zu erheben, pro Selbstbestimmung. Weil, wo kämen wir denn sonst hin, wenn das einfach Selbstverständlichkeit wär. Kämpfen, für eine gute Welt und für die Generationen nach uns. Konfetti rieselt aus meiner Hosentasche, anscheinend wieder drei Monate die Jeans nicht gewaschen. Und dabei bitte geradestehen, Kopf hoch, Brust raus – dabei gibts da gar nicht so viel zu sehen. Will so viel richtig machen, vergesse dabei ständig was. Muss eine Liste schreiben, allen Freunden antworten, Mutti immer sonntags anrufen und Oma wenigstens einmal im Monat. Das ist alles richtig, nur komm ich nicht ganz hinterher. Und dann ist plötzlich Sommer und ich habe nichts davon geschafft. Wir treffen uns immer wieder zum Kaffee oder abends auf ein Bier, und wenn wir das nicht tun würden, was würden wir dann mit unserem Leben anfangen? Wir steigen seit Jahren in Fernbusse und Flugzeuge, aber kommen keinen Meter voran.*

Dann lese ich ihm diese Notizen vor, die ich nacheinander, ohne einmal abzusetzen, ohne nachzudenken, aufs Papier gebracht hatte. Ich war in einem Schreibfluss, in dem eins zum anderen führte. Die Gedanken sind lose, ohne Struktur.

»Also auch übers Rastlossein?«, fragt er.

»Ja. Darüber, Angst zu haben, irgendwie den Anschluss zu verlieren. Rastlos sein *und* auf der Stelle stehen. Gleichzeitig. Nicht allem gerecht zu werden. Tausend Dinge, die wir richtig machen müssen, überall so viele Möglichkeiten, da ist das Überfordertsein doch vorprogrammiert.«

»Ordne das noch. Ein roter Faden, wo du anfängst, wo du hinführen willst. Was deine Endaussage ist, und dann vielleicht rückwärts scripten. Vielleicht nur einen Fokus setzen oder zumindest die verschiedenen Themen gruppieren. Wir melden dich mal zu einem Poetry-Slam an. Das könnte ein runder Text werden.«

Ich schlage mir mit dem Kuli im Mund meine langen zu schwarzen Haare rasch zu einem Dutt und murmele ohne aufzusehen: »Wird es.« Dann vertiefe ich mich zwischen meinen Gedichten und Notizen in einem Tunnel aus Gedanken, die ich zusammensammeln und in eine Reihe bringen will.

Egal, ich lass das jetzt so

November

Es ist kurz nach sieben Uhr morgens. Jetlag sei Dank sitze ich fertig geduscht und hellwach mit einem Cappuccino im Pappbecher und warmem Bananenbrot vor mir im *Starbucks* am City Hall Park und beobachte die Dunkelheit vor dem Fenster. Die Regentropfen platschen in riesigen Tropfen in die Pfützen, die nur alle zehn Sekunden von einem Auto durchzogen werden. Der *Starbucks* ist leer, bis auf einen älteren Mann, der in einer anderen Nische ebenso wie ich in sein Tagebuch schreibt. Die Szenerie hat etwas Mystisches.

Seit ein paar Tagen befinde ich mich in New York. Ich bin eher als meine Familie hergeflogen, um zehn volle Tage in dieser großen, aufregenden Stadt zu verbringen, damit sich der Flug lohnt. Und weil ich weiß, dass ich so schnell nicht wieder herkommen werde. Mein letztes Mal New York ist zehn Jahre her. Da war ich achtzehn und hatte hier die Tage vor Weihnachten verbracht.

Die ältere Frau im Flugzeug neben mir schien auch alleine zu reisen. Ich beobachtete sie, wie sie in Großbuchstaben *German* und *Key West, Florida*, auf ihren Einreiseschein schrieb und nach der Landung, wie sie sich an der Schlange für *Permanent US Residents* anstellte, während ich mich in die *Visitors* einreihte.

In jeder Stadt versuche ich mir vorzustellen, wie es wäre, hier zu leben. Wie es wäre, morgens hier aufzustehen, hier laufen zu gehen, meine Tage hier zu verbringen. Dann beginne ich die Stadt, die ich gerade vor mir habe, verändert wahrzunehmen. Nicht so, als wäre ich ein Tourist, ein Eindringling, ein Fremdling. Sondern eher, als würde ich eins mit der Stadt werden. Mich wohlfühle, zu Hause fast schon. Ich mag diese Fähigkeit an mir, mich überall zu Hause fühlen zu können, liebe es, allein zu reisen, die Welt zu entdecken, Straßenzüge in mich aufzunehmen. Neugierig zu bleiben. Nirgendwo so ganz, dafür überall ein wenig zu Hause zu sein.

Ich schenke den mir fremden Menschen ein Lächeln, schlendere im Sonnenaufgang über die Brooklyn Bridge. In den Glasfassaden der Hochhäuser Manhattans spiegelt sich der rote Feuerball. Ich schüttele betroffen am World Trade Memorial den Kopf über Leute, die Selfies mit dem in den Boden gelassenen Schacht machen, der heute zu einem Springbrunnen umfunktioniert ist und in einer Bande die Namen der Opfer von 9/11 trägt. Mit gemischten Gefühlen erkunde ich die Stadt. In der U-Bahn und auf den Bahnsteigen halte ich meine Wertsachen in meinen Manteltaschen besonders gut fest.

Als ich am zweiten Tag meinen Koffer das erste Mal so richtig auspacke, finde ich einen Brief von Nick in einem Umschlag, säuberlich zwischen meinen Jeans versteckt. Ich will mich damit in den Central Park setzen und ein paar Stunden lang die Atmosphäre von New York aufsaugen.

Ich denk an dich. Nimm es nicht so schwer, beendet Nick den Brief.

Es war Sonntagmorgen, als ich beim Halbmarathon umknickte, Dienstagfrüh, als ich beim Orthopäden vorstellig wurde, nachdem die Schmerzen in meinem Knie über zwei Tage nicht gewichen waren. Freitag würde mein Flug nach New York gehen. Routiniert und sachlich erklärte er mir, dass ich eine angerissene Sehne und eine Entzündung im Knie hätte, Knorpel in den Knien, die sich schnell ablaufen. Ich merkte mir keine Details.

Außer das: Dass ich daher einfach nicht fürs Laufen gemacht sei. Das brannte sich ein. ›Nicht fürs Laufen gemacht‹. Für eines der Dinge, das mir am meisten bedeutete. Schon im Fahrstuhl von der Arztpraxis zurück auf den Boden der Tatsachen brach ich in hysterisches Schluchzen aus.

Ich hatte den Gedanken trotzdem noch nicht aufgegeben. Irgendwo glaubte ich noch immer daran, in einer Woche am Start zu stehen. Die Schmerzen auf magische Weise verschwinden zu spüren, es vielleicht einfach zu versuchen. Ich wollte doch um meine Träume kämpfen.

Ich sitze im Central Park, um mich Touristen, die die imposante Skyline oder Eichhörnchen in Nahaufnahmen fotografieren. Die bunten Blätter rascheln zu ihren Füßen. Der Herbst in New York zeigt sich in seiner farbenfrohsten Variante. Ein älterer Herr spielt an einer Ecke der Grasflächen Saxofon. Kein Lied, es ist eher ein durchgehendes, fröhliches Klimpern. Ich sehe Sonnenbrillen, praktische Rucksäcke und Spiegelreflexkameras.

* * *

›Aidans gibt es nicht‹, schreibt Charlie, während sie eine Folge *Sex and the City* auf ihrem Fernseher für ihren Instagram-Account abfilmt. Ich liege wieder in meinem Hotelzimmer und sehe ihre Story zwischen meinen Kissen an. Dreiundzwanzig Stunden her, fast wieder erloschen, dieser Schnipsel ihres Lebens. Sie wohnt hier in New York in Soho, gerade nicht weit entfernt von mir. Wir hatten uns vor über einem Jahr auf Ibiza kennengelernt und für ein paar Tage ein Apartment geteilt. Ich traue mich trotzdem kaum, ihr zu schreiben, dass ich gerade in der Stadt bin, und sie zu fragen, ob sie sich mit mir treffen möchte. Kann sie sich überhaupt noch an mich erinnern, komme ich nicht zu aufdringlich rüber?

Laut und sichtbar sein, erinnere ich mich an Jannes Worte. Sie würde das Beste aus der Zeit hier machen, alle, die sie kennt, zu einem großen gemeinsamen Dinner aktivieren. Wie wohltuend ist es, seine Freundinnen zurate ziehen zu können, selbst, wenn sie nicht da sind. Wenn man sie so gut kennt, dass man auch ohne sie weiterweiß.

Aidan war in *Sex and the City* mein Lieblingsmann – ich war nie pro Mr. Big und habe auch nie verstanden, wie die Serie dieses toxische, abhängige Verhalten so glorifizieren konnte. Aidan ist in der Serie der, für den Carrie Bradshaw nicht kämpfen muss, der einfach da ist, gut ist zu ihr, Möbel baut und einen ziemlich süßen Hund hat. Weil es so leicht ist mit ihm, haut sie ab. Zurück zu Big, der sie nie ganz, aber auch nie gar nicht will, wirft sich zurück in abhängige Fänge, die auch schon 2002 keine große Liebe gewesen sein dürften. Aber zumindest heute, nach den *Bad Boys* und später den *Fuckboys* müssten wir es doch besser wissen, Charlie, komm schon.

Während ich abgelenkt von meinen Gedanken die entsprechende Folge anmache, fällt mir auf: Nick ist mein Aidan. Aidans Hund ist in unserer Variante zwar meine Hündin, aber gerade war er mit ihr in Berlin, während ich in New York bin. Aidans gibt es doch, widerspreche ich Charlie insgeheim. Wir übersehen sie nur leicht zwischen ›zu nett‹ und ›ich brauche jemanden, um den ich kämpfen kann‹. Wenn wir uns davon lösen, entwickeln wir einen Blick für die Männer, die wirklich von Herzen gut sind. Bodenständig, nett, zuvorkommend. Charlie scheint desillusioniert, aber deswegen die Existenz es gut meinender Männer generell zu hinterfragen und für nicht existent zu erklären, halte ich für eine sehr vorschnelle und nicht ganz richtige Schlussfolgerung.

»Hey Charlie, I am in the city right now for a few days. Are you up for dinner?«, texte ich ihr. Sie freut sich über meine Meldung, ist euphorisch, macht Vorschläge. Meine Bedenken waren unbegründet. Annahmen sind trügerisch. Wir halten sie für real, dabei passiert vieles nur in unseren Köpfen. Charlie und ich verabreden uns noch für den gleichen Abend.

Lichterketten schlängeln sich um Baugerüste rund um die Bar, in der wir abends mit unseren Sour Margaritas für zehn Dollar anstoßen. Charlie bezahlt monatlich 2.800 Dollar für ihr Ein-Zimmer-Apartment im East Village, nicht weit von hier. Ihr Bett ist gleichzeitig ihre Küche ist gleichzeitig ihr Kleiderschrank. Dafür bekäme man in Berlin ein zweistöckiges Apartment über die dreifache Fläche, mit Dachterrasse. Bei *Jajaja*, einem veganen Mexikaner im East Village, diskutieren wir über Dating in der Großstadt und das letzte Jahr. Im Vergleich zu unserem Zusammentreffen auf Ibiza hatte sich einiges verändert, und aus Toronto und Hamburg wurden bei uns New York und Berlin. Ich erzähle ihr von meiner Version von Aidan, von Nick, und sie mir von ihrem aktuellen Mr. Big, einem gewissen Damian, der sie ständig versetzt.

In New York benutzt man Hinge, nicht Tinder, letzteres nur für Sex, unsere Dating-Erfahrungen könnten nicht unterschiedlicher sein. Nicht nur die geringeren Quadratmeterpreise überzeugen sie, auch meine Erzählungen über Dates findet sie spannend.

»Okay, well, I'll move to Berlin.« Sie wischt mit der Hand durch den Raum, so, als wäre das jetzt beschlossene Sache, und lacht. Unsere Verabredung tut mir gut. Abends rufe ich Nick an, um ihm davon zu erzählen, wie unbeschwert sich dieser Trip allein anfühlt und wie schön es ist, ihn zu vermissen.

* * *

»Hey, are u ok?«, spricht mich die Bedienung vom Café nebenan am nächsten Morgen an, als ich immer noch perplex dem Mann hinterherstarre, der kurz zuvor an meinem Tisch stand und mich angeschrien hatte. Ich sitze draußen vorm *Butcher's Daughter* im West Village, unweit der Apartments von Carrie Bradshaw und Friends, wo sich die Restaurants aneinanderreihen, und tippte vor meinem Erstarren konzentriert in meinen Laptop, einen großen Kaffee in der linken Hand balancierend. Erst als sich meine Sicht verdunkelte, bemerkte ich den großen Mann, der sich vor mir aufgebaut hatte und mit lauter Stimme den immer wieder gleichen Satz von sich gab, der für mich nach ›NYU‹ klang. Verwirrt schaute ich zu ihm empor, nicht wirklich der Gefahr gewahr werdend, die vielleicht von ihm ausging. Als er merkte, dass ich nicht reagierte, zog er weiter. Ich habe keine Ahnung, was er wirklich gesagt hat, und starre ihm auch eine Minute später noch entgeistert nach.

»You look shocked«, fügt die Kellnerin hinzu, während sie die großen Tische nass wischt. Ihr strenger dunkelbrauner Zopf wippt über einer weißen Uniform.

»No, I'm fine, I just didn't understand him. What was he saying?«

»I think he wanted drugs, so sorry. So, are you ok?« Geschäftig deckt sie den Tisch des Nachbar-Cafés, ohne den Blick von mir abzuwenden. Ich bin berührt, dass diese fremde Frau sich um mich sorgt. Generell fühle ich mich in New York wenig allein, so habe ich mich selten an einem unbekannten Ort gefühlt. Die rein physische Anwesenheit mir fremder Menschen gibt mir ein Gefühl von Sicherheit. Ich habe noch nie eine so immense Müllverschwendung erlebt wie in New York, aber dafür auch nie so eine Freundlichkeit wie hier. Ich hatte inzwischen gelernt, die »Hey, how are you?«-Frage nicht zu ignorieren, weil ich sie für eine Floskel hielt, sondern sie nett mit »Great and you?« zu beantworten. So waren wir zwei Fremde, die sich gegenseitig ein gutes Gefühl gaben.

* * *

Ein paar Tage später reist meine Familie nach, und der Urlaub gewinnt eine neue Dynamik. Wie immer macht bei uns jeder sein eigenes Ding. Mein kleiner Bruder und ich sind schon nach einem halben Tag Manhattan erkunden kaputt und ziehen uns zurück, während unsere Eltern noch spät durch die Bars ziehen. Bei einem kurzen Stopp bei *Starbucks* ein paar Tage später kommen wir genau darauf.

»Ihr jungen Menschen, ihr seid so anders als alle vor euch.

Nicht belastbar, würde ich meinen. Vielleicht tue ich euch aber auch unrecht«, wagt mein Papa sich vor.

»Ok, Boomer«, murmelt mein Bruder und tippt auf sein Telefon.

»Klar, sind wir anders«, erwidere ich. »Wir sind in anderen Zeiten aufgewachsen. Das ist doch deswegen nichts Schlechtes. Eher eine natürliche Weiterentwicklung. Wir passen auf uns auf.«

»Doch, eure Generation hat verlernt, richtig anzupacken«, befindet mein Papa jetzt entschlossener. Er führt ein eigenes Unternehmen. Zu arbeiten heißt für ihn zu leben.

»Weil wir Freizeit wichtiger als arbeiten finden? Ich finde das eher gesund. Arbeit hat für meine Generation, für die Generation Praktikum und Generation Ausprobieren einen anderen Stellenwert. Nicht, dass ich faul wäre, gar nicht. Ich bin eher aufs Nötigste fokussiert. Ich brauche keine sechszehn Arbeitsstunden am Tag, um Geld auf der hohen Kante zu horten, das ich aus Ermangelung von Freizeitaktivitäten niemals ausgeben werde. Klar habe ich eine Altersvorsorge. Aber davon abgesehen verdiene ich lieber genug, dass es reicht, und plane meine Zeit großartig und erfüllt. Meine Zwanziger erlebe ich doch nur einmal.« Ich grinse über mein Plädoyer, das Leben nicht nur ›anzupacken‹, sondern es zu genießen.

»Ihr ertränkt ein kleines bisschen Arbeit in einem Pool aus Freizeit. Fast so wie dein Getränk da.« Mein Papa zeigt auf den Latte macchiato mit Mandelmilch in meinen Händen. »Früher in den 60ern und 70ern, in meiner Kindheit, haben alle Kaffee schwarz getrunken, da gab es neben der Arbeit auch kaum etwas, was die Menschen für ihre Erholung und Freizeit getan haben. Das mit der Work-Life-Balance kam erst in den letzten zwei Jahrzehnten auf. Seitdem werden auch Kaffees in immer mehr Milch ertränkt. Milchkaffees, Cappuccinos, Latte macchiatos.«

»Ich nenne das das Milchkaffee-Prinzip«, wirft mein kleiner Bruder ein. Er schaut von seinem Smartphone auf. »So viel tun wie nötig, so wenig wie möglich. Muss ja alles weiterhin Spaß machen.«

Mein Papa blickt auf den Cappuccino in seinen Händen und lacht. »Dann ist dieses milchhaltige Getränk wohl Zeichen meiner Jugendlichkeit.«

»Milchkaffee-Prinzip? Hast du dir den Namen gerade ausgedacht?«, frage ich.

»Ja. Ich finde das passt ganz gut.«

Die Milch meines täglichen Kaffees sinnbildlich für die Freizeit, in der wir unsere Arbeit ertränken. Ob der Tiefe dieser gemeinsam geformten Metapher bin ich ein wenig erstaunt. Ich habe noch nie eine schönere Analogie zwischen Kaffee und Arbeit und unserem Hang zu einem erfüllten, gesunden Privatleben gezogen.

»So viel wie nötig, so wenig wie möglich trifft es ganz gut. Auch bei mir habe ich gemerkt, dass mir oft der Fokus fehlt, die Perfektion. Konzentration. Wir sind überall und nirgends, ich glaube, das beschreibt unsere Generation exakt. Wenn ich einen Text über unsere Generation schreiben würde, über all die Phänomene und die neue Art von Arbeitswelt, die wir uns selbst schaffen, ich wüsste genau, wie ich ihn nennen würde. ›Egal, ich lass das jetzt so.‹ Ich finde, kein Ausspruch trifft es besser als dieser.«

»Ja, stimmt«, mein Bruder lacht und erzählt von seinem letzten Essay für die Uni, das er irgendwann auch ›einfach so gelassen hat‹.

Unsere Generation fasziniert mich immer wieder. Es ist normal, eine Stunde vorher abzusagen, manchmal kalkuliert man das fast in seine Planungen mit ein. Es gibt sogar Apps, bei denen beide Teilnehmer einen Knopf drücken können, wenn sie die Verabredung lieber canceln würden. Wenn beide drücken, kriegt man es angezeigt. Wie Tinder fürs Zu-Hause-Bleiben. Wir lassen alles unverbindlich, weil sich festzulegen schwerfällt. Und wenn, dann lieber mit einer offenen Hintertür. Lieber Fernbeziehung als gemeinsame Wohnung, so sehe ich es oft im weiteren Bekanntenkreis. Jeder für sich das Leben am Auskosten.

Wir können zunehmend Informationen schneller verarbeiten, switchen zwischen Apps und Kanälen und lassen mehr Nachrichten ohne Nachrichtenwert auf unsere Großhirnrinde ballern, als unseren Eltern in unserem Alter innerhalb einer Woche zugetragen wurde. Informationen hatten sich in ihrer Menge ihr eigenes Grab geschaufelt: Keine von ihnen konnte sich mehr in uns verankern, sie flogen an unserem Merkzentrum wie ein buntes Feuerwerk vorbei. Wir starren auf Bildschirme und schalten innerlich ab. Unsere Köpfe sind große Prozessoren der Ablenkung, wir sind es gewohnt, alle zehn Minuten vom Vibrieren des Handys gestört zu werden. Klar, dass wir uns auch selbst auf unserem Lebensweg ablenken lassen und uns ständig hinterfragen. Das hat uns die Welt um uns herum und ihre Mechanismen aus Auswahl und Möglichkeiten gelehrt. Wie können wir da Menschen im Kopf behalten und überzeugt an ihnen festhalten?

Unsere Eltern und Großeltern waren anders. Bei meinen – aufgewachsen in der DDR – war es üblich, mit zwanzig zu heiraten, zehn bis siebzehn Jahre auf ein Auto zu warten und Schlange zu stehen für Dinge, die sie haben wollten. Unsere Eltern mussten sich festlegen. Wir müssen das nicht. Alles gibt es sofort, *Amazon Prime*, Lieferung über Nacht, wir haben uns angepasst. Wir sind nicht Ursache, sondern Symptom unserer Zeit.

Vielleicht beschrieb das in unserer Generation auch alles rund um Dating und Liebe: Wir waren es nicht mehr gewohnt, uns entscheiden zu müssen, wir mussten nicht anstehen oder uns festlegen. Wenn es kein Entweder-oder gab, sondern nur ein *Und*, woher sollte dann auch die Sicherheit stammen, nur genau eines zu wollen? Woher sollten wir überhaupt wissen, was wir wollten? Wir treffen ungern Entscheidungen, weil die immer so final sind, tauchen ab im Dazwischen, weil das keine Tür so richtig zumacht, eher anlehnt. Denn was geschieht, wenn ich mich umentscheide? Uns fehlte der Biss. Auch in der Liebe. Intensität war nichts, was einfach so über Nacht durch das offene Fenster in unsere Leben kam, das wir anlehnten, um nicht zu sehr aneinander zu schwitzen.

* * *

Während ich die nächsten Tage mit immer größer werdenden Schmerzen durch New York humpele, rücken der Marathon und das Laufen generell in weite Ferne. Wir machen tagsüber ausgiebige Spaziergänge durch die Stadt. Mit jedem neuen Kilometer macht mein Knie weniger mit. Ja, das hier fühlt sich wie Versagen an. Ich kann nicht mal darüber sprechen. Ich hatte den Marathon und meine Teilnahme überall breit angekündigt und werde mit Nachfragen bombardiert. Zu Recht. Aber es schnürt mir die Kehle zu, als wäre der Schmerz aus meinem Knie in den ganzen Körper gekrochen. Letztendlich muss ich meine über eineinhalb Jahre geplante und vorbereitete Teilnahme hier absagen. Weinend stehe ich auf der Brooklyn Bridge.

Ich gehe – humpele – später über die High Line, mit *This Is Letting Go* von Rise Against auf den Ohren, einem Song, zu dem ich eigentlich gerade am Hudson entlang gerannt wäre. Ich brauche das Laufen. Ich kann nicht ohne. Immer, wenn ich eine innere Unzufriedenheit gespürt habe, eine Melancholie, schwächte sich diese mit dem Laufen Schritt für Schritt ab, wie Luft, die aus einem Balkon entweicht. Nur langsam, nicht die Art, wenn man ihn mit einer Nadel zum Platzen bringt. Laufen half mir, die Farben in der Welt noch intensiver wahrzunehmen. Die Geschwindigkeit ließ mich schneller denken, bunter. Sie brachte mich zu Lösungen. Und gerade fehlten mir die alle.

Am Marathontag bin ich von tausend Emotionen hin- und hergerissen. Ich freue mich für meinen Papa, der sich einen Traum erfüllt, seinen, eigentlich meinen, wir feuern ihn an drei Stationen an, legen die Strecken dazwischen in um diese Uhrzeit leeren U-Bahnen zurück. Wir stehen erst in Kilometer acht in Brooklyn am Rand, später bei Kilometer fünfundzwanzig an der First Avenue und am Ende kurz vor dem Ziel. Es ist komisch, die 50.000 Leute an mir vorbeirennen zu sehen, die das machen, was mir gerade nicht möglich ist. Als würden tausend bunt angezogene Träume an mir vorbeilaufen.

Erst als ich am Sonntag in Brooklyn auf der Zielgerade am Rand stehe und darüber nachdenke, dass das bereits der zweite Marathon ist, den ich verpasse, fügt sich das Bild in meinem Kopf zusammen. Den ersten, im April 2017, hatte ich bei Kilometer sechsundzwanzig abbrechen müssen, weil ich auf den Plastikbechern ausgerutscht war, die irgendwann fleißig jeden Kilometer zierten. Ich war gestürzt und hatte mir das Knie verdreht. Das linke. Jetzt hatte ich mir durch Überbelastung die Sehne zwischen Gelenk und Muskel in genau diesem Knie lädiert. Bislang war ich nicht auf die Idee gekommen, dass mein Sturz im Oktober mit dem im Frühling vor zweieinhalb Jahren zusammenhängen konnte. Es hat mich zehn Tage New York und fünf Stunden am Rande eines Marathons gebraucht, zu verknüpfen, dass alles zusammenhängt. Ich hatte die Verletzung von damals nie genügend auskuriert oder behandelt. Ich hatte einfach weitergemacht.

Muster kommen immer wieder, solange wir uns nicht damit auseinandersetzen, sie vergessen, statt uns mit ihnen auseinanderzusetzen, mit ihnen abzuschließen, in ihnen zu heilen. Wunden, die wir nicht heilen, tauchen immer wieder auf.

… schießt mir durch den Kopf. Ich hatte das große Bild nicht gesehen. Mich so sehr in den Details niedergelassen, dass ich meine Erlebnisse, mich in der Summe meiner Erfahrungen, nicht in der Gesamtheit gesehen habe.

Ich gebe mein Bestes, mir diese Enttäuschung nicht anmerken zu lassen. Das klappt nur mäßig, und in New York sehe ich dieser Tage alles, was eigentlich in mir ist: Es ist laut und stickig, voller Abgase. Krankenwagen, die hier kaum durchgelassen werden, niemand kann ausweichen, die Straßen sind eng und vollgestopft. Es macht mich verrückt, und ich genieße keine Sekunde hier so wirklich. Das, was ich eigentlich wirklich gut kann. New York ist mein Spiegel, wirft mir das zurück, was ich in meinem Missmut sehen will, als würde sich die Stadt der eigenen Stimmung anpassen. Denn alles, was ich erlebe und empfinde, wie ich die Welt um mich herum einordne, fängt in mir selbst an.

* * *

»Schreib doch einen Liebesbrief an dein Knie«, schlägt Janne schulterzuckend vor, als sie mich zusammen mit Nick nach zehn Tagen New York und zwei Tage nach dem verpassten Marathon in Tegel vom Flughafen abholt. Nick war im kühlen Morgengrauen einen Schlenker über Neukölln gefahren, um Janne mitzunehmen. Zusammen überraschten sie mich, als ich sieben Uhr morgens aus der Gepäckabfertigung trat. Die Schiebetür nach draußen, aus der es kein Zurück mehr ins Flughafeninnere gibt, vor den Unmengen an Augenpaaren nach ihren Liebsten suchen. Es kommt mir immer vor, wie das Raustreten aus einer Zauberkugel. Ich sah zuerst meine kleine, schwanzwedelnde Hündin, die sich aus Nicks Griff befreit hatte und auf mich zugewetzt kam. Dann Nick an einem Pfeiler lehnend, und Janne, die auch auf mich zulief, mit ihrem breitesten Grinsen.

Selbst sieben Uhr morgens war sie die pure Fröhlichkeit, Liebe, sie beide waren das. Von manchen Freunden lernt man, anderen Freunden bringt man was bei. Wir brauchen immer etwas von beidem. Menschen, zu denen wir aufsehen, Menschen, denen wir etwas mitgeben können. Janne sitzt auf der Rückbank, und ich beobachte sie durch den Rückspiegel.

»Unsere Knie sind das, was uns durch die Welt trägt. Sie halten uns aufrecht, können sich uns flexibel anpassen. Wenn sie einknicken, dir einen Schmerz melden, dann vielleicht, weil du dich auf der Welt unsicher fühlst. Oder wenn deine Beine unterschiedlich auftreten, zum Beispiel wegen eines minimalen Unterschieds in der Länge, dann läufst du buchstäblich im Kreis. Vielleicht traust du dich auch nicht, richtig aufzutreten, also richtig für dich einzustehen. Das kann alles Mögliche bedeuten.«

»Vielleicht habe ich auch einfach nur zu unbedacht trainiert, meine Distanzen zu schnell gesteigert.« Ich wende mich ihr zu. »Mir zu viel zugemutet in zu kurzer Zeit. Vielleicht bin ich die Sache zu unvorsichtig angegangen. War mir eine Lehre.«

Nick parkt das Auto vor einer vollen Kaffeekette stadteinwärts und dreht sich halb zu mir und zu Janne um. »Was darf es sein, Ladys? Ich hole uns Frühstück, und wir picknicken im Auto. Dann setze ich dich auf der Arbeit ab.« Er nickt Janne verschwörerisch zu.

»Von allem etwas und auf jeden Fall viel!« Ich küsse ihn dankbar.

»Kaffee, auf jeden Fall Kaffee«, ruft Janne.

»Und den Liebesbrief an mein Knie, den schreibe ich vielleicht trotzdem. Kann ja nicht schaden. In mein Tagebuch. Danke, dass du mitgekommen bist. Du hast mir gefehlt.«

»Du mir auch. Ehrlich.«

Das große Ganze

»Irgendwie gehts mir gerade nur so mäßig«, gestehe ich Maja ein paar Tage später.

»Ist etwas mit dir und Nick vorgefallen?«

»Nein, gar nicht. Seltsam, dass wir immer sofort darauf schließen, oder? Wenn es uns nicht gut geht, dann muss es natürlich am Mann in unserem Leben liegen oder an der Liebe.«

»Stimmt«, seufzt sie, »ertappt. Okay, von vorne. Erzähl, woran liegt's?«

»New York war – komisch, anstrengend, und ich glaube bitter nötig. Es war mein Spiegel«, erzähle ich ihr. Wir sitzen an meinem Esstisch. Ich habe Pasta mit Ofentomaten für uns gemacht, nach einem Rezept von Josy. Das Versagen in New York steckt mir in den Knochen. Seit ich morgens den Marathon gesehen habe und am Rand stand, trotz Anmeldung nicht mitlaufen konnte, habe ich das Gefühl, als würde das Leben an mir vorbeiziehen. Als wäre ich nicht gut genug für … alles. Ich weiß gerade nicht so richtig, wohin mit mir.

»Spannend war es auf jeden Fall, vor zehn Jahren habe ich die Stadt geliebt. Aber gerade war es nicht die richtige Zeit und der richtige Ort für mich.«

»Alles in uns ist eben dauerhaft dabei, sich zu verändern.« Maja läuft durch meine Küche zum Kühlschrank, auf der Suche nach Nachschub von der Rhabarberschorle. Wir enden bei Leitungswasser.

»Ja, voll. Ich habe mal ein Buch gelesen, und ich habe es gehasst. Mir hat die Geschichte überhaupt nicht zugesagt, die Protagonisten waren mir zu leise, nicht tough genug, es war mir zu wenig laut und stark. Und dann habe ich das Buch drei Jahre später noch einmal gelesen, und plötzlich habe ich mich in jeder Zeile wiedergefunden. Ich habe es geliebt. Oder *Gut gegen Nordwind* zum Beispiel. Ich habe es vor fast sechs Jahren in Thailand am Strand verschlungen. Ich hatte schlimmen Liebeskummer. Am Ende habe ich Rotz und Wasser geheult. Letzten Sommer habe ich es noch einmal gelesen. Ich habe gar nichts mehr gefühlt. Auch bei der Fortsetzung nicht, ich wollte nicht, dass es weitergeht, dass es ein Ende hat. Dass die beiden sich wirklich kriegen. Ich habe die Fortsetzung bei der Hälfte wieder weggelegt. Alles in mir hat sich gegen diese abstrakte Geschichte gesträubt. Das Buch ist das Gleiche wie vor sechs Jahren. Ich bin anders.«

»Stimmt«, murmelt sie. »Habe ich auch schon erlebt, dass ich einen gleichen Stoff im Buch oder Film, einen Menschen, eine Situation, mit Abstand völlig anders betrachte.«

»Das heißt ja: Wir selbst sind die Tiefe. Das gilt so auch für meinen Trip nach New York und wie anders ich die Stadt dieses Mal wahrgenommen habe. Wir selbst sind die Tiefe, die wir anderen Dingen geben.« Maja und ich, wir geben unserem Leben gegenseitig mehr Tiefe. So viel steht fest.

Wir spiegeln uns in allem, denke ich später noch. Alles, was uns passiert, ist wie eine Vorlage, ein Vorschlag. Wir entscheiden, was davon zurückgeworfen wird. Wie wir reagieren, was uns gefällt, was uns nicht zusagt, das hat alles in keiner Weise mit dem, was wir vor uns haben, zu tun. Auch, wie ich mit dem Versagen umgehe, einen Marathon buchstäblich an mir vorbeiziehen zu lassen: Alles passiert in mir drin. Beschwingt verabschiede ich sie später am Abend und sehe sie durch unsere großen Fenster zur Tram gehen. Was wir uns in Dating-Apps aussuchen, was für Beziehungen wir mitmachen, welche Liebe wir für uns selbst haben und was wir uns selbst wert sind, ist ein Spiegel, überlege ich, als Maja längst aus dem Ausschnitt, den ich von der Straße sehe, verschwunden ist.

Ich habe New York noch nicht verarbeitet, und ich glaube, das wird noch eine ganze Weile brauchen. Allein diese Verletzung richtig auszukurieren, könnte eine Ewigkeit dauern. Aber ich fühle mich bereit, mir diese Zeit zu nehmen, die es braucht. Ich musste lernen, wie das ging, durch etwas durchzuarbeiten, statt es einfach nur zu vergessen, wie das funktionierte, Verletzungen auszukurieren. Nicht nur die in meinem Knie.

* * *

»Lu, hast du Zeit?« Milli klingt ein paar Abende später am Telefon völlig außer Atem. Eiskalte Luft strömt durch die offene Balkontür hinein. Es riecht noch nach dem goldenen Herbst, aber der Novemberwind ist eisig und ließ mich von meinem Lieblingsplatz auf dem Balkon schon nach drei Minuten und ein paar Mal hastigem Nippen am nur noch lauwarmen Tee schnell den Rückzug ins Innere antreten.

»Klar, hi. Schön, von dir zu hören.« Ich klemme mir mein Handy zwischen Ohr und Schulter und bewege mich in mein WG-Zimmer. Ich will später noch zu Nick und war gerade dabei, zu packen. Mein Essen aus dem Kühlschrank für uns heute Abend und meine Arbeit, die ich später bei ihm beenden wollte. Sie fragt nach New York, nach meiner Reise und dem Rückflug, ich erzähle von meinen Gewissensbissen, vom Gefühl des Versagens.

»Du bist nicht allein«, raunt sie, »ich fühle mich auch wie ein Versager. Ich dachte, ich habe den Dreh jetzt raus, achte auf mein Gefühl, nicht nur sein Äußeres, mache mir Gedanken – aber kriege es einfach nicht hin, ein gutes Date zu haben. Oder überhaupt erst einmal eine spannende Unterhaltung. Boah, wieso suchen die Verrückten sich ausgerechnet alle mich aus?«

»Wie meinst du das?«

»Ich kriege so viele komische Nachrichten, schlechte Anmachen, es kommt nicht einmal zu Dates. Wenn doch, suche ich sofort die Fehler: Schiefe Zähne, fehlende Zielstrebigkeit, ich grabe regelrecht danach. Finde ich nach einem interessanten

Treffen keine – dann werde ich geghostet. Egal wie, alles läuft ins Aus. Dieser Niklas, ein wirklich schönes Treffen aus der letzten Woche, meldet sich auch einfach nicht mehr. Wieso passiert das mir so? Bin ich die einzige, die dieses *Dating-Game* nicht auf die Reihe bekommt?«

»Neiiin«, erwidere ich und ziehe das Wort ewig in die Länge, »das klingt nach einer Pechsträhne, aber bitte glaub nicht, dass du damit alleine bist. Tausend andere Frauen und Männer hadern mit so etwas gerade ebenso. Etwas, was dir passiert, passiert nie *nur* dir. Das gilt für alles im Leben.« Ich glaube, es ist ganz gefährlich, dass wir manchmal vergessen, unser Leben zu abstrahieren und das große Ganze um uns herum zu sehen.

»Weißt du was, egal, was dir passiert. Egal, ob du betrogen wirst, ob du auf der Straße ausrutscht oder dein Bus auf dem Weg zur Arbeit im Stau feststeckt. Es gibt immer tausend Leute, denen exakt in der gleichen Sekunde genau das Gleiche passiert. Das macht deine Situation nicht unbedingt besser, ich weiß. Aber das ist ein Gedanke, ein Gefühl, das mir immer wieder Gänsehaut bereitet. Egal, was mir passiert, egal was«, die letzten Wörter betone ich besonders intensiv, »irgendwo sind Menschen, denen es genauso geht. Ich finde das so tröstlich, so warm irgendwie. Der Gedanke vom großen Ganzen. Ich fühle mich zwischen diesen tausenden fiktiven Menschen, die gerade mit mir weinen, mit mir versagen, die so weit weg und doch in der exakt gleichen blöden Situation sind, aufgehoben. Ja, ich fühle mich aufgehoben. Umarmt und geborgen.«

Ich höre, wie sie anfängt zu weinen, aber still, fast unbemerkt. Ich würde sie gerne in den Arm nehmen, aber uns trennt mehr als eine Armlänge, eher der Graben zwischen zwei Großstädten.

»Man denkt immer, alle haben einen Plan, und nur man selbst hätte die Gebrauchsanweisung fürs Leben nicht bekommen. Aber: Keiner hat eine Ahnung, was er da eigentlich tut«, sage ich noch.

»Wie schaffst du das?«, fragt Milli mich. »Du wirkst immer so gleichgültig, irgendwie gelangweilt, als würde alles an dir abprallen wie an Teflon. Manchmal bist du abwesend, und ich frage mich, ob du überhaupt zuhörst. Aber dann schaffst du es doch, in der richtigen Situation etwas zu sagen, das einen umhaut. Das mit dem großen Ganzen ist so wahr. Manchmal weiß man gar nicht, mit wem man gerade in Ereignissen und Gedanken verbunden ist. Danke, du hast meinen Tag wirklich gerade gerettet.« Und sie meinen. Mit genau diesen Worten. Manchmal sind wir schwach, manchmal können wir für jemand anderes stark sein. Ich lernte von Janne und saugte ihre selbstlose Liebe auf, von meiner Schwester, wie sie die Welt klar sah, während ich meinerseits Milli mitreißen und bestärken konnte.

Jeder trauert wegen etwas anderem, rufe ich mir meine innerliche Notiz aus dem Juli, aus Paris, in Erinnerung und verbinde sie mit meinem Schmerz in New York. Vielleicht bedeuteten mir Dates und geghostet zu werden nicht so viel, aber vielleicht war das, was ich mir nicht erfüllen konnte, dieser Marathon, eben meine Baustelle. Vielleicht war es auch ignorant von mir, festzulegen, dass jeder das Alleinsein genießen sollte, während es für jemand anderen das größte Grauen sein könnte, nur weil es für mich inspirierend und leicht war. Vielleicht war das so, als würde jemand zu mir sagen: Dann kannst du eben nicht mehr laufen gehen, komm darüber hinweg. Obwohl es mein Leben war; alles, was mich ausmachte.

Ich abstrahiere in Gedanken weiter, während Milli mir von Niklas erzählt. Für die einen war das Alleinreisen nichts, für mich waren WGs nichts. Ich musste dringend ausziehen.

Am Anfang war ich noch überzeugt, dass das WG-Leben mir guttat, weil es mich herausholte aus meiner selbst gewählten Einsamkeit. Inzwischen war ich zu dem Schluss gekommen, dass mein Einigeln völlig okay ist, wenn es mich glücklich macht. Ich bin eben so, kein Grund, das durch externe Faktoren zu ändern. Nicht immer ging es uns besser, wenn wir uns zwangen, die eigene Komfortzone auf Teufel komm raus zu verlassen.

Ich konnte mich nicht rund um die Uhr mit Menschen befassen, für die ich keine romantischen Gefühle hege. Alles darüber hinaus war für mich wie ein Eindringling in meinem persönlichen Raum, ein Zustand, in dem ich mich nie so ganz entspannen konnte. Andere Menschen, andere Baustellen. Mit meinen Mustern wollte ich mich endlich auseinandersetzen.

Vielleicht war es eine Lüge zu behaupten, nach nichts gesucht zu haben. Vielleicht sehnten wir uns alle mehr nach Liebe, als wir zugaben. Nicht nur Milli, sondern auch ich. Vielleicht suchte ich ja doch, nur unbewusst. Eben immer das, was in das jeweilige Kapitel passte. Ungezwungene Abenteuer statt einer festen Beziehung zu forcieren, war dennoch eine klar definierte Suche mit groben Eckpunkten an Vorstellungen, eine konkrete Erwartung.

»Ich lese gerade ein spannendes Buch über unser inneres Kind«, erzähle ich Milli noch. »Da geht es darum, dass die Dinge, die wir in den ersten sechs Lebensjahren erleben, uns nachhaltig prägen, auch ohne, dass wir das wollen. Und dass wir diese Muster immer weiter mit uns herumschleppen.« Eine Theorie besagt, dass wir in unseren Beziehungen so lange Reibung provozieren, bis sie in die Brüche gehen, um die früh erlernten Gefühle von Einsamkeit und Verlassenwerden wieder zu fühlen. Oder dass wir uns nie tief einlassen, weil wir abgespeichert haben, dass die Suche nach Verbundenheit mit Schmerz oder Enttäuschungen einhergeht. Von der fühlte ich mich getroffen.

»Klingt interessant. Ich kann mich an die Jahre nicht erinnern«, sagt sie. Unsere gemeinsame Freundin Josy kommt aus einer Bilderbuch-Familie, so wie Nick. Milli dagegen hat ihren Vater nie kennengelernt. Spiegeln wir selbst in unseren Beziehungen immer das, was wir von unseren Eltern mitbekamen, was wir über die Liebe wissen und glauben, verdient zu haben, abgespeichert im Unterbewusstsein wie eine VHS-Kassette vergangener Zeiten, für die es heute keinen Player mehr gab?

»Glaubst du, dass es Timing gibt?«, fragt sie mich noch.

»Kann man den richtigen Menschen zur falschen Zeit treffen?«, frage ich zurück. »Ich denke nicht, dass es Timing gibt – letztlich sind Nick und ich beieinandergeblieben, obwohl es für mich nicht der richtige Zeitpunkt war.«

»Klar gibt es Timing«, befindet Nick später, als ich bei ihm bin. »Es hat doch gepasst. Wir waren beide Single. Super Timing. Vielleicht redest du dir das mit ›neu in Berlin‹ nur ein und eigentlich war es der perfekte Zeitpunkt?«

»Vielleicht auch das. Vielleicht ist das wie Schicksal, Gott oder Zufall, einfach eine Glaubensfrage. Und du findest für alles deine Beweise und Gründe und du hast am Ende mit deiner Begründung immer recht.«

»Schlechtes Timing wäre eine Woche, bevor du ins Ausland gehst. Schlechtes wäre, gerade einen Verlust zu verarbeiten und sich zu verschließen. Alles andere redet man sich nur ein. Wenn man es will, passt es immer.«

»Also glaubst du doch nicht dran.«

»Naja, ja und nein.« Er lacht. »Die beste Zeit ist jetzt.«

Grönland

Es ist mein 28. Geburtstag, und wie eigentlich jeden Morgen wache ich mit meinem Gesicht nahe vor dem von Nick auf, der meist noch schläft, wenn ich die Augen aufschlage. Heute ist er wach und blinzelt mich aufgeregt an.

»Du hast heute Geburtstag, schöne Frau«, ruft er dann, einen Tick zu laut dafür, wie nah ich vor ihm liege.

»Ja stimmt, jetzt, wo du es sagst. Da war ja was«, entgegne ich in leise und kuschle mich näher an ihn ran. Aber er ist schon dabei, aus dem warmen Bett zu springen, um uns Kaffee zu machen. Eine gefühlte Ewigkeit später kommt er wieder und breitet zwischen uns im Bett neben unseren dampfenden Tassen drei verpackte Geschenke aus.

»Ich habe mir überlegt, worüber du dich wirklich freuen würdest«, fängt er an, als würde er eine Rede halten wollen.

»Habe ich dir doch gesagt.« Ich hatte ihm ins Gewissen geredet, dass ich nichts Materielles haben wollte, dass wir eh alle zu viel besäßen, und dass es viel schöner sei, gemeinsam etwas zu unternehmen, auf Konzerte zu gehen, sich gegenseitig Playlisten anzulegen, Fotoalben zu basteln oder dem anderen einen Baum zu pflanzen und zum Geburtstag zu schenken. Falls er mir denn überhaupt etwas schenken wollte, davon ging ich nicht einmal aus.

»Nee warte«, unterbricht er mich und meine Gedanken. »Ich wollte dir Zeit schenken, ja, das hattest du dir gewünscht, eine Unternehmung zusammen oder so was. Aber die schenken wir uns eh immer, und dann ist mir noch etwas eingefallen. Das hier ist so viel besser.« Er klopft auf eines der drei Pakete vor sich. Sie sind in altes Zeitungspapier eingewickelt und mit Kordeln zusammengeschnürt. Ich reiße das größte auf, das, auf das er gezeigt hat. Eine schwarze Masse Stoff kommt mir entgegen, und ich fange an zu lachen.

»Socken?«

»Ja, du hast nie welche und klaust die immer aus meinem Schrank. Wenn du eines tatsächlich brauchst, dann sind es Socken. Du schläfst sogar mit denen«, äußert er verblüfft.

»Ja, klar.« Warum sollte man auch nicht mit Socken schlafen? Ohne würde ich nachts erfrieren. »Danke, das ist aufmerksam«, bemerke ich dankbar, »aber du weißt, dass du mir nichts schenken musst, ja? Ich hätte mich auch einfach über ein selbst gekochtes Abendessen und deine Zeit gefreut.« Socken. Dieser Mann macht mich fertig.

»Ich wollte aber. Also lass mich machen«, grinst er schelmisch.

»Okay. Und welches Paket jetzt?« Ich fühle mich liebevoll gemaßregelt.

»Welches du magst.«

Vor ein paar Wochen hatte Nick gefragt, was ich zu meinem Geburtstag vorhabe, ob ich mir etwas wünsche, aber ich hatte wie jedes Jahr geantwortet, dass ich keine Wünsche habe, nicht groß feiern und höchstens abends schön essen gehen möchte. Ich hatte irgendwann beschlossen, dass es besser für meinen Seelenfrieden ist, einen Geburtstag ganz ohne Erwartungen anzugehen. An meinem 27. Geburtstag hatte ich siebzehn Stunden verkatert in Tulum geschlafen und den restlichen Tag meinen Mageninhalt zusammen mit einer Flasche Tequila in ein mexikanisches Hostel-Klo verabschiedet, bemitleidet von Janne, die (unfair!) kein Hangover vom Vortag hatte. Dafür hatte sie einen an ihrem Geburtstag zwei Wochen später auf Holbox. Während es mir fabelhaft ging und ich den Tag damit verbrachte, über die autofreie Insel zu schlendern, lag sie zusammengekrümmt auf einer Strandliege im Schatten. Tequila kann fies sein. Meinen

24. Geburtstag noch einmal drei Jahre zuvor – den hatte ich ganz allein verbracht, frisch getrennt aus einer unglücklichen Beziehung, die mir jede Lebensenergie und jeden klaren Gedanken geraubt hatte. Allein, aber nicht einsam lief ich damals stundenlang mit meinem gerade adoptierten Hundewelpen durchs kalte Hamburg, dachte über mein Leben nach, und nahm mir Dinge für das nächste Lebensjahr vor. Ich versuchte, die Traurigkeit zuzulassen und in jede Ecke in mich hineinzufühlen, innerlich abzuklopfen, wie es mir wirklich ging.

Es ist nicht jedes Jahr die ausschweifende Feier mit dem Freundeskreis, abgesehen davon, dass ich eh nur ein paar sehr wenige gute Freunde habe. Manchmal ist es auch etwas ganz anderes, das man am eigenen Geburtstag braucht. Letztes Jahr war das Schlaf. Vor vier Jahren war es das Alleinsein. Auch dieses Jahr erwarte ich nichts und freue mich auf einen schönen Tag in Berlin, essen gehen, durch einen Park spazieren, dick eingemummelt. Weil es mir unangenehm ist, dass ich heute so im Mittelpunkt stehe, senke ich verlegen den Blick auf die zwei verbliebenen Geschenke in meinen Händen.

Das eine fühlt sich nach einem Buch an, vielleicht eine Empfehlung von ihm, was ich mal lesen sollte. Ich persönlich finde, dass Bücher neben Zeit und Unternehmungen das schönste Geschenk sind. In dementsprechender Geschwindigkeit reiße ich auf und halte – ein in festem braunem Stoff eingebundenes Buch in der Hand. Als ich es aufschlage, sehe ich zuerst ein Polaroid-Bild und dann eine Notiz daneben. Handschriftlich, mit blauem Füller, auf einer knisternden Seite.

Ich schlage das Notizbuch wieder zu und blicke auf, direkt in seine dunklen Augen.

»Was ist das hier?«, frage ich. Ich wollte einen Rahmen, eine Erklärung haben, bevor ich mich darin verlor.

»Du hast mal zu mir gesagt, dass du meine Gedichte magst. Oder das, was ich dir schreibe. Kannst du dich noch an den

Moment an der Seine erinnern? Die paar Zeilen über dich, als du gemalt wurdest. Solche Notizen und Gedichte habe ich viele.« Mir stockt kurz der Atem.

»Das sind selbst geschriebene Gedichte?«

»Ja, selbst geschriebene Gedichte«, antwortet Nick geduldig.

»Ein ganzes Buch voll? Voller Gedichte?«, frage ich noch einmal, als wäre ich schwer von Begriff.

»Ja.«

»Wann hast du das denn geschrieben?«

»Die letzten Monate. Seit Paris. In meinen Mittagspausen. Mit Füller schreibt es sich so langsam.«

»Wow.« Mir läuft ein Schauer den Rücken herunter, weil ich so gerührt bin. Ich schlage die erste Seite auf. Während er uns Frühstück macht, tauche ich zwischen meinen Kissen und der Kingsize-Bettdecke, zwischen warmem Hundefell und dem Regen auf der Terrasse vor meinem Schlafzimmerfenster in seine Worte ein. In das Gedicht an der Seine auf der ersten Seite und den letzten Satz, der mir Gänsehaut machte: *Kommen sah ich es nie.*

Ich blättere weiter:

Grönland

Türkis, das Wasser,
wo ewiges Eis sich zäh
als Masse ins Meer ergießt.
Wie weiße Tupfer
schimmern Eisschollen
im weiten Atlantik-Blau.

Die Massen knarzen und ächzen,
unter all der Last und all dem Wissen.
All dem, was wir ihnen aufbürden.

Und von oben wirkt es
wie nur ein kleiner Marsch,
bis in die unendliche Stille.
Die Schneewüste,
die jeden Schall schluckt.

Was niemand malen kann,
so schön zu sehn,
hoffentlich lassen wir es nicht vergehen.

Ich schlucke, blättere, verliere mich und tauche zu Croissants und Kuchen im Bett wieder auf.

»Und wofür ist der Schlüssel?« Ich hatte das letzte, das kleinste Paket aufgerissen. Heraus fiel ein Schlüssel an einem silbernen Ring.

»Für das Grundstück in Brandenburg. Genauer gesagt für das Tor.«

»Oh.«

»Jetzt kannst du alles aufschließen.«

»Oh.«

Nick fährt inzwischen jedes Wochenende ein paar Stunden zur Scheune raus und begeht die Baustelle mit Gutachtern, stellt Container auf, lässt das Dach und die Konstruktion einschätzen oder den unteren Teil fachmännisch abstemmen, weil sich Salpeter in die Mauern gefressen hat. Ich bin oft gemeinsam mit ihm da oder werde von ihm via Videotelefonat auf dem Laufenden gehalten. Mit all seinem Enthusiasmus, das Leben anzupacken, gibt er mir eine neue Dimension von Glück.

Er hatte mich vor zwei Monaten verpflichtet, ihn ab und zu zu seinen Salsa- oder Bachata-Abenden zu begleiten, und als ich erst einmal meine Hemmungen verloren hatte, fing es in der großen Runde an Menschen sogar an, mir Spaß zu machen. Um unsere Technik zu verfeinern hatte Nick eine private Salsa-Stunde gebucht. Mein Knie pocht, als wir uns auf den Weg in die kleine, ebenerdige Tanzschule machen. Wir drehen uns auf Anweisung des Tanzlehrers, und ich stolpere immer wieder über meine Füße. Nick hat mich und unsere Bewegungen währenddessen selbstsicher und fest im Griff. Ich tappe unsicher herum, und das hier könnte nicht besser für die Punkte stehen, an denen wir uns gerade im Leben befinden. Ich kriege die Tanzschritte nicht hin, mein Knie zittert, der Schmerz wird wieder unerträglich. Ich realisiere, dass ich auch das aufgeben muss. Ich breche in Tränen aus, Nick zieht mich aus der Tanzschule.

»Ist es schlimm, dass ich immer mal wieder in ein Tief rutsche, wie jetzt seit dem Marathon, oder eher schon seit meinem Umknicken im Oktober?«, frage ich ihn am selben Abend, als wir zurück in seiner Wohnung sind.

»Nee, wieso?«, kommt von Nick unbedarft zurück. Er kocht gerade eine späte Portion Pasta für uns.

»Na ich dachte, das nervt. Mich nervt es.«

»Du bist süß. Ich finde es eher liebenswert. Das zeigt doch, dass du dein Handeln reflektierst. Auf den Prüfstand stellst, und nicht blind deine Zeit auf dieser Welt abarbeitest. Zweifel sind okay.«

»Süß?«, schnappe ich den ersten Satz seiner Erklärung auf.

»Ja, ich find dich süß«, lacht er und zerrt an mir, damit ich auf seinen Schoß falle und wir in seine gemütlichen Küchenstühle sinken. Er hält mich fest, damit ich nicht mehr abhauen kann, und kichert.

»Nick, das ist nicht hilfreich«, fluche ich halbernst und muss dann auch lachen. Er schaffte es immer wieder, dass mir leichter ums Herz wurde. Ich frage mich wirklich, wo er das gelernt hat.

»Nein hör mal, es ist doch völlig legitim, mal seine Zeit zu brauchen.« Er hält mich fest in seiner Umklammerung. Sein inniger Körperkontakt ist mit das Beste an ihm. Nachts ist er so was wie ein Rucksack, eine menschliche Zwangsjacke. Egal, was am Tag war, seine Nähe bringt meinen Puls sofort runter und mich in eine Art Trance. Nick ist warm, wie jemand, der sich immer im Sommer befindet. Sein Körper glüht das ganze Jahr. Mit all meinen eiskalten Unsicherheiten wärme ich mich an ihm.

»Mir wurde heute, nach der Absage einer Kooperationsanfrage, per E-Mail abschließend ein ›guter Jahresendspurt‹ gewünscht. Und ich habe mich kurz gefragt: Wo rennen wir denn hin? Ich ja sowieso gerade gar nicht, aber generell …«, ich befreie mich aus seinem Griff, um die Nudeln abzugießen.

»Eine Floskel, die viele benutzen, um das Ende des Jahres rumzukriegen. Weil sich kurz vor der Weihnachtszeit alles noch mal staut.«

»Trotzdem spurten? Das klingt für mich falsch, um ein Jahr zu beenden. Ein Jahr zu beenden ist für mich etwas Ruhiges, Meditatives, Reflektiertes.«

»Ja, gefällt mir so auch viel besser.«

»Was ist dieses Jahr für dich in drei Worten?«, frage ich ihn. Ich sehe, wie er überlegt, und komme ihm zuvor. »Also für mich ist das: Nick, Nachdenken, Weltschmerz.«

»Echt? Wow, das klingt so … traurig. War das Jahr so?«

»Nein, aber das mit meinem Knie, das Ende vom Laufen, und ich habe mir viele Gedanken gemacht. Viel gegrübelt. Sobald ich in Sicherheit bin, lasse ich mich fallen – und dann kommen alle unterdrückten Erlebnisse wieder hoch. Du gräbst sie aus und gehst unter meine Oberfläche. Das letzte Jahr war da ganz anders, das war für mich: Liebeskummer, Freiheit, Abenteuer. Leichter, aber auch oberflächlicher. Dieses, das war tiefer. Ich denk noch mal darüber nach. Vielleicht fallen mir noch bessere Worte ein.«

»Meine sind positiver und gleichzeitig tief. Für mich bist dieses Jahr Du.«

Süße Spontantreffen

»Hast du das mit Marlene gehört?«, fragt meine Mama mich am Telefon. Wir reden jeden Sonntag siebzehn Uhr miteinander über unsere Woche. Von Marlene habe ich seit unserem merkwürdigen Zusammentreffen auf einen zufälligen Kaffee nichts mehr persönlich gehört. Zeitweise verrannte ich mich so sehr in der Größe dieser Stadt, dass es mir gar nicht auffiel, von jemandem einige Monate nichts zu hören. Jeder ist in seinem eigenen Alltag gefangen, wie in einem Rausch.

»Nein, was ist denn mit ihr?«

»Ich habe ihre Mutter letztens beim Zahnarzt am Markt getroffen. Inge, die war ganz schön bestürzt. Marlene hat einen älteren Mann kennengelernt, wie hieß der noch, da komme ich jetzt nicht drauf. Der hat ihr wohl ganz böse mitgespielt. Es scheint ihr wirklich nicht gut zu gehen, vielleicht solltest du mal bei ihr vorbeischauen.«

»Heißt der Jasper?«, entfährt es mir.

»Was?« Meine Mutter scheint kurzfristig aus dem Konzept gebracht zu sein. »Nein, ich hab's jetzt, Rudolf.«

»Was meinen wir mit älter?«

»Zwanzig, dreißig Jahre, was weiß ich, geh doch einfach mal vorbei.« Ich kann mir vorstellen, wie sie am anderen Ende der Leitung unwirsch mit einer Hand durch die Luft wedelt, so wie immer, wenn ihr etwas zu langsam ging.

»Wir haben nicht so ein inniges Verhältnis zueinander, als dass ich einfach bei ihr vor der Tür stehen könnte, Mama«, kommentiere ich ihren Vorschlag. »Man geht nicht einfach irgendwo vorbei. Das könnte doch unpassend sein.« Ich habe Berührungsängste, bei anderen ungefragt aufzutauchen, über die ich selbst bestürzt bin. Und vielleicht zeigte das die Tücken der Digitalisierung und unsere daraus entstehende emotionale Distanz zueinander am besten: Wir waren keine Generation mehr, die den anderen höchstens über eine Festnetznummer aus dem Telefonbuch oder ein Läuten der Klingel erreichten. Wir tippten ein lachendes Gesicht in ein Textfeld, ohne dabei eine Miene zu verziehen. Wir hatten die Möglichkeit, uns über digitale Kontakte vorher beieinander anzukündigen, die wir auch nutzten – um uns zeitweilen dahinter zu verstecken und unsere theoretisch allzeit bestehende Verbundenheit wie eine Mauer zwischen uns zu errichten.

Es ist das zweite Mal, dass ich etwas von Marlene in einem für sie ungewohnten Kontext erfahre. Vielleicht sollte ich mich wirklich einmal melden.

»Aber ihr wart doch früher in der Schule so eng, fast unzertrennlich. Das kann ich mir gar nicht vorstellen, wieso ihr in der gleichen Stadt wohnen solltet, ohne Freundinnen zu sein.«

»Wir haben uns in verschiedene Richtungen entwickelt.«

»Sie ist doch ein ganz liebes Mädchen.« Ihre Stimme ist ganz ernst. Im Hintergrund prustet meine Schwester lachend los. Ich ignoriere beide.

»Was ist denn mit Marlene? Und dem älteren Mann?«, frage ich.

»Naja, das musst du sie selbst fragen, da sind wohl schlimme Dinge passiert.« Schlimme Dinge?, frage ich mich. Reden wir davon, dass er sie nach dem dritten Date nicht mehr zurückgerufen hat, reden wir von der Aufdeckung eines Heiratsschwindlers oder reden wir davon, dass er ihr die Reifen vom Auto zerstochen hat? Oder hatte er kein ›echtes Interesse‹ für sie, fragte er sie nicht das, was sie gefragt werden wollte, so wie ich?

Gepeinigt von einem schlechten Gewissen schreibe ich Marlene und frage, wie es ihr geht, ob ich irgendwie für sie da sein kann und ob sie Lust auf ein Wiedersehen hat. Meine neue Kontaktaufnahme bereue ich schon, als wir im *Sorsi e Morsi* gerade den Wein ins Glas eingeschenkt bekommen.

Wir tauschen uns aus, und sie wirkt offen und entspannt. Einen Rudolf oder Jasper hat sie bislang noch nicht angeschnitten, also erzähle ich ihr von meinem ersten Jahr in Berlin. Das lässt die Stimmung aus mir unerfindlichen Gründen kippen. Wir hangeln uns entlang am dünnen Band einer Freundschaft, das längst zerrissen ist. In diesem Moment fallen wir ins Bodenlose.

»Du hast doch gar keine Ahnung, wie es in Berlin wirklich ist, wenn du in deiner versnobten Drei-Zimmer-Wohnung in Hipster-Prenzlauer Berg sitzt und über eine ganze Stadt urteilst, obwohl du das richtige Berlin nie erlebt hast«, blafft sie mich an.

»Was?«, frage ich und lache leicht irritiert. »Ich wohn in einer WG«, versuche ich in einem ruhigen Tonfall richtigzustellen. Weil es schlicht falsch wäre, es so hinzustellen, als hätte ich drei Zimmer für mich. »Was ist denn das richtige Berlin?«

»Plattenbauten, Dreck, Armut. Großstadt, kein Anschluss, zu viele Menschen.« Ein Schwall negativer Assoziationen purzelt aus ihr heraus.

»Darf nicht jeder ›sein‹ richtiges Berlin haben? Muss, nur weil du einen anderen Eindruck der Stadt hast, das auch zwingend meine Wahrnehmung sein?« Sie schnaubt, aber ich lasse mich nicht beirren. »Du kannst es stickig finden, ich finde es vielleicht melancholisch, der nächste motivierend und der vierte dreckig. Meine Sicht ist nicht objektiv allwissend, und deine auch nicht. Jeder hat da seinen eigenen kleinen Kosmos, in dem er sich dreht. Jeder macht etwas Eigenes aus der Stadt. Du hast immer die Wahl.«

Rudolf war ein verheirateter Mann, so erfuhr ich noch, der sich für sie trennte, um ein paar Monate später wieder zu seiner Frau und Familie zurückzugehen. Aus dem Treffen gehe ich mit dem gleichen ausgesaugten Gefühl heraus, wie aus den zwei Kaffeedates im Juni. Ich will ihr Liebe, Wärme, Zuversicht oder Zufriedenheit abgeben, aber nichts davon kommt bei ihr an. Meine Versuche, eine gute Freundin zu sein, scheinen bei ihr aussichtslos. Ich bin kaputt und schlafe direkt ein.

Gefühlt so lange, bis sie mich fragt, was ich am Freitagabend mache, sie hätte eine Einladung für eine Restauranteröffnung, und ob wir nächste Woche wieder etwas trinken gehen. Ich habe Freitagabend und nächste Woche bisher nichts vor – aber die Treffen mit ihr ziehen mich derartig runter, dass mir allein ihre unschuldige Nachricht, die auf meinem Sperrbildschirm aufblinkt, das Herz in die Hose rutschen lässt. Wie ich Dates höflich beende, anstatt zu ghosten, das hatte ich gelernt. Aber wie macht man mit einer Freundin ›Schluss‹? Im Angesicht ihrer Hartnäckigkeit und unserer zwanzig Jahre währenden Bekanntschaft wusste ich, dass mich einfach nicht mehr zu melden keine Option ist. Auch für Ausreden habe ich keine Kraft. Ich mag keine Notlügen, weil ich sie mir eh nicht merken kann und mich am Ende nur in Widersprüche verstricke. Ich sage nichts oder ich sage die Wahrheit, für mich gab es nur diese zwei Optionen.

»Meines Empfindens nach sind wir derzeit nicht kompatibel. Ich denke, wir sollten es hierbei belassen«, tippe ich und schlage ihre Einladung damit aus.

»Dein scheiß Ernst? Ich hätte wirklich jemanden gebraucht. Muss es immer nur nach dir gehen? Das ist ultra asozial!«, fegt ihre Antwort die angepeilte Höflichkeit und mir die Sprache weg. Unsere Intuition ist etwas Verrücktes. Denn, wenn wir ehrlich zu uns sind – sie ist immer da. Eigentlich treffen wir keine Entscheidung ohne sie. Nur dass wir nicht immer sofort auf sie hören.

Sie entschuldigt sich im Anschluss eher halbherzig bei mir. »Ich kann halt nicht aus meiner Haut. Wenn ich einmal in die Luft gehe, ist mein Tag gelaufen, dann bleibe ich wütend.« Ich lese die Nachricht nur in der Vorschau und mache mein Handy aus. Es war alles gesagt. Sie kommunizierte weiter.

Als ich Marlene kennenlernte, war ich jung, wir kamen gerade in die siebente Klasse. Zwei ›Streber‹, wie Nick es nannte, gut und gerne in der Schule. Wir wurden Freundinnen – oder Konkurrentinnen. Schon als wir uns das erste Mal in der Schule sahen, hatte ich ein mulmiges Gefühl. Wie so ein Gedanke, der zu mir durchdringen wollte, bevor ich ihn beiseite wischte. Den, dass sie mir nichts Gutes wollte.

Genau diese erste Intuition hatte ich öfter – bei diesem Mann, der sich als der ultimative Fuckboy herausstellte, bei dem Mädel, das so nett schien, und bei der Begegnung mit ihm, der mein Vertrauen gewinnen wollte. Damals. Personen, mit denen sich das Leben teilweise unfassbar schön anfühlte. Aber bei allen hatte ich von Anfang an einen Stein in der Magengrube. Der sich gar nicht schwer anfühlte. Vielmehr wie unangenehm betrunken. Ein paar Pointen, die auf die eigenen Kosten gehen, fiese Spitzen, fehlender Respekt. Ach, das meint *sie* nicht so. *Er* ist halt so. Es weglächeln. Das Leben in kleinen Shots trinken, die nach Apfelschorle schmecken. Wenn man sich mulmig fühlt, aber sich nicht erklären kann, woher das jetzt kommt. Aber alles gut ist, solange, bis man am nächsten Morgen mit dem übelsten Hangover seines Lebens aufwacht. Und sich fragt, wie man so blöd sein konnte, die Zeichen zu ignorieren.

Weil man seinen Instinkt, das eigene Unterbewusstsein ausblendet. Ich glaube, das machen wir öfter, als uns eigentlich klar ist. Dass wir den Fehlkauf eigentlich schon bemerken, wenn wir noch bei ZARA an der Kasse stehen. Dass wir im Restaurant schon vorm Bestellen wissen, dass es nicht schmecken wird – wir uns aber nicht trauen, wieder aufzustehen und zu gehen. Dass wir viel zu selten auf uns hören, und dann auch handeln. Weil wir zu bequem sind, zu lethargisch, oder einfach helfen wollen. Nicht im Stich lassen wollen, sondern zur Seite stehen, wenn es schwierig wird und das Leben sich verzweigt. Bis wir gefangen sind.

»Viele Menschen meckern gerne und suchen einen Schuldigen für die eigene Situation. Du wirst niemals jemandem helfen können, der kein Problem sieht. Der mit sich gut ist.«

»Ist das eine Freundschaft, an der dir etwas liegt? Also so wirklich?«

»Puh, wird ja Zeit …«

… antworten mir meine Freundinnen in den darauffolgenden Tagen.

»Kann man jetzt gar nichts mehr sagen, oder was? Du nimmst dich echt zu wichtig.« Das ist Marlenes Antwort, als ich sie via Nachricht darauf hinweise, wie ich mich bei unserem Gespräch gefühlt habe. Eine Nachricht, die mich allen Mut gekostet hatte. Ich hätte es längst gut sein lassen, aber sie lässt nicht locker.

Auf einmal sehe ich die Situation mit ihr ganz klar. Als würde sich grauer Nebelschleier lichten. Ich sehe die verletzenden Sticheleien, die von ihr für gewöhnlich mit ›lach doch mal‹, ›du hast ja gar keinen Humor mehr‹ oder ›was stellst du dich so an‹ quittiert wurden.

Ja, vielleicht tue ich das. Vielleicht nehme ich mich zu wichtig. Ich nehme mich so wichtig, wie es nur möglich ist. Und ich selbst entscheide, wo meine Grenze ist, was ich nicht mehr spaßig finde, auf welchen Umgang in Freundschaften ich Wert lege. Marlene ist für mich nur noch ein Schatten aus der Vergangenheit, nichts, was mein Jetzt verzaubert, glücklicher macht. Manchmal muss man loslassen, um die Hände frei zu haben, um neue Abenteuer zu umarmen. Die Liebe in mein Leben zu lassen heißt auch, so eine Situation, die ich bisher durch Schweigen geschehen lassen habe, der ich, wenn auch nur alle paar Monate, ausgeliefert war, zu unterbinden. Bis hierhin und nicht weiter.

Ich fühle mich, als würde ich all diesen Ballast abschütteln und endlich meinem Bauchgefühl vertrauen. Meine Gedanken haben eine solche Kraft, ich bin überwältigt von ihnen, von ihrer Klarheit und der Liebe, die sie mitbringen. Als ich später darüber nachdenke und durch meine Notizbücher aus den vergangenen Jahren blättere, finde ich einen vier Jahre alten Text, den ich aus einer anderen Situation heraus geschrieben habe. Ein bisschen liest er sich wie ein Motivationsgespräch an mich selbst, um loszulassen. Er trägt den Titel »Such dir die Schlachten, die du kämpfst, weise aus«.

Du musst verstehen: Du bist nicht dazu da, anderen Menschen zu erklären, wie ihr Leben funktioniert – auch wenn du aus ihnen lesen kannst wie aus einem Buch, Zusammenhänge erkennst, die sie übersehen. Du kannst Tipps geben. Hinweise. Versuchen zu helfen. Aber du wirst niemals ein fremdes Steuer in die Hand nehmen können. Und selbst wenn andere Menschen zu dir sagen, dass sie gerade einen Fehler begehen, dass sie das hier alles nicht wollen, müssen sie selbst aussteigen. Du kannst nichts tun, außer Anmerkungen machen, die eh nicht gehört werden, und irgendwann nur noch mitleidig mit den Schultern zucken. Genauso, wie du für dein eigenes Glück verantwortlich bist, ist das auch jeder andere.
Du musst wissen: Manchmal musst du einfach rausspringen, bevor jemand einen Unfall baut. Weil du manchmal nichts mehr ändern kannst. Manchmal müssen dir Menschen egal werden, obwohl sie es nicht sind – weil du ihnen längst egal bist. Reinhängen ist gut. Zu sehr reinhängen kann dir jegliche Lebensenergie aussaugen. Das hier ist Selbstschutz. Lass dich nicht ausnutzen. Beschließe, dass du etwas Besseres verdient hast – auch wenn dein Kopf überzeugter ist als dein Herz. Du hast nicht auf jedem Schlachtfeld etwas zu suchen, musst nicht auf jeder Hochzeit tanzen, während alle anderen längst gegangen sind.
Du hast so viele Pläne: Verfolge sie, statt jemand anderem zu erklären, was er will und welchen Plänen er nachgehen sollte. Das wird nie Früchte tragen. Du hast so viele Selbsterkenntnisse – lass auch andere Menschen solche haben. Allein. Ohne dich.
Lass andere Fehler machen, die auch du einmal gemacht hast. Lass andere Menschen das erkennen, was du längst erkannt hast. Allein. Ohne dich.
Am Ende des Tages musst du vor dem Spiegel und hinter deinen eigenen Taten stehen. Einen Menschen sehen, der für seine eigenen Erkenntnisse, Pläne und Taten einsteht. Der sich nichts vorzuwerfen hat. Nichts zu bereuen. Der keine fremden Schlachten gekämpft hat – sondern nur deine eigenen.

Aufhören zu kämpfen ist keinesfalls ein Zeichen von Schwäche, sondern vielmehr von Selbstachtung. Manchmal ist ein Weg nicht für dich gemacht. Was nicht bedeutet, dass ihn jemals zu gehen, umsonst war – sondern dass du deine Erfahrungen einpacken, schultern und gehen solltest, wenn es an der Zeit ist, neu zu beginnen. Auch wenn du nicht neu beginnen willst. Mach es trotzdem. Immer und immer und immer wieder. Und wieder.

* * *

Auf dem Weg zu meiner Lesung in Stuttgart setzt sich auf halber Strecke ein Wandergeselle mir im Zug gegenüber. Beim Versuch, seinen Seesack oben in die Fächer zu hechten, fegt er fast meinen Laptop vom Tisch.

»Was machst du da?«, fragt er mich mit der Neugier eines Kindes, nachdem er sich gesetzt hat. Es macht den Anschein, als wäre er zu einem längeren Gespräch aufgelegt. Kurz muss ich meinen Impuls unterdrücken, genervt mit den Augen zu rollen und mir innerlich vorzubeten, was ich auf der Zugfahrt gerade noch machen und schaffen wollte. Die Lesung heute Abend vorbereiten, alle E-Mails in meinem Posteingang priorisieren und mich zurückmelden, mir Notizen für einen Vortrag in der nächsten Woche machen. Höflich antworte ich in einsilbigen Sätzen, aber er lässt nicht locker. Ich muss mich zwingen, offen für diese Situation zu bleiben und sie unvoreingenommen anzugehen, etwas, das mir sonst leichtfällt.

Im Vierer neben uns diskutiert ein Ehepaar um die siebzig hitzig über Jens Spahn. Hinter mir schnarcht eine Frau, die quer über zwei Sitzen liegt und ihre nackten Füße am Fenster hochstreckt. Ich muss lachen über so viel rohe Echtheit in meinem Umfeld. Wollen sie mir alle etwas sagen? Vielleicht, dass ich mich mal wieder lockerer machen, mehr gehen lassen soll?

Also widme ich mich ihm, frage nach, schenke ihm meine Aufmerksamkeit. Er ist Zimmermann und für drei Jahre in Deutschland unterwegs, ohne Bargeld, Karten oder Telefon. In einem kleinen Notizbuch hält er seine Route fest. Er erzählt mir, wie unheimlich entspannt er in den Tag lebt, er hat nicht einmal eine Uhr bei sich. Gerne hätte er eine antike Taschenuhr, aber da habe er noch nicht das richtige Modell gefunden, also lebt er eben erst einmal ohne. Auf Bauernhöfen oder in Werkstätten findet er unbezahlte Arbeit, meist darf er dafür im Gegenzug kostenlos unterkommen und mitessen. Er träumt von Bali, von einer Festanstellung in Hamburg. Am Ende reden wir drei Stunden durch.

Er hat strahlende, freundliche Augen und zusammen mit der ganzen Analogie seiner Ausführungen eine entwaffnende, fast unschuldige Art. So eine, als könnte nichts auf der Welt ihm irgendetwas anhaben. Wir haben uns wirklich gut unterhalten. Als ich in Stuttgart aus dem Zug steige, fühle ich mich nach langer Zeit wieder ganz leicht. ›Leichtigkeit‹ war für mich immer meine persönliche Beschreibung eines absolut schwerelosen, zufriedenen Glückszustandes im Hier und Jetzt zwischen magischen Momenten. Am Ende habe ich ihm vielleicht einfach ein gutes Gefühl gegeben, bei unserer Spontanbekanntschaft. Und das ist so viel mehr wert als siebzehn umgehend beantwortete E-Mails. In Stuttgart habe ich abends die schönste meiner vier Lesungen im November. Vielleicht deswegen.

* * *

Einen Abend später kehre ich von meiner Lesereise zu *Tinder Stories* zurück nach Berlin zu Nick und meinem Hund.

»Gestern hat mich eine junge Frau im Zuschauerkreis in Stuttgart gefragt, wie es sich anfühlt, so viel Privates in Büchern zu teilen.«

»Und, was hast du gesagt?«

»Da habe ich kurz überlegt. Bisher wurde ich auf den Lesungen immer ähnliche Sachen gefragt, wie ich auf die Namen gekommen bin, wer vom Buch weiß, was ich weggelassen habe, wieso ich angefangen habe, alles aufzuschreiben. Gestern wollte jemand wissen, ob ich mir wünschen würde, dass die, die nicht vom Buch wissen, es lesen würden, und wie es sich anfühlt, andere Menschen in meine Privatsphäre einzuladen. Das waren zwei Fragen, über die ich nachdenken musste.«

Ich hatte nach jeder meiner Lesungen eine Fragerunde eingeleitet und war immer wieder gespannt darauf, ob sich getraut wurde, in großer Runde etwas zu fragen, und welche Fragen bestanden. Ich mochte an einer Buchveröffentlichung den persönlichen Kontakt danach am liebsten. Dass Menschen sich wiederum *mir* öffneten und *mir* ihre Geschichten anvertrauten.

»Also, was hast du geantwortet?«, fragt Nick ungeduldig nach.

»Ich habe ein paar Sekunden darüber nachgedacht und dann bedacht gemeint, wie interessant ich die Frage finde. Dass ich glaube, dass man während des Schreibens nie die Menge an Leserinnen vor Augen hat, weshalb es sich nie wirklich intim anfühlt. Und dass ich es nicht schlimm fände, wenn jemand irgendetwas über mich weiß. Ich finde nicht, dass wir unsere Art zu lieben verstecken müssen, eher doch zeigen, sich mitteilen. Davon abgesehen ist das natürlich ein Abwägen: Etwas teilen und es dann ganz viele Menschen wissen lassen auf der einen Seite, und auf der anderen das, was man damit erreichen kann. Mir haben im Anschluss so viele junge Menschen geschrieben, dass sie sich mehr trauen, dass es spannend ist, ihre Perspektive zu überdenken, dass sie sich in mir oder meinen Freundinnen wiedererkennen. Eine junge Frau hat mir nach einer Lesung davon berichtet, dass sie sich nur wegen einer einzelnen Szene im Buch endlich aus einer Verbindung getrennt hat, die ihr nicht gutgetan hatte.«

Nick lächelt über die Euphorie in meiner Erzählung.

»Eine andere hat mir ihre Erkenntnisse anvertraut, wie viel Angst sie immer vorm Alleinsein hatte und dass ich ihr das nehmen konnte. Eine hat geschrieben, dass sie nach schlimmem Liebeskummer das erste Mal wieder Hoffnung gefühlt hat. Wenn ich es mit Gewichten versehen würde, so etwas zu schaffen, übertrifft das für mich alles. Ich finde es schön, wie man inspirieren kann, wenn man teilt, was und wie man liebt. Das habe ich geantwortet.« Teilen, was man liebt. Die Liebe zieht sich durch mein Leben durch, wie ein roter Faden, die Liebe für den Alltag und Lebensfreude zu teilen. »Und ich habe gesagt, dass ich dir so alles vorlesen kann, wenn wir alt sind.«

»Nee, ich eher dir, Oma, wie auch jetzt schon«, korrigiert Nick.

* * *

Nach meiner Lesung in Berlin ein paar Abende später, zu der Maja und Janne gekommen waren, gehen wir bei einem angrenzenden Italiener in Charlottenburg noch etwas essen. Die beiden sind meine Bezugspunkte in Berlin, meine Eckpfeiler. Ich bin froh, sie an meiner Seite zu wissen an einem mir so wichtigen Abend.

Nachdem wir Antipasti und Wein bestellt haben, fällt uns eine Dreiergruppe Frauen auf, alle um die sechzig, die einen Tisch in unserer Nähe besetzen. In ihrer Mitte stehen ebenfalls Brote und Antipasti, in ihren Gläsern ist Rotwein. Sie sitzen exakt gleich am Tisch verteilt wie wir drei. Eine Frau mit blonden kurzen Locken und einer schicken Tasche auf dem leeren Stuhl neben sich sitzt dort, wo Maja sitzt. Ihr gegenüber zwei Frauen, so wie Janne und ich. Eine mit roten Haaren und einer Leopardentasche über dem Stuhl, eine Grauhaarige, komplett in elegantem Schwarz gekleidet. Wir stoßen, quasi alle sechs gleichzeitig, miteinander an. Sie lachen und kichern, und während wir unsere Pasta serviert bekommen, sind wir bereits dabei, ihre Leben zu entwerfen. Wir sehen uns selbst in ihnen.

»Welche von diesen drei Damen wirst du mal sein? Du darfst aussuchen«, fordere ich Janne auf.

»So wie wir sitzen, würde ich sagen. Maja die Blonde, du die Rothaarige, ich die in ganz Schwarz«, antwortet sie.

»Ich glaube die, die ich bin, heißt Barbara«, erklärt Maja. »Barbara hat sich vor Kurzem scheiden lassen und bringt ihr Erbe jetzt in einem Bingo-Club unter die Leute, wo sie immer gewinnt.«

»Ich heiße Gabi. Gabi ist mit Günter immer noch glücklich zusammen. Günter wird nachher zu Hause sagen: Und, was haben die Mädels heute erzählt? Sind die immer noch so wild und durchtrieben?«, ergänze ich und lache.

»Okay, dann bin ich Helga. Sie hat mehrere Männer an der Angel. Aktuell ist das Valentino, zwanzig Jahre jünger, Italiener. Deswegen sind sie auch hier. Ihm gehört das Restaurant und er lässt den teuren Wein aufs Haus gehen. Aber das mit Valentino ist nicht exklusiv, ich lege mich ja nicht fest, er sich auch nicht.« Janne spricht affektiert und ist vollkommen in ihrer Rolle. Wir malen uns unsere Zukunftsvisionen in den buntesten Farben.

Ein bisschen scherzen wir, aber es ist auch spannend, sich vorzustellen, dass wir das irgendwann sein könnten. Uns vielleicht immer noch zusammenfinden, unsere Leben teilen. Männer, Liebe und Umzüge mitgemacht haben, einander den Rücken stärken, uns alle paar Wochen beim Italiener verabreden und uns den teuren Wein gönnen. Wir steigern uns rein, stellen uns unsere Leben in dreißig Jahren vor, wie wir leben, wie wir reden, wie wir drauf sind. Eine ganze Weile sind wir in unseren Rollen als Barbara, Gabi und Helga. Ich habe lang nicht mehr so unbeschwert gelacht, so, dass mir die Tränen kommen und ich mir Luft zufächeln muss. Dieser Abend befreit etwas in mir, als würde ich enge Fesseln sprengen, die sich um mich gelegt hatten, um mir die Luft abzuschnüren. Als ich nach dem Abend ins Taxi steige, weil mir das Gehen längerer Strecken mit meinem ramponierten Knie immer noch schwerfällt, merke ich den Druck, der von mir abgefallen war. Ich fühle mich leer, auf eine gute Weise. Stundenlanges Lachen schien den gleichen Effekt zu haben wie Weinen. Es spülte etwas Festsitzendes raus und lies Klarheit zurück.

* * *

Das erste Mal in sechs Jahren habe ich *Runtastic* vom Handy gelöscht. Meine erste Wohnung hier in Berlin ist inzwischen wieder gekündigt. Bis Ende Januar haben wir sie noch, dann brauche ich einen neuen Plan. Einen, der sich irgendwie ergeben wird. Das Leben wird mich finden. Meine Anfangsphase in Berlin ist vorbei. Marlene und unsere in die Jahre gekommene Freundschaft, die in der Realität nicht mehr bestand, auch. Der November war ein Monat voller unerwarteter Gefühle, und als er zu Ende geht und ich in einem Zug Richtung irgendwohin sitze, lasse ich sie alle los. Ich denke an das Gespräch mit Janne über das Jetzt, als wir auf dem Weg zur Ostsee waren. Ihre Worte, ›die schönste Zeit ist für mich immer genau jetzt‹. Denn alles andere wäre eine Beleidigung an das Dasein, die eigene Präsenz, die Lebenszeit. Meine Zeit auf dieser Erde ist kostbar, und ich will sie nutzen.

Auf dem Heimweg nehme ich allen Mut zusammen, fahre einen Umweg an einem Altenheim vorbei und frage am Empfang, ob ich ab und zu hier lesen könnte und ob sie so etwas anbieten. Hera ist so weit weg, meine eigenen Großeltern noch viel weiter. Dabei würde ich wirklich gerne mehr mit älteren Leuten abhängen, nicht nur, weil ich glaube, dass sie unsere Zukunft sind – und wir ihre. Ich glaube auch, dass wir unsere Geschichten über die Generationen hinweg teilen sollten. Dass Liebe füreinander, Wertschätzung und Interesse nicht an der Grenze eines bestimmten Alters aufhören sollte. Irina, so ihr Namensschild an ihrer glatt gebügelten weißen Bluse, strahlt mich an.

»Wir organisieren einen Leseabend einmal die Woche, immer dienstags. Das sind hauptsächlich Freiwillige, Autoren, aber auch Angehörige, die für unsere Bewohner lesen«, erklärt sie. »Manchmal auch wir, wenn sich keiner findet. Heike, Bennet oder ich.« Ich nicke verständnisvoll, ohne zu wissen, warum ich das tue. »Vor allem unsere Bewohner ab fünfundachtzig aufwärts können nur noch schwer lesen, das ist kein Vergnügen mehr, die Buchstaben zu entziffern. Viele haben aber immer noch Freude an Literatur, wie unser Herr Krasawic. Ein ehemaliger Professor. Deswegen lesen wir vor.«

»Ich wäre wirklich gerne ein Teil davon«, sage ich noch einmal. Irina freut sich. Ich lasse ihr meine Nummer da und bitte sie, mich anzurufen, um einen der kommenden Dienstage zu vereinbaren. Aus einem angrenzenden Raum tönt helles Geplapper zu uns an den Empfang. Das Interieur ist in vergilbtem Hellblau gehalten, aber die Wandteppiche, die Bilder und Decken über den Stühlen lassen den Raum warm und einladend wirken.

Als ich meinen Weg nach Hause fortsetze und meinen Kopf an die Scheibe der Tram fallen lasse, überfällt mich eine tiefe Zufriedenheit. Dieses Gefühl, dass wir nicht auf der Welt sind, um uns nur um unsere vier Lieblingsprobleme zu drehen. Sondern darum, uns selbst und anderen Menschen gutzutun. Einfach so. Ohne Gegenleistung. In Nullkommanichts kann das den Fokus eines Tages völlig verschieben. Von einem ›Wie komisch fühle ich mich heute …?‹ hin zu ›Wie gut, dass es mich gibt‹. Irina meldet sich ein paar Tage später, und wir vereinbaren den kommenden Dienstag zum Vorlesen.

Im Seniorentreff werde ich herzlich empfangen. Mitarbeiterin Heike führt mich zum Gemeinschaftssaal, in dem an vielen verstreuten Tischen ältere Menschen miteinander schwatzen, lesen oder einfach nur dasitzen. In einer Ecke stehen drei volle Bücherregale, auf die sie zeigt.

»Hallo in die Runde«, ruft Heike in den kleinen Raum, »ich habe hier jemanden, der für euch lesen möchte. Versorgt euch mit Tee, es ist noch nicht ganz sieben. Wir legen dann pünktlich los.«

»Was lesen Sie denn, junge Frau?« Eine schmächtige, ältere Dame war interessiert auf mich zugekommen und inspiziert mich aus ihrer Höhe. Ich bereue, meine Stiefel mit den Absätzen angezogen zu haben. Sie machen mich noch größer als meine normalen eins achtzig.

»Ich bin Marie Luise«, stelle ich mich ihr höflich vor und gebe ihr die Hand. Ich benutze sonst nie meinen vollen Namen und niemand nennt mich so. Ich spüre meine Aufregung.

»Ein schöner Name«, nickt sie, »mein Name ist Sophie von Meienstätten.« Ihre weißen Haare werden von einer Pfauenspange zu einem eleganten Dutt gehalten. Sie trägt ein fliederfarbenes Kostüm und stützt sich, nach vorne gelehnt, auf ihren Stock.

»Guten Tag Frau von Meienstätten, ich lese, worauf Sie Lust haben. Ich habe mein eigenes Buch mit, aber ich kann auch eines aus ihren Bücherregalen raussuchen, haben Sie denn einen Favoriten?«

»Moby Dick«, ruft ein älterer Mann in einem grauen Hausanzug, der unser Gespräch mit angehört hatte.

»Du immer mit deinem Moby Dick, Werner«, brummt Sophie von Meienstätten. »Lass sie doch mal zeigen, was sie dabeihat. Was haben Sie geschrieben, Schätzchen?«

»Über Dates, über meine Generation. Wie wir lieben, wie wir uns miteinander treffen. Ich würde zu gern Ihre Meinung dazu hören.« Ich ziehe mein Buch aus meiner Tasche und Sophie setzt sich, um darin zu blättern.

Wir sind eher ein Redekreis. Werner bleibt im Hintergrund sitzen. Ein paar ältere Herrschaften spielen Schach. Peter Krasawic stellt sich mir höflich vor. Neben Sophie scharen sich Antonius, Irma und Holger, sie berichten mir von ihren Ehen, wie sie sich getroffen und verliebt haben, damals, zu ihrer Zeit. Zur Liebe hat jeder etwas zu erzählen, und wenn es von einem gebrochenen Herzen ist. Ich erzähle von meinem Versagen beim Marathon, ich nehme mir ein Herz. Hier befinde ich mich vor lauter interessierten Zuhörern. Mir dämmert, warum ich sonst nie viel von mir erzählen wollte. Ich wollte niemanden je stören, mit meinen Problemen langweilen oder belästigen. Keinen Raum wegnehmen, in dem ich etwas einnehme, mit Erzählungen, mit meiner Stimme. So in Freundschaften, in der Kommunikation mit meinen Großeltern. Meine größte Angst war, andere zu langweilen, also machte ich alles mit mir aus.

»Wäre ich heute noch mal jung, ich würde jeden Mann küssen, den ich finden kann«, verkündet Irma aufgeregt.

»Das kannst du auch hier machen, schnapp dir einfach Toni«, belustigt sich Holger über sie. Sophie nickt, als wäre sie ein großer Fan von diesem Plan. Werner erzählt von seiner Frau und ihrer gemeinsamen Zeit, und wie er seit ein paar Jahren hier im Seniorentreff mit Irma und Holger wohnt. Liebevoll nennt er sie seine *Mitbewohner.*

»Du hast dein Leben noch vor dir. Und es wird wunderschön, das kannst du wissen«, sagt er später noch zu mir.

Als es acht Uhr dreißig ist, und Heike und Bennet die Bewohner langsam zurück auf ihre Zimmer bringen, merke ich, dass ich gar nicht vorgelesen habe. Sophie von Meienstätten ist die letzte, die noch im Gemeinschaftsraum sitzt. »Das mit dem Lesen, das holen wir nächste Woche dann nach. Sie kommen doch nächsten Dienstag wieder?«, fragt sie mich erfreut.

»Es wäre mir eine große Freude, wenn ich noch einmal oder ab jetzt öfter kommen darf«, antworte ich. Diesmal drückt sie ihre schmalen Finger zwischen meine großen Hände.

»Können Sie mir ihr Buch hier lassen?«, erkundigt sie sich vorsichtig.

»Klar«, ihr Interesse freut mich ehrlich. »Und nächstes Mal lese ich Moby Dick.«

Marlene und unser Ende, der Wandergeselle im Zug, die drei Frauen abends beim Italiener, die Menschen hier im Seniorentreff. Es wimmelt nur so von lehrreichen oder wertvollen Begegnungen, »süßen Spontantreffs«, wie Arthur Abbott es in meinem liebsten Weihnachtsfilm *Liebe braucht keine Ferien* bezeichnet. Es ist fast Dezember.

Die Gespräche mit den älteren Damen und Herren des Heims haben mich tief berührt. Abends schwimmt mein Kopf, so viel hat er zu verarbeiten. Sie wissen nicht, dass sie mir viel mehr gegeben haben, als ich ihnen je geben könnte. Josy hatte recht behalten. Irgendwann entknotet sich alles von selbst. Das ist immer so.

Elektrisiert

Dezember

»Du, ich hatte dir doch von meinem Poetry-Slam-Text erzählt«, unterbreche ich Nick. Er sieht von Notizen auf, einem Bauplan der Scheune und Entwürfen für Fenster und Dachgiebel. »Darf ich dir den Text vorlesen? Ich habe die letzte Zeit immer wieder etwas daran umgestellt.« Es ist Dezember, wir verbringen die Abende zwischen seiner Wohnung und meiner, zwischen Lesen und Plätzchenteig. Ich kann mich nicht erinnern, wann ich das letzte Mal diese Euphorie gefühlt habe, mit der Nick Weihnachten entgegenfiebert. Er zählt die Tage, packt liebevoll selbst gemachte Geschenke ein, nimmt jede Weihnachtsfeier mit und strahlt währenddessen, als würden für ihn Dezember und Stress nichts miteinander zu tun haben.

»Nein, wir melden dich direkt irgendwo an, und dann trägst du ihn da vor.«

»Willst du ihn nicht vorher hören?«

»Nein. Trau dich. Und ich will ihn lieber da hören.« Lieber wäre mir sein Feedback gewesen und meine Worte erst einmal nur zwischen uns zu lassen. Ein wertfreier Raum und vielleicht ein bisschen Diskussion. Er holt mich immer wieder aus meiner Einsamkeit, mit einer Armlänge Abstand zieht er mich hinter sich zurück ins Leben, ins Abenteuer.

»Meinst du echt?« Ich rolle die Augen und zögere. Nick hält mir das Anmeldeformular für einen Newcomer-Slam auf seinem geöffneten Laptop unter die Nase. Sein Enthusiasmus berührt mich. In diesem Moment erinnere ich mich an einen Gedanken vom Stand-up-Paddeln letztes Jahr mit Nils: ›Ich wünsche mir, dass ich bei der nächsten Gelegenheit, mich etwas zu trauen, niemand Fremdes dafür brauche, sondern nur mich selbst.‹

Berlin ist das Mekka des Poetry-Slams. Irgendwie kommt es, dass wir mich direkt für die kommende Woche anmelden. Ich werde ins Programm aufgenommen und gegen professionell klingende Poeten wie Artema, Mücke und Emilie aufgeführt. Mit jedem Tag steigt meine Nervosität, bis ich in diesem Saal stehe und mich frage, wessen Idee das eigentlich war.

Der Abend in Neukölln verschwimmt in einem Schleier vor meinen Augen. Ich habe Ewigkeiten nicht mehr etwas gemacht, was so weit außerhalb meiner Komfortzone liegt. Und ich glaube nicht, dass Magie immer nur außerhalb davon stattfindet. Ich glaube, die schönsten Momente passieren gleichermaßen in gewohntem wie fremdem Umfeld. Das hier ist mir fremd. Es wäre untertrieben, zu sagen, dass ich Angst habe.

Lesungen machen mir Spaß, Dates auch, Unterhaltungen sowieso. Bei nichts verspüre ich Aufregung. Es ist diese Poetry-Slam-Anmeldung, die meine Nervosität aus der Reserve lockt. Raum einnehmen. In einem vollen Saal meine Stimme zu erheben und ihn ganz für mich beanspruchen war etwas, was den Kloß in meinem Hals immer größer machte. Ehrlich gesagt kann ich mich nicht erinnern, wann ich je so nervös war. Bei meinem Geschichtsabitur vielleicht, für das ich ziemlich gepokert und nur ein Halbjahr wirklich tief greifend gelernt hatte. Eines der Halbjahre zwischen Industrialisierung, Nationalstaatenbildung, NS-Zeit und DDR-Zeit fiel in meinem Abitur immer raus, zu drei Halbjahren gab es eine konkrete Aufgabenstellung. Ich zitterte morgens, als ich das Blatt umdrehte – und bei den drei Aufgaben glücklicherweise die DDR-Zeit und eine Erzählung zum 17. Juni vorfand, die ich analysieren durfte. Ich erinnere mich auch an meine praktische Fahrprüfung, bei der ich so aufgeregt war, dass ich beim ersten Versuch direkt nach fünf Minuten durchfiel. Ich hatte einem Auto im Kreisverkehr die Vorfahrt genommen. Beim zweiten Versuch habe ich glücklicherweise bestanden. Nur am Rückwärtseinparken hapert es immer noch. Ich habe meinen Führerschein seit fast elf Jahren.

Ich atme tief durch, erst drei lange Züge, dann noch einmal fünf. Alles in mir wird ruhig. Was wäre das Schlimmste, was passieren kann, frage ich mich insgeheim, und gehe die Optionen durch. Von der Bühne fallen. Mich verhaspeln. Ausgebuht werden. Keinen Applaus bekommen. Tot umkippen. Letzteres scheint mir doch relativ unwahrscheinlich.

Ich blicke ein letztes Mal auf meinen Zettel, falte ihn langsam zusammen und stecke ihn in die hintere Tasche meiner Jeans. Ich gestikuliere gerne, und dafür kann ich mich nicht an einem Blatt Papier festkrallen. Ich kann meine Worte auswendig. Ich realisiere die Menschen um mich herum gar nicht, sie werden von den hellen Scheinwerfern unsichtbar. Ein Knistern ist im Raum, hier und da ein Husten, ein paar leise geflüsterte Worte. Bis auf diese Geräusche, die sich weit entfernt anhören, fühle ich mich in diesem Raum völlig allein. Ich vergesse, mich vorzustellen, etwas zur Einleitung zu sagen, ich vergesse eigentlich alles. Bis auf meinen Text. Das erste, was ich in das Mikro vor mir spreche, ist die Überschrift: »Viel zu viel zu viel.« Ich gucke kurz auf, dann schalte ich meinen Kopf aus, um jedes Wort zu fühlen.

»Ich bin achtundzwanzig jetzt und habe festgestellt – inzwischen brauch ich 'ne To-do-Liste dafür, was ich alles richtig machen muss. Richtig machen? Ja, so was hier:
Ich muss nett sein und freundlich, okay, das fällt mir leicht.
Ich muss Ja sagen und Nein sagen, aber immer jeweils zur richtigen Zeit.
Ich muss Minimalismus leben und ja nicht zu viel, aber trotzdem irgendwie alles haben.
Nicht fliegen und kein Auto fahren,
und Nestlé ist scheiße und Coca-Cola auch.

Früher war fliegen ein Status-Symbol,
heute ist's einfach nur noch peinlich.
Mir ist dabei nicht mehr wohl.
Wir töten Tiere, weil's halt schmeckt,
aber nicht wir selbst, das machen dann die anderen.
Wir sagen uns kleine Schritte, das zählt doch auch?
Wir sagen irgendwann, dann machen wir auch mal mehr. Step by Step.
Mit kleinen Schritten kommt dabei niemand voran.
Wir, wir sind die Zukunft. Es ist an uns, etwas zu verändern.
Und während alte weiße Männer in Georgia Gesetze für junge Frauen fällen,
fällt mir dann noch ein: Ich muss für meinen Körper kämpfen,
daran denken, meine Stimme zu erheben, pro Selbstbestimmung.
Weil, wo kämen wir denn sonst hin, wenn das Selbstverständlichkeit wär.
Und während ich noch überlege, schießt du schon auf mich zu:
Du bist vegan? Okay, aber warum bist du nicht …
… gegen Rassismus engagiert, in der Flüchtlingshilfe, gegen die AfD auf den Straßen,
warum hast du nichts gegen diesen neuen Entschluss gepostet,
und arbeitest du überhaupt ehrenamtlich?
Du lenkst ab, um selbst nicht drüber nachzudenken,
hältst mir deinen Spiegel vor, um dir selbst keinen reinen Wein einzuschenken.
Bis ich geknickt meinen Hafermilch-Kaffee ausschlürfe, den Rückweg antrete
und beschließe, das nächste Mal mich nicht mehr in so ein Gespräch begebe.
Wenn man sich um nichts kümmert, kein Problem,
aber wenn man eines anfängt, dann kann man doch locker alles schaffen?
Wir teilen Notre-Dame in Flammen auf Instagram,
weil's halt schön aussieht, sich im Quadrat gut macht,
den Regenwald lassen wir lieber außer Acht.

Dann müsste man ja auf Fleisch verzichten,
wer wär ich, mein Leben danach zu gewichten?
Ja, wer wärst du dann eigentlich?
Wann hören wir auf, für Bequemlichkeit unsere Welt auszubeuten.
Wann hören wir auf, unsere Zeit zu vergeuden.
Wann hören wir auf, mit dem Finger auf andere zu zeigen,
statt bei uns selbst anzufangen?
Und dann ist plötzlich Sommer, und ich habe nichts davon geschafft,
mich wieder nur abgelenkt, das meiste nicht mal gerafft.
Wir steigen seit Jahren in Fernbusse und Flugzeuge,
aber kommen keinen Meter voran.
Konfetti rieselt aus meiner Hosentasche,
anscheinend wieder drei Monate die Jeans nicht gewaschen.
Und dabei bitte gerade stehen, Kopf hoch, Brust raus –
dabei gibts da gar nicht so viel zu sehen.
Ich will so viel richtig machen, vergesse dabei ständig was.
Muss 'ne To-do-Liste schreiben, allen Freunden antworten,
Mutti immer sonntags anrufen und Oma wenigstens einmal
im Monat. Oder mehr?
Wir treffen uns immer wieder zum Kaffee oder abends auf ein Bier,
und wenn wir das nicht tun würden, was machen wir dann hier?
Hier, in diesem angebrochenen Leben.
Es ist viel zu viel zu tun,
aber irgendwo fange ich jetzt mal an.
Gehe den ersten Schritt,
gehe einfach mal mit,
auf eine Demo
oder mitten ins Gespräch,
mitten rein.
Es ist viel zu viel zu tun,
aber irgendwo fange ich jetzt mal an.«

In mancher Zeile stocke ich, bemerke ein paar Rhythmusfehler, aber bin grundsätzlich zufrieden. Es war ein erster Versuch. Und ich bin nicht von der Bühne gefallen, das werte ich als Erfolg. Ich lasse die Worte nachhallen, bis sich ein langsames, leises Klatschen zu Applaus stärkt. Ich knickse unbeholfen und stolpere aus dem Scheinwerferlicht an den Rand, zu den anderen.

Der Sieger wird immer über Applaus entschieden, immer zwei treten gegeneinander an. Bei Artema und Emilie gewinnt Emilie, bei Mücke, dem Herrn, der vor mir dran war, und mir gewinne überraschenderweise ich mit meinem Text über die gefühlte Überforderung einer ganzen Generation. Den Rest bekomme ich nicht mehr mit. Ich bin tatsächlich in der nächsten Runde, was auch bedeutet, dass ich noch einen Text vortrage. Ich hatte natürlich die erforderlichen drei vorbereitet, und wähle jetzt, für die zweite Runde, einen Text über das Leben, die Liebe und Berlin. Meine Kontrahentin Emilie ist zuerst an der Reihe und auch mit ihrem zweiten Text super stark. Sie assoziiert geschichtliche Ereignisse zu den politischen Problemen unserer Zeit. Ich freue mich über ihre Worte, ihr Rhythmus und ihre Intonation sind perfekt. Inspiriert von ihr lege ich umso mehr Herzblut in meinen. Ich fühle jedes Wort.

»Hi«, betrete ich die Bühne wieder und stelle mich ans Mikrofon. »Und danke erst mal. Das hier, das ist echt überwältigend. Danke, dass ich mit euch ein paar Worte teilen darf.« Ich lasse den Blick noch einmal durch die Halle schweifen, die Scheinwerfer blenden mich. Also fixiere ich meinen Blick erst auf Nick vorne rechts und dann auf einen Punkt hinten am DJ-Pult. »Mein zweiter Text heißt: Vom Nichts suchen und Alles finden.« Ich lasse einmal den Blick durch die Menschenmenge schweifen, die sich hier an einem Mittwoch in Neukölln zusammengefunden hat, um sich von Texten, Lyrik und Prosa inspirieren zu lassen. Über junge Leute, die mit einem Date hier sind, über Paare, die vielleicht seit Jahren ihre Leben in dieser Stadt miteinander teilen, über Freundesgruppen und über Menschen, die den heutigen Abend vielleicht ganz mit sich allein, einem Bier und hoffentlich guter Unterhaltung verbringen. »Ich hab ihn geschrieben, … um sich darin wiederzuerkennen. Weil wir ja doch irgendwie alle auf der gleichen Reise sind.«

»Ich such ja nichts, ich hab ja alles. Habe ich immer gesagt.
Und war ein bisschen verzagt, manchmal, ob das so richtig ist.
Ob mein Mund schneller als meine Gedanken spricht,
und ob ich das so durchdacht habe. Oder vielleicht einfach nicht weiß, was ich will.
Ja, was will ich eigentlich?
Ehe man so was entscheidet, vergehen Tage und Jahre, ist ja keine drängende Frage,
kann ich auch noch später entwirren, die Pfahlmasten meiner Gedanken,
zwischen den Schranken die Vögel, die auf den Leitungen sitzen und mir ins Gesicht schwitzen. Alles verknoten, der Blick nicht mehr frei.
Wir sammeln Beziehungen, Likes wie Tinder-Matches, in die Höhe schnellende Zahlen, ein kurzer Kick, Bestätigung, unser Endorphin schießt wie das Insulin nach der Schokolade rasant in die Höhe, um im nächsten Moment wieder im Keller zu sein, abgeflaut, dafür unbeantwortete Nachrichten, egal wohin man klickt.
Wir sind Menschen mit pochenden Herzen, so laut und schnell, dass es doch jeder sehen muss, außer uns, wir hören es nicht,
für die Liebe geschaffen, laufen wir zwischen Supermarkttheken aneinander vorbei,
ohne den Blick zu heben, lassen ihn nur kurz vorbeischweben, um ihn dann lieber auf die Sonderangebote zu kleben. Sich verlieben macht ja nicht satt.
Liebe, nein danke, jetzt gerade nicht, bin ganz gerne für mich, hab viel zu tun.
Und warum sollte man Zeit nutzen, wenn sie ja doch eh vergeht,
ist am Ende ganz egal, welchem Sinn mein Gestern steht.

Wir verschenken unser Herz, aber behalten es doch für uns.
Checken unsere Smartphones, statt die Falten in unseren Gesichtern,
reden übers Wetter, statt unsere aufregendsten Geschichten,
brauchen keine Antworten, weil wir keine Fragen stellen.
Drehen die Musik ganz laut, um unsere Gedanken nicht zu hören.
Fremde Leute, nackte Haut, Küsse, die nicht schmecken,
Tür hinter mir zu ziehen, Gesicht schon wieder vergessen.
Und dann das Herz, längst wieder zu uns zurückgekommen.
Stellen es auf Kleinanzeigen: Herz zu verschenken, Status: abgenutzt, Preis: unbezahlbar, und niemand will es haben, hat schon zu viel Leid mit sich herumgetragen und dann noch: Was ist letzte Preis?
Für immer ist auch ganz schön lang, sieh uns doch an,
weiß ja nicht, was morgen ist, und wie schnell du mich wieder vergisst.
Wir sind Symptom, nicht Ursache unserer Zeit,
und generell für zu wenig bereit,
Intensität, kann man das auch in kleinen Etappen
in die eigene Nähe und ins Herz reinlassen?
Und dann kommt dieser Moment und wir müssen springen.
Wo die Liebe hinfällt, sagen wir, aber bleibt sie da auch liegen?
Muss sie sich bekriegen, darf sie leicht und schwerelos sein?
Ich such ja nichts, habe ich auch zu dir gesagt, und du hast genickt,
wir haben uns was vorgemacht, weil das eben einen letzten Rest Distanz erschafft,
die wir brauchen, um nicht ganz zu vergessen, dass wir ja nichts Festes wollen,
weil wir doch schon alles haben. Wir sehnen uns nach Liebe, aber geben das nicht zu.
Mir fallen tausend Metaphern ein und dann fehlen mir die Worte,
will reden über unbekannte Orte, wunderschöne Gegebenheiten
und wie verrückt unsere Welt eigentlich ist.

Murmele drei Worte, werde nicht gehört, vielleicht muss ich lauter sein,
es in jede Gasse schreien, auf deine Stirn tätowieren, so, dass ich es sehen kann.
Komm, wir gehen aufs Ganze, reißen alle Wände ein,
ergreifen unsere Chance, das kann's noch nicht gewesen sein.
Wir beschleunigen uns, wie Teilchen, dem Aufprall entgegen,
küssen uns, als würde man in einem Mandala, weiter über jeden Rand hinweg fegen.
Auch wenn es nicht so bleibt, in Wellen sich über uns ergießt,
auch wenn Liebe irgendwann ruhiger wird, manchmal nicht mehr Feuerwerk,
sondern ein schlafender Rentner in der Sonne ist, will ich das hier nicht missen.
Gesucht oder nicht gesucht, aber doch gefunden,
eine Weile noch gerungen, und dann aufgehört,
gegen das eigene Glück zu kämpfen, nicht mehr die eigenen Gefühle zu dämpfen,
angefangen, genau das zu schätzen, die Gesichter mit trockenen Küssen benetzen.
Und wir erzählen uns diese Geschichten, vom Suchen und Finden,
einfach nur, weil wir gesprungen sind, mutig waren,
weil wir aus dem Nichts plötzlich alles haben …«

Nach dieser Runde scheide ich knapp aus, Emilie hat einen Tick mehr Gejubel erhalten. Ich drücke sie kurz an mich und springe dann in die Menge, bis ich Nick gefunden habe. Völlig außer Puste lasse ich mich neben ihn fallen. Ich verbuche diesen Abend als vollen Gewinn.

»Fühl mal, mein Herz!«, rufe ich und presse seine Hand auf den Rand meines grauen T-Shirts. »Es klopft so krass, das war so irre gerade, wow. So mutig war ich ewig nicht mehr.«

»Das hast du super gemacht.« Nick lächelt, während die Lichter um uns herum ausgehen und das Finale zwischen Emilie und dem anderen Herrn, den ich nicht mehr mitbekommen hatte, angekündigt wird. Ich bin zu aufgedreht, um zu bleiben. Wir gehen, ohne zu wissen, wer gewinnt.

Es war mutig, sich zu einem Marathon anzumelden, mir das zuzutrauen, und es war vielleicht noch mutiger, nach einer Verletzung zu sagen: Ich hatte das vor, ich habe alle eingeweiht, aber ich habe Schmerzen und trete nicht an. Trotzdem zu laufen, es einfach mal zu versuchen, wäre eigentlich typisch für mich gewesen. Ich bin unvernünftig, mit dem Kopf durch die Wand. Es war mutig, eine Liebe an mich ranzulassen, die mich vielleicht verletzen könnte. Eine Freundschaft zu beenden, die mir nichts Gutes mehr gab. Es war mutig, Nick meine Verlustängste zu gestehen, mich mit Eifersucht und Partnerschaft auseinanderzusetzen, und warum ich so gerne Single war. Weil dieser Zustand nur Abenteuer und keine Verletzungen für mich bereithielt. Tiefe Verbindungen bringen Verletzlichkeit mit sich, Mut setzt Verletzlichkeit voraus. Sich etwas zuzutrauen, indem man scheitern kann, auch. Zu scheitern, aber vor allem danach wieder aufzustehen und wieder mutig zu sein, wie heute mit zwei unperfekten Texten, das war für mich der eigentliche Erfolg.

»Wollen wir los?«, frage ich Nick, und er legt seinen Arm um mich und schiebt mich zum Ausgang. Elektrisiert von diesem Abend trete ich raus in die sternenklare, kalte Dezembernacht.

»Nur ein Fehler war drin in deinem zweiten Text«, kommt von ihm, als wir die Treppen zur U-Bahn runtertrotten.

»Was, welcher denn?«

»Ich habe die drei Worte in Bages gehört.«

Genug

»Hey, kannst du die aufheben?« Ich lächele aufmunternd. Ich bin auf dem Weg zu Nick. Kurz zuvor war ich in Hundescheiße getreten, hatte mich fürchterlich geärgert und stehe jetzt neben jemandem bei strömendem Regen unter der überdachten Haltestelle der Tram, der seine noch glühende Zigarettenkippe in die Pfütze zwischen uns und fast auf meinen Hund fallen lässt. Bis vor Kurzem kostete es mich noch Überwindung, offen auszusprechen, was ich denke. ›Geh bitte.‹ ›Ich will dich nicht wiedersehen.‹ Das hier ging mir ganz leicht von den Lippen. Müll gehört nicht auf den Boden geworfen. Und ich hatte keine Scheu, das direkt so zu formulieren.

»Hm? Wat?« Er dreht sich entgeistert zu mir um und nimmt seine Kopfhörer aus den Ohren.

»Deine Zigarettenkippe da.« Ich gestikuliere Richtung Hund und Pfütze. »Du hast die völlig achtlos hingeworfen. Ich weiß, hier ist alles voll. Wenn jeder seine also anfängt mitzunehmen, ist allen geholfen. Da, neben dir ist ein Mülleimer.«

»Ich bin doch nicht für den Dreck in Berlin verantwortlich.«

»Nö, aber jeder eben für seinen eigenen. Stell dir mal vor, jeder wäre sich darüber bewusst. Jeder würde seine ausgetretene Kippe bis zum nächsten Mülleimer tragen. Wie geil wäre das denn bitte?«

»Boah, bist du so 'ne scheiß Zugezogene oder was? Dit is halt Berlin. Der Dreck gehört dazu, Mann. Das wirst du nie schaffen können, alle zu bekehren.«

»Sicher nicht, aber nur weil man nicht die Welt an einem Tag retten kann, heißt das nicht, dass es sich nicht lohnt, zumindest damit anzufangen. Heute habe ich dich vielleicht zum Nachdenken angeregt, was den Zigarettenstummel angeht, morgen gibst du das an irgendwen anderes weiter, übermorgen lerne ich von einem Dritten noch ganz was Neues hinzu. Ist doch super.« Ich zeige mich enthusiastisch.

»Du spinnst und nervst.« Damit zieht er von dannen. Während er am anderen Ende des Bahnsteiges wartet, sehe ich ihn zu mir herüberschielen, nachdenklich. Nach zwei Minuten kommt er zurück, hebt seine Zigarette auf und schmeißt sie in den orangenen Mülleimer, ohne mich anzusehen. Dann kommt unsere Tram. Dit is Berlin, ja.

Ich denke an Hamburg und meine saubere Blase in dem Viertel, in dem ich gewohnt hatte. Es war neben Hera und meinen Freundinnen hauptsächlich die Nähe zur Natur, die mir wirklich fehlte. Weil ich eben dort so gewohnt hatte, ländlich eben. Meine Freundinnen hatten einen anderen Alltag, kannten ein anderes Hamburg. Vielleicht hatte ich also mit Nick und seiner Scheune das gefunden, wonach ich mich innerlich sehnte, ohne zu wissen, dass ich danach suchte. Es wäre typisch für mich gewesen, im Sommer, als ich zögerte, die Kisten zu packen und davonzulaufen. Zurück in altbekannte Sicherheit. Meiner Freiheit wieder entgegen, statt an der Liebe festzuhalten. Aber ich wollte bleiben. Ich wollte nicht mehr laufen. Ich konnte es gar nicht mehr. Ich konnte nur bleiben und Wurzeln schlagen, statt wieder und wieder vor mir selbst wegzurennen. Ich hatte Angst, dass da etwas dran war. Dieser Gedanke, der sich die letzten zehn Jahre durch all meine losen Schnipsel schlich – wollte ich nicht oder konnte ich nicht? Versuchte ich immer dann abzuhauen, wenn etwas zu fest wurde, nur um die Erste zu sein, die ging, um nicht verlassen zu werden? War ich vielleicht nicht mehr als feige? Feige, mich zu verlieben, wirklich *all in* zu gehen?

Letzteres habe ich mir sogar mal auf meinen rechten Fußknöchel tätowieren lassen. *All In.* Vielleicht war es schon immer eher eine

Erinnerung und Aufforderung an mich selbst, als die Beschreibung meines Innersten, für die ich sie damals hielt. *All in* gehen. Kopfüber reinstürzen. Verlieben, springen, eintauchen, mich einnehmen lassen, rennen, ohne jede Anstrengung, stehen bleiben, ohne es zu bemerken. Und vielleicht war es nie mehr als dieses blasse Versprechen an mich selbst, genauso bedingungslos zu lieben und zu leben. Blass, weil ich direkt nach dem Stechen des Tattoos mit meinen Füßen im Ozean vor Cancun stand und die Wellen mich mitreißen lies. Blass, weil ich mir vielleicht nie selbst ganz vertraute. Und deswegen auch nie dir. Oder dir.

Im August hatte ich mir vorgenommen, mich der Verletzlichkeit nicht zu entziehen, sondern mich Nick, der Liebe und allem drumherum zu stellen. Mich durchzuarbeiten durch meine Ängste. Und je mehr ich darüber nachdachte und redete, desto mehr heilte ich daran. Vielleicht ging es so, mit Dingen abzuschließen, statt sie nur zu vergessen. Uns selbst zu kennen, aus alten Fehlern zu lernen, aus Mustern der Sabotage auszubrechen, um dann klar zu definieren, wie die Liebe ist, die uns glücklich macht – und trotzdem loszulassen und das Leben passieren zu lassen. Das war für mich die hohe Kunst.

Auch wenn die Zeit zu schnell vergeht, auch wenn dieses gemeinsame Jahr nur ein Wimpernschlag war, ein Tropfen auf dem heißen Stein, wir uns so tief kennengelernt hatten und eigentlich noch gar nicht kennen, will ich bleiben. In seiner Nähe, in der Nähe von dem Uns, das wir uns erbaut haben. Ich war nie einsam und musste erst erfahren, wie viel mir eine Verbindung dennoch schenken kann. In einem Kontext zu existieren ist für mich so neu, dass ich gerade erst – ein Jahr später – anfange, darin anzukommen. Gerade erst lerne, meinen Kummer auszusprechen, mich mitzuteilen, und dass Gemeinsamkeiten zwar die Grenzen zwischen Individualitäten verschwimmen lassen, aber es keineswegs bedeuten muss, dass ich mich in ihnen auflöse. Dass ich auf beiden Seiten sein kann. Dass alles gut ist.

Ja, ich hatte nie gelernt, mich mitzuteilen. Ich wusste nicht, woher die Worte kamen und wie man sie festhielt. Vielleicht hatte ich einfach nur Angst. Angst, dass jedes laute Aussprechen uns ein bisschen von unserer Unbeschwertheit nehmen könnte. Angst, die Naivität kaputtzumachen, mit der wir uns reingestürzt hatten, mit der wir nach Riga geflogen und durch Frankreich gereist waren. Angst, nicht auszureichen, nicht ernst genommen zu werden, nicht für voll, nicht wie ich selbst mich empfand. Angst, bewertet zu werden, mit jedem Gefühl, das ich teilte, Angst, nie genug zu sein. Wenn du nichts sagst, dann kann es nicht kritisiert werden, wenn du nichts zulässt, wirst du nicht enttäuscht, wenn du nichts versuchst, kannst du nicht scheitern, und wenn du dich nicht verliebst, niemals verletzt werden. Aber ist das erstrebenswert, ein Leben mit angezogener Handbremse?

Mutig sein bedeutete für mich, kopfüber in die Liebe zu springen, auch wenn alles in mir vor dieser Unbekannten in der Gleichung Angst hatte. Mutig sein bedeutete nicht, mich zu einem Marathon anzumelden, sondern wieder aufzustehen und weiterzumachen, als ich ihn nicht absolvieren konnte. Mutig sein bedeutete, die Liebe zu mir selbst, meiner Zeit und meinem Sein wertschätzend zu behandeln und deswegen eine Freundschaft zu beenden, die mir nicht mehr guttat. Ich lasse den Blick über halbgepackte Umzugskisten schweifen.

Mir meinen eigenen Schmerz anzuerkennen heißt auch, ihn nicht anderen zuzufügen. Nicht im Außen einzureißen, was ich im Inneren nicht geheilt hatte. In mich und meine Verletzung zu fühlen, statt um mich zu schlagen. Es brauchte Anläufe, mir einzugestehen: Das hat wehgetan, aber es ist mir wichtig, und ich probiere es noch mal. Das kann genauso gut bedeuten, um Hilfe zu bitten, wenn man nicht mehr kann. Je mehr ich dazulerne, desto weniger weiß ich. Mit jedem neuen Gedanken wird das Bewusstsein über alles, was sich noch hinter dem eigenen Horizont befindet, größer.

Der Alltag ist die Liebe

Jeden Sonntagabend sind Milli, Josy und ich verabredet zum Telefonieren. Ich hatte das nicht ganz richtig gemacht, hatte sie zu wenig in Hamburg besucht, als ich weggezogen war. Mich irgendwann auch zu wenig gemeldet, zu wenig Interesse gezeigt oder von mir erzählt. Es fiel mir schon immer schwer, Dinge aufrechtzuerhalten, die sich nicht natürlich ergaben. Aber unsere Freundschaft ist mir wichtiger als diese persönlichen Belange. Wir versuchen seither, jedes Wochenende zu telefonieren und uns alle einmal im Monat zu sehen – und seitdem wir uns das so vorgenommen haben, klappt das auch. Ich fühle mich ihnen gerade näher als je zuvor.

Ich liege auf Nicks Bett, während er in der Küche hantiert. Es riecht nach der köstlichen Mischung aus Knoblauch, Zwiebeln und Olivenöl. Nach und nach ploppen unsere Gesichter gegenseitig auf den Bildschirmen auf. Es ist kurz vor Weihnachten, Milli ist bereits zu Hause bei ihrer Familie in Düsseldorf. Sie schwenkt auf den fertig eingepackten Stapel Geschenke neben sich, wirkt gelöst und befreit. Wir erzählen uns von unserer Woche, von den letzten Erledigungen.

»Ich muss euch was erzählen«, unterbricht Milli dann unser teils durcheinander fallendes Gerede. »Ich hatte gestern Abend ein Date, hier in Düsseldorf, und heute hat er mir geschrieben, dass er nicht an mir interessiert ist. Zum ersten Mal überhaupt hat mir das nichts ausgemacht. Wie entspannend ist das denn? Da habe ich ein Date, er schreibt mir danach, dass wir es dabei belassen, aka er steht einfach nicht auf mich – und das ist absolut okay. Ich muss ihn nicht von mir überzeugen, so habe ich mich noch nie gefühlt. Man kann einem Menschen tausendmal sagen, dass er sich etwas nicht so zu Herzen nehmen soll, es muss Klick machen. Es war das erste leichte Date meines Lebens. Ich fing nicht an, mein ganzes Sein zu hinterfragen. Ob ich wohl so, wie ich bin, nicht richtig bin, ob irgendetwas mit mir nicht stimmt, ob ich mich ändern muss, um witziger, schlagfertiger oder interessanter zu werden – sondern ich kann ich sein, und er kann er sein, und wir sind beide genau gut so. Wir können weitermachen, ohne dass irgendwer ins größte Unglück stürzt. Wie schön ist das?!«

Josy starrt völlig perplex in ihre Handykamera.

»Hey, klappt deine Kinnlade gleich herunter oder ist dein Bild stehen geblieben?«, necke ich sie.

»Nein, ehrlich. Das ist toll«, spricht sie aus, was wir alle denken.

»Und du willst ihn ganz sicher nicht doch vielleicht heiraten?«, richte ich spaßeshalber noch an Milli. Ich betrachte sie über den Bildschirm, suche nach Anzeichen, ob es die kalte Jahreszeit ist, die sie dazu treibt, die weihnachtliche Einsamkeit, eben das, was sie mit uns geteilt hatte, dass sie sich an Feiertagen unvollständig fühlte, weil ihre Familie genau danach fragte.

»Ach, und heute Abend treffe ich mich wieder mit jemandem«, ignoriert sie mich mit voller Absicht, »ich habe ihn ewig nicht gesehen. Mit meinem ersten Freund, Jonathan. Wir waren verliebt, mit dreizehn. Aus ihm ist eine echt interessante Persönlichkeit geworden, soweit ich das beurteilen kann. Vielleicht war ich zu sehr auf der Suche nach diesem einen Mann, nach …«

»Urteile nicht via Instagram, mach dir lieber ganz unvoreingenommen ein persönliches Bild«, werfe ich bemüht hilfreich ein.

»Vielleicht habe ich ihn die letzten zehn Jahre ja übersehen. Auf jeden Fall, ich war selten zufriedener damit, zu Weihnachten allein nach Hause zu fahren. Das mit Jonathan wird bestimmt spannend.« Ein Aidan, denke ich.

»Hast du auch ein paar heiße Dates, Josy?«, frage ich.

»Ja, mit so einem gut aussehenden Typen, ich glaube, der heißt Tom«, kontert sie und lacht. »Nee, mal ernsthaft. Es gibt echte News. Wir haben überlegt zu heiraten. Ist aber noch nicht spruchreif. Vielleicht eine Party ohne Trauung.«

»Waaas!«, rufe ich aufgeregt, offensichtlich so laut, dass Nick kurz den Kopf zu seiner Zimmertür reinsteckt und mich fragt, ob alles okay ist. Ich zeige ihm den Daumen nach oben gerichtet, ohne meinen Blick groß vom Bildschirm und meinen Freundinnen abzulenken. »Essen ist gleich fertig«, murmelt er dann und zieht sich wieder aus der geöffneten Tür in den Flur zurück. Ich wohne quasi schon fast mit in seinem WG-Zimmer. Er, ich, der Hund und zwanzig Quadratmeter.

Josy weiht uns ein in die Details. Sie will kein weißes, sondern ein buntes Kleid tragen, ihre Locken nicht in einer Hochsteckfrisur bändigen. Und bisher stehen vor allem die Songs fest. Während sie das erzählt, kichert sie durchgehend. »Meine Oma wird's schrecklich finden. Ich werde es super finden.« Das passt so gut, dass ich das ganze Telefonat debil vor mich hin lächele. Wir verlieren uns in Gesprächen über Hochzeiten, die wir bereits besucht haben, gute Reden und schreckliche Dekorationen, Budgets und Kitsch, Liebe und Versprechungen.

»Wisst ihr, was cool wäre?«, werfe ich dann in den Raum. »Eine Hochzeit, ohne zu heiraten. Quasi eine Heiratsparty. Ohne diesen ganzen Kram von Steuerklasse wechseln und Co. Einfach ein Fest der Liebe und des Sich-zueinander-Bekennens.« Ich steigere mich rein, so wie immer bei neuen Ideen. »Das ist doch *die* Business-Idee. Ich kenne viele Paare, für die dieser konventionelle Weg nichts ist. Die zu frei leben, um vor einem Gesetz ihre Liebe bezeugen zu wollen, die aber solch eine Party, eine Zeremonie ihrer Liebe mit allen Vertrauten schön fänden. Alle zusammentrommeln und die Liebe feiern. Heiratspartys – das neue Business-Konzept«, male ich mit einer dramatischen Handbewegung an die Zimmerdecke über mir und grinse.

»Ja mega, wir sind deine ersten Kunden. Also planst du alles, perfekt, danke!«, kommt von Josy.

»Würdest du heiraten wollen, Lu?« fragen sie mich.

»Klar«, antworte ich prompt. »Ich mag das Emotionale daran. Das Versprechen und das Vertrauen. Ich liebe Hochzeiten. Oder Heiratspartys.«

»Echt, du?«, wirft Milli ein. »Ich hätte nie gedacht, dass Hochzeiten dein Ding wären.«

»Ich habe dazu einfach keine Pläne. Ich will, dass es sich von selbst entwickelt. Aber ja, ich finde, zu heiraten, ist etwas sehr Schönes, Inniges, Vertrautes. Ich freue mich so sehr, irgendwann mal auf deiner Hochzeit vor mich hin schniefen zu können, weil du umwerfend aussehen wirst«, richte ich an Josy, »ich kann auch ohne leben. Der Alltag ist die Liebe. Und trotzdem finde ich es, so ganz für sich, etwas Wunderschönes.«

»*Der Alltag ist die Liebe*«, wiederholt Josy und schwärmt von ihrem letzten gemeinsamen Jahr, ihrer Trennung im Frühling, dem Wieder-Zusammenfinden.

»Ihr seid so süß zusammen, mir wird ein bisschen schlecht«, grinst Milli schief.

»Sorry, schuldig«, antwortet Josy und zuckt mit den Schultern.

Mein eigenes Schwärmen verkneife ich mir, mir reicht der Gedanke, dass ich es könnte. Sie würden es auffangen und spiegeln. Ich behalte es für mich und in mir drin, trage es nach Friedrichshain und schenke es Nick, als der mir seine Tür öffnet. Zwischen Nick und mir fühlt es sich sicher an. Wertgeschätzt. Gebraucht.

Aufgeregt berichte ich ihm am Abend von Josys Hochzeitsplänen und dass wir im nächsten Sommer dazu eingeladen sind. Wir liegen auf seinem Bett, unsere Köpfe einander zugewandt.

»Sie denken an einen Hochzeitstanz zu *I Wanna Dance with Somebody* und zu *Friday I'm in Love*«, erzähle ich ihm, »ich habe schallend gelacht, als sie das gesagt hat. Sie haben sich wohl an einem Freitag kennengelernt und heiraten auch an einem. Wie witzig ist diese Wahl? Das passt so sehr zu den beiden!«

Nick lacht. »Voll. Das klingt richtig gut.«

»Haben wir eigentlich ein Lied, das uns miteinander verbindet?«, frage ich dann. Ich kann mich nicht erinnern, welches Lied lief, als wir uns kennenlernten. Irgendetwas von Liquido oder Roxette. »Zu welchem Lied würden wir denn tanzen?«

»Ach, ich weiß schon, zu welchem«, antwortet er in normaler Lautstärke und öffnet in seinem Handy meine *Melancholia*-Playlist.

»Echt?«, staune ich ungläubig. »Und welcher ist das?«

»Warte, ich suche es raus. Es gibt diesen einen Song, den haben wir schon öfter zusammengehört. Immer wenn der läuft, habe ich nur dich vor meinen Augen.« Während er diese Worte sagt, scrollt er durch die Playlist, eigentlich halb abgelenkt, mit einer völligen Selbstverständlichkeit, die mich noch mehr erstaunt.

»Hab ihn.«

Statt neugierig aufs Display zu schielen, lege ich meinen Kopf zurück aufs Kissen und mache die Augen zu. »Okay, bin bereit.«

»*Rewind to find you*«, ist eine rauchige, aber unschuldige Stimme zu hören. Ich erkenne den Song nicht direkt, öffne die Augen wieder leicht und schaue ihn fragend an.

»*All Your Love* von Dustin Tebbutt«, fügt Nick deswegen erklärend hinzu. Ich nicke. Schon mal gehört. Ich habe mir noch nie Gedanken über diesen Song gemacht. Wir verlieren uns in diese Stimme, die sein Altbauzimmer und die Blicke zwischen uns ausfüllt. Das könnte unser Song sein, ja.

Intensität

Gesicht strahlend
Inneres verschlossen
Durchs Leben tanzend
von Freiheit zu Leichtigkeit
bin ich doch jeden bis jetzt losgeworden.

Du kratzt an mir
willst mehr sehen als die Oberfläche
und ich lasse los.

Zuerst einen Finger nur,
dann die ganze Hand.

Sehe dich unentwegt an
während ich im Freien schwebe
dir alles gebe,
zeige,
bin.

Du entfesselst meine Ängste,
siehst verborgene Seiten
das hier sind andere Zeiten
als alles, was ich kenn

Manchmal habe ich das Gefühl,
durch deine Augen
sehe ich
die Welt
zum ersten Mal.

Zwischen den Jahren

An Weihnachten erzählt bei uns jeder beim Essen von seinem schönsten Moment im Jahr. Ich habe das vor einer Weile initiiert. Als Patchwork-Familie sind wir eine große Runde. Es dauert eine ganze Weile, bis jeder etwas Schönes erzählt hat, manchmal das ganze Essen lang. Es ist wie eine Tradition, dass jeder am Tisch erst darüber murrt, aber am Ende trotzdem jeder einen Tag, einen Ausflug oder eine Situation findet, die er wirklich gerne mochte und erzählen möchte. Meine Oma sagte immer ganz banale Sachen, so wie eine Zugfahrt letztens und die Bäume, die vorbeigezogen waren. Ich liebe die Einfachheit in den Erzählungen vieler Familienmitglieder. Dass es manchmal nur ein Waldausflug mit den Enkeln ist oder ein Treffen im Garten, bei dem sich alle mal wiedergesehen haben.

Die Erzählungen sauge ich stets auf wie ein Schwamm, haben sie doch so eine ruhige, fast stille Dankbarkeit für die kleinen Momente, für diesen Alltag, den wir zu oft zu wenig wertschätzen. Seit wir das Ritual eingeführt haben (okay: ich), gelingt es mir, selbst beim Kaffee machen an einem trüben Herbstmorgen darüber nachzudenken, wie besonders schön der Moment ist. Dass gerade mein Lieblingslied von der Playlist läuft und wie ruhig mich die neblige Stimmung draußen macht. Eigentlich ist es recht eigennützig, den Erzählungen der anderen an Weihnachten zu lauschen. Sie inspirieren und besänftigen mich, sie erschaffen in mir einen stillen Ort von Glück.

»Und Freunde, was war euer schönster Moment dieses Jahr?«, beginne ich also die Gespräche zu übertönen, während sich alle auf Klöße, Karotten, Rotkohl und Soße stürzen. Mein jüngster Bruder stöhnt auf.

»Also, ich hab direkt einen!«, ruft unsere Uroma und schnipst mit ihrem kleinen Zeigefinger und Daumen durch die Luft. In den letzten Jahren ist sie geschrumpft, ein bisschen dünner und weniger ist sie geworden. Von ihrer Lebensfreude hat sie nie eingebüßt. Ich finde es bereichernd, so viele Generationen am Tisch sitzen zu haben.

»Das eine Mal, als ihr mich alle hier besucht habt und der Kuchen so lecker geschmeckt hat«, sagt sie dann langsam. »Achso, und als ich allein einen Ausflug in die Stadt und zurück gemacht habe. Das war aufregend.« Sie verfällt noch in ein paar unschuldige Details über diese beiden Momente. Ich lächele sie dankbar an, weil sie diese kleine Tradition immer mitmacht.

»Was ist denn deiner Lui?«, fragt mein kleiner Bruder kauend dazwischen. Ich blicke mich kurz um und sehe in neugierige Gesichter. Eigentlich eine süße Truppe, meine Familie.

»Ein Tag mit Nick in Bages«, erzähle ich. Die Antwort auf die Frage fällt mir leicht, ich hatte schließlich das ganze Jahr darüber nachgedacht. »Wir hatten ein winziges Apartment an einem Binnenmeer und der Ort war nicht mehr als eine Stecknadel auf der Landkarte. Ein kleines Café auf einem Marktplatz zwischen beigen Häusern und Fliederbüschen. Es war unglaublich schön da. Eigentlich haben wir den ganzen Tag lesend verbracht und Rotwein getrunken.« Ich verliere mich zurück in diesen Moment voller Liebe, und mir wird klar, dass dieses erste gemeinsame Jahr fast zu Ende ist. Leichtigkeit wechselt sich ab mit Melancholie.

Ich denke über die Worte meiner Uroma nach, und darum, wie – theoretisch – unspektakulär ihre Ausführungen immer sind. Sie ist die Verkörperung davon, Liebe und Glück im Alltag zu finden. Das Unspektakuläre genauso zu feiern wie die Highlights.

Es ging nie darum, nur einzelne und möglichst viele Glücksmomente oder Meilensteine anzuhäufen. Die Summe unspektakulärer Tage, an denen du für dich allein zu etwas Großartigem herangereift bist, sind deswegen noch lange nicht nichtig. Sie sind die wunderbaren Zwischenräume zwischen den Höhepunkten. Nick hat die tollste Familie. Ich habe das auch. Seine ist ein Teppich, meine eher ein loses Puzzle. Sie sind beide auf ihre Weise vollkommen. Ich denke an die Menschen im Altenheim und die letzten vier Wochen, die ich ihnen jeden Dienstag vorlesen durfte. Ich habe jedem von ihnen in der letzten Woche eine Postkarte geschickt.

An jedem einzelnen Weihnachtstag liege ich nachts vollgefressen zwischen Kerzenduft in meinem alten Kinderzimmer und telefoniere zwei Stunden mit Nick. Wir können es kaum erwarten, uns für Silvester endlich wiederzusehen.

Die letzte Woche im Dezember, die letzte im Jahr, ist das, was ich als magisch bezeichnen würde. Es ist die Zeit, in der sich zusammen mit dem ersten Schnee eine ganz besondere Ruhe über die Stadt legt. In der die Straßen wie leer gefegt scheinen. In der die Erwachsenen träge die Hände über dem kugelrunden Bauch verschränken und den Kindern zuschauen, die tagelang nicht von ihren Weihnachtsgeschenken ablassen können. Vielleicht liegt es daran, dass über die Weihnachtsfeiertage zu viel gegessen wurde – plötzlich scheint es, als wäre die ganze Stadt verstummt.

Stumm, aber nicht lautlos – es ist eine leise, knisterige Spannung, die sich in der letzten Dezemberwoche über die Kleinstadt legt. Ganz für sich allein lässt jeder sein persönliches Jahr Revue passieren, denkt mit glänzenden Augen an die schönen Tage, grübelnde Falten bilden sich auf der Stirn, schweifen die Gedanken zu den eher schwierigen Zeiten. Gespräche darüber finden im Flüsterton statt – keiner will diese ganz besondere Stille stören.

Zwar versucht das Leben, in dieser kurzen, stillen Pause zwischen Weihnachten und Neujahr wieder in seinen ganz normalen Rhythmus zurückzufinden, doch das klappt nicht so ganz. Denn irgendwie scheint es, als würde alles langsamer gehen als sonst. Stumm schieben sich die dicken Bäuche aneinander vorbei, um ungeliebte Geschenke umzutauschen, Weihnachtsgeld auszugeben oder Silvestervorbereitungen zu treffen. Und während ich so auf dem Marktplatz meines Dorfes stehe, stelle ich verwundert fest, dass alles wie in Zeitlupe abzulaufen scheint. Auch der Rückweg nach Hause, nun eine wieder leere Kleinstadt hinter mir lassend, dauert länger als sonst. Vor allem ist es die einzige Woche im Jahr, in der ich wirklich ausnahmslos jede Sekunde glücklich bin. Satt, träge, stumm. Aber glücklich.

Zwischen den Jahren ist ein unglaublich heimeliger Ausdruck. Die Zeit zwischen Weihnachten und Silvester, wenn die Welt fast stillsteht. So wie die Welt um fünf Uhr morgens. Die Zwischentage sind genau das. Ruhige Selbstbestimmung, Entschleunigung und einsame Sonnenaufgänge.

Sonnenauf- oder Untergänge bilden den Übergang – wie ein Abschied, ein letzter Tanz, ein letzter sanfter Kuss, noch einmal das Lieblingslied hören – und dann für immer Lebewohl sagen. Diesem Tag zumindest, ein Abschied für immer. Das lässt uns erkennen, wie viele Tage wir abends verabschieden, ohne sie richtig wahrgenommen zu haben, wie viele Abschiede ungerechtfertigt sind, zu früh, nicht gewollt. Wenn die Welt von Dunkelheit zu Licht und abends wieder zurückgeht, ist das ein Kreislauf, den wir nicht aufhalten können. Etwas, auf das wir keinen Einfluss haben, in einer Welt, in der wir sein können, wer wir möchten und uns alle Türen offenstehen. Das hier ist der letzte für dieses Jahr.

Wir hatten erst überlegt, uns von beiden Freundeskreisen abzuseilen, um dieses Silvester am Meer in einer kleinen Holzhütte zu verbringen. Josy und Tom hatten zu ihrer Silvesterparty eingeladen. Spontan, eigentlich erst am selben Tag, hatten wir beschlossen, doch nach Hamburg zu fahren. Milli hatte mir tausend Nachrichten geschickt, dass sie sich ohne Nick nicht traute,

Jonathan mit auf diese Party zu nehmen, und ich fand die Vorstellung, dass sich alle kennenlernen, ganz wunderbar.

»Mir sind noch drei bessere Worte für dieses Jahr eingefallen«, sage ich zu Nick, als letzten Satz des Jahres. Wir stehen auf der Dachterrasse der kleinen Wohnung und gucken über die Schanze. In der Wohnung zählt jemand einen Countdown runter. »Liebe, Tiefe, Zuversicht.«

»Klingt schon besser«, befindet er. In dem Moment knallen die Raketen über uns. Ich kann die Heimat in meinem Herzen gefunden haben, und es ist trotzdem okay, eine Weile woanders zu wohnen, vielleicht eine Fernbeziehung mit der Stadt zu haben, die man liebt, überlege ich, während ich Hamburg unter mir betrachte. Es ist umso schöner, eine Heimat in sich drin gefunden zu haben.

Anders schön

Januar

Das Wasser plätschert schwarz vor uns, die Stadt ist nur in ihren Umrissen in der verschluckenden Dunkelheit zu erkennen. Ich blicke auf die sich über Hamburg ausbreitende Nacht, als Nick von hinten seine Arme um mich schlingt. Ich habe Florence and the Machine auf meinen Kopfhörern und gebe ihm einen davon ab. Wir waren nach Mitternacht herspaziert, um das neue Jahr in Ruhe zu begrüßen. Ein paar Stunden vorher hatten wir in großer Runde Wunderkerzen angezündet und in den Himmel geguckt. Ich hoch zu ihr. *Es ist Neujahr. Nick versteht.*

Er steht schräg hinter mir und spricht an meinem Ohr vorbei zur Alster vor uns, die in der Dunkelheit des neuen Jahres leise ihre Wellen schlägt. Sein Seelenleben ist aufgeräumt, er hat keine dunklen, verstaubten Ecken. Alles, was er ist, trägt er mit großer Klarheit ans Tageslicht. Die Abgründe anderer Menschen konnte er sich nur schwer vorstellen. Aber er wachte gutmütig, wenn andere weinten. Ich nehme einen kleinen Stein in die Hand. Diese Nacht beendet das zweite volle Jahr ohne meine Freundin.

»Sie hat so richtig geliebt. Ihren Freund, das Leben, ihre Wohnung, ihren Kater. Wenn ich zu Techno tanzen bin, sehe ich sie vor mir, wie sie ihr Gesicht in die Dunkelheit streckt und die Augen schließt, um jeden Beat in der Musik zu fühlen. Selbst zum Sport gehen oder Samstagfrüh aufstehen, um einzukaufen, mir fällt nichts ein, was sie nicht geliebt hat. Doch«, lache ich dann. »Laufen. Sie hat es gehasst. Sie hat nie verstanden, warum man stumpf in der Kälte durch die Welt läuft, wenn man auch mit Gewichten in einem warmen Raum umgeben von schönen Männern trainieren kann. In dem Punkt hätten wir nicht unterschiedlicher sein können. In vielen eigentlich.«

»Wenn du von ihr erzählst, klingt das so schön. Das sind schöne Erinnerungen.«

»Ich habe mich nie von ihr verabschiedet.«

»Dann mach jetzt genau das. Geh dich verabschieden. Es ist nie zu spät, das Richtige zu tun.«

»Immer, wenn ich mir einen Kaffee mache, habe ich ihre Stimme im Kopf, wie sie den Milchschaum bewerten würde. Eine zehn von zehn gab es nur selten. Immer, wenn ich durch meine kahle Küche blicke, höre ich sie sagen, dass da frische Tulpen fehlen. Sie war die pure Liebe. Sie ist übergesprudelt vor Liebe. Ich will das, was sie mir mitgegeben hat, ihre Körperlichkeit, ihre Nähe, ihre warme Aura, in die Welt tragen. Sie hat Menschen geliebt, das Leben geliebt. Ich will sie weitertragen.« Ich spiele immer noch gedankenverloren mit dem Stein. Er passt genau in meine Hand, seine Oberfläche ist glatt und an drei Stellen hat er Kanten. Ich berühre eine dieser Einkerbungen mit meinem Daumen. Und irgendwie beschließe ich, mir hier, an dieser Stelle, zu vergeben. Loszulassen. Ich beschließe, mir zu verzeihen. Weil sie es längst getan hätte. Inmitten dieser Kälte wird mir von innen heraus warm. In einer großen Bewegung lasse ich meinen Arm und den Stein in meiner Hand nach vorne schnellen, beobachte, wie er fliegt, um ins Wasser einzutauchen. Als er vollkommen verschwunden ist, beruhigt sich das Wasser wieder. Alles geht innerhalb von wenigen Sekunden vonstatten.

In den nächsten Wochen mache ich genau das. Sie hoch oben im Norden besuchen und mich verabschieden. Zwei Jahre zu spät, aber in der Ewigkeit ist Zeit nur eine Illusion – da zählt nicht das Wann, sondern das Wie. Zumindest zwischen ihr und mir bin ich mir da sicher. Es ist schwer, aber ich bin voller Zuversicht. Wegen ihr. Auf dem Rückweg nach Berlin halte ich noch einmal in Hamburg bei Josy und Milli. Auch Janne ist gerade in der Stadt, sie hatte hier am Vorabend ein Konzert von Halsey besucht. Drei Frauen, die mir so viel bedeuten, mit einem Schlag sehen zu dürfen, erfüllt mich mit Liebe.

Wir treffen uns auf ein Mittagessen im *Alten Mädchen*, ganz in der Nähe von Josys Wohnung. Schon als ich beide umarme, fällt mir der Ring an Josys zarten Fingern auf. Auch Janne sieht ihn sofort, als sie Momente später wie eine strahlende Erscheinung an diesem Wintertag, an dem es gar nicht richtig hell wird, das große Restaurant betritt. Sie quietscht laut und umklammert Josys Hand. Die Liebe ist wirklich überall, denke ich noch, da bricht Josy schon in einen Redeschwall über diese fabelhaften Neuigkeiten aus. Darüber, wie sie es ganz nüchtern besprochen haben, und über seinen Antrag ein paar Tage später, auf dem Sofa, beim Pizza essen. Über Jetzt und Zukunft. Josy erzählt von ihren Plänen und spielt an ihrem Ring. Milli beobachtet sie dabei, Janne stellt Fragen, dann erzählt sie von Halsey, von Berlin und ihrem Dezember.

»Janne«, fange ich an. Ich habe einen Anfall von Emotionen, die ausgesprochen werden wollen. Weil ich erkannt habe, warum ich sie zurückhalte, weil ich ihnen den Raum geben möchte, den sie verdient haben. Ich kann keine gute Freundin sein, ohne meine eigenen Gefühle Teil des großen Ganzen zu machen. Ich konnte nicht Teil einer Freundschaft sein wollen und mich gleichzeitig raushalten. »Du hast mir ein Zuhause gegeben, dort in dieser neuen Stadt. Wenn du nicht wärst – und Maja –, würde ich sonntagmorgens alleine im *Kater Blau* stehen und LSD nehmen.«

»Quatsch«, lacht sie, »rede nicht so einen Mist.«

»Was ich meine, ist: Ohne dich wäre Berlin grauer, langweiliger, schneller, blöder. Du hast mir dort ein Zuhause gegeben. Du fängst mich auf, du findest mich, wenn ich es selbst nicht tue.« Sie nimmt meine Hand. »Und ihr beiden, ihr seid meine Familie. Und ich weiß, dass ich immer zu euch zurückkommen kann.« Ich schlürfe laut aus meinem Drink. »Ist es nicht verrückt, wie viele verschiedene Pfade das Leben theoretisch für uns bereithält? Ich bin so gespannt, wo das in den nächsten Jahren noch hinführt. Wo wir in zwei oder fünf Jahren alle stehen werden«, plappere ich vor mich hin. Ich plane und träume halt gerne, das macht mich glücklich. »Ob wir bis dahin alles über den Haufen geworfen haben, andere Jobs, neue Männer, neue Wohnungen, oder ob wir immer noch wie jetzt leben. In zwei oder fünf oder zehn Jahren kann so viel passieren. Vielleicht wandert eine von euch ja aus.«

»Da tippe ich auf Janne«, meint Josy, und wir anderen lachen.

»Ich habe immer noch hier und da diese Frage in meinem Kopf. Nur noch ganz selten, zugegeben. Dieses ›Was, wenn es nicht hält?‹« Ihr blasser Kopf läuft unter ihren rabenschwarzen Haaren leuchtend rot an. »So bin ich halt.« Milli hatte im Dezember angefangen, sich wieder mit ihrem ersten Freund zu treffen.

»Ist doch völlig egal«, haut Janne mit der Hand auf den Tisch, ein bisschen fluchend, um dann ob ihres Gefühlsausbruches in die Runde zu lachen. »Dann wird es eben irgendwie anders wunderbar schön.«

»Kein Scheitern, sondern nur irgendwie anders schön«, murmele ich in ihr Gespräch hinein und verstärke meine Stimme. »Eigentlich ist das verrückt. Wir sind so gepolt, dass wir Liebesbeziehungen, die zu Ende gehen, als gescheitert betrachten, sie aus unseren Fotoalben reißen, die digitalen Fotos löschen und die gemeinsame Vergangenheit in die Mülltonne vor dem Haus werfen. Wir nehmen uns selbst die Bedeutung aus unseren Beziehungen, nur weil etwas nicht gehalten hat. Wir revidieren damit jegliche Liebe, alles Glück, das wir einst gefühlt haben, alle verlebten Urlaube und Abenteuer und Alltagsmomente. Dabei sollten wir etwas nicht am Ende messen, das es nimmt, sondern eher am Höhepunkt. An der guten Zeit miteinander. Das ist das, was uns in Erinnerung bleiben sollte. Man hat doch diese Liebe gefühlt, wieso versucht man, sich danach einzureden, das wäre nie so gewesen? Es muss gar nicht alles für immer sein. Für immer ist auch eine ziemlich lange Zeit. Wenn wir jeden Funken, jeden Moment, jede gute Sache nur am *Für immer* messen, machen wir uns jede schöne Erinnerung damit kaputt. Natürlich muss man deswegen Trennungen nicht feiern, aber vielleicht geht eine Mischung aus beidem, in guter Erinnerung behalten und loslassen? Eine Geschichte ist nicht weniger wertvoll oder erzählenswert, nur weil sie vielleicht nur einen Sommer umfasst, ein Jahrzehnt, bloß neun Monate oder drei Jahre.« Das *bloß* setze ich in der Luft in Anführungszeichen, während Janne stürmisch nickt.

»Wer weiß schon, was kommt. Also koste es so richtig aus. Genau jetzt. Vielleicht sogar, weil ein ›Für immer‹ ganz schön lang ist«, fügt sie an Milli gerichtet hinzu.

»Ich glaube nicht ans Scheitern. Also, dass das Ende einer Liebe ein Scheitern ist. Ich glaube, dass die Menschen, die wir treffen, einfach unterschiedliche Phasen und Bedeutungen in unserem Leben einnehmen und sie ab und zu wieder Platz für etwas Neues machen. Für Veränderung. Und wenn man das so richtig verinnerlicht hat, wenn das da drin ist«, tippe ich auf Millis hellblauen Pullover und meine eigentlich ihr Herz, »dann kannst du gar nicht fallen. Wenn es kein Scheitern gibt, dann fühlt sich alles wie Fliegen an. Weil es kein Stillstand ist. Es geht ja immer nur weiter.«

Milli schaut skeptisch, und fängt dann an zu lächeln. »Verliebt sein ist etwas Schönes.«

»Tatsächlich – wenn ich es mal so richtig bedenke – war ich auch vor Nick verliebt. Ich bin jede Straße lang gegangen und habe eine unheimliche Liebe in mir gefühlt. Ich war immer verliebt, in das Leben und in mich selbst. In Menschen generell. Deswegen ist für mich mein Beziehungsstatus meistens unerheblich gewesen.« Denn Liebe findet nicht nur zwischen Nick und mir statt. Die Liebe ist überall. Ich habe mich in einen Mann verliebt, aber viel mehr noch in das Leben und mich selbst, durch ihn. Josy stimmt in meine schwelgenden Bemerkungen über die

Liebe ein. Nach dem schönsten Start ins Jahr mit diesen drei wunderbaren Frauen, steigen Janne und ich in meinen Bulli und verabschieden uns. Ich nehme Janne mit dem Auto zurück nach Berlin. Ich fahre so langsam, dass die Fahrt eine halbe Ewigkeit dauert. Ich will, dass dieses Jetzt nie wieder vorbeigeht. Lautstark singen wir zu *Go Your Own Way* von Fleetwood Mac. Die Natur an den Straßenrändern scheint sich schon bereit für den Frühling zu machen. Der Straßenbelag glitzert mir entgegen.

Freundschaft kann man nicht verlernen. Man kann nur zeitweise an unterschiedlichen Punkten im Leben stehen. Eine Weile aneinander vorbeireden, sich nicht mehr fühlen, aber sich wiederfinden. Alles, was zusammengehört, sein soll, wird sich finden. Wird da sein.

Liebe ist das hier zwischen uns Freundinnen, ist das, was ich als Heimat und Zuhause empfinde, die Zufriedenheit, wenn ich mich mit meiner älteren Freundin Hera austausche. Wenn ich in einem Café neben einer Mama und ihrem Neugeborenen sitze, wenn ich Sophie von Meienstätten und den anderen vorlese, genauso, wie wenn ich merke, wie manch einer für seinen Beruf oder seine Berufung brennt. Junge Frauen, die sich zusammentun, um zusammen zu gründen und die Welt ein bisschen besser machen. Das ist alles Liebe, überall. Vor allem die für uns selbst.

Zuversicht

We don't know what's good for us
'Cause if we did, we might not do it
Who knows where our limits lie?
We won't discover 'til we push it
Grip, Bastille

Ich glaube nicht, dass wir immer wissen, was uns glücklich macht, und dass wir, wenn wir es wüssten, es vielleicht nicht tun würden. Wir neigen zu Trotzreaktionen, wenn wir das Gefühl haben, etwas nicht mehr in der Hand zu haben. Ich glaube, dass Nicht-Wissen, unbedarftes Ins-Glück-Stolpern, zum Leben dazugehört. Und trotzdem war es wichtig, das Leben aktiv in die Hand zu nehmen. Nichts Bestimmtes zu suchen bedeutete noch lange nicht, sich nur von Zufällen und ohne eigene Intentionen leiten zu lassen. Es war ein schmaler Grat, offen für Neues zu bleiben und sich dabei nicht von Eventualitäten fremdbestimmen zu lassen.

Wenn jemand erwähnte, dass er gerade laufen war, war das immer noch ein Stich in mein Herz. Aber ich merkte auch, dass alles vergänglich war. Wenn ich eine Sache, die zu mir gehörte, nicht mehr ausüben konnte, könnte das einerseits mein ganzes Leben und mich das ganze nächste Jahr runterziehen. Oder ich lasse los und konzentriere mich darauf, dass alles drumherum, mein Inneres, trotzdem immer noch ich bin.

Ich höre *Grip*, diesen Song, und packe die Kisten in meiner Wohnung ein. Ich habe die Hälfte meiner Bücher einem Secondhand-Store vermacht, um ihnen ein neues Leben zu geben, genauso wie einen Großteil meiner Klamotten.

Vor einem Jahr und vier Monaten waren wir nach einem spontanen Entschluss, es mal in Berlin zu versuchen, hier gelandet, in dieser großen Wohnung, mit den verspiegelten Wänden, der weißen Hochglanzküche und der beigen makellosen Tapete, die jetzt voller Spuren von unseren Partys ist. Das würde uns noch einiges von der Kaution kosten. In ihrer Sterilität hatte ich meine eigene Lebensfreude immer mehr vermisst, um irgendwann die Reißleine zu ziehen.

Damals hatte der Mitbewohner beschlossen, ein paar Jahre in Berlin zu bleiben, aber jetzt zieht es ihn zurück. Ich wollte nur ein Jahr hierbleiben, und bleibe länger. Das ist das schönste Beispiel für: Man kann eben nie wissen. Was vor uns liegt, hätten wir niemals greifen können. Ich habe nie etwas aktiv gesucht und doch gefunden: Mich, meine Trauer, meine Lebensfreude, die engsten Verbindungen zu neuen und alten Freundinnen. Alles davon hat mich gefunden. Einfach so.

Also ziehe ich erst einmal zu Nick. In sein WG-Zimmer, übergangsweise, in den Altbau, in den ich niemals ziehen wollte. Nur, dass mir das inzwischen ganz egal ist. Weil er dort ist. Und vielleicht ziehen wir irgendwann von dort aus weiter, in etwas Eigenes, Gemeinsames. Wenn wir etwas finden. Oder direkt in die Scheune. Inzwischen haben wir einen detaillierten Plan für den Umbau ausgearbeitet. Es war gar nicht so einfach gewesen, in eine fensterlose Scheune aus nicht verbundenen Räumen mit tiefen Dachschrägen im zweiten Stock eine Zimmeraufteilung hinzubekommen, die Sinn machte. Nick hatte einen Zeichner für den Bauantrag beauftragt, der mit uns darüber grübelte.

»Das Gute daran, dass wir uns jetzt meine winzig kleine Miete von meinem WG-Zimmer teilen, ist, dass wir wegfahren können. Auf Reisen gehen. Wie schön«, erklärt Nick mir fachmännisch, als wäre das völlig klar.

Ich habe einen Koffer voller Sachen, den ich mit zu Nick nehme. Meine letzten drei Tagebücher, mein aktuelles Fotoalbum, ein paar graue weiche Pullover und meinen Glitzerrock, einen Rollkragenpullover, mein Frühlingskleid mit den Blumen, die Lederjacke, die Stiefel. Meine liebsten Bücher. Ich liebe Bücher mit dem Wort Einsamkeit im Titel, sie ziehen mich magisch an. Und vielleicht will ich selbst mal eines schreiben, über die Einsamkeit. Irgendwo, tief in mir drin, bleibe ich eben immer ich selbst. Ich lächele und fahre über die Bücherrücken. Nur einen Koffer voll. Mehr brauche ich gerade nicht. Sogar seine Couch vermacht er über eBay Kleinanzeigen einer Familie, die sie gebrauchen kann. Ich mochte sie nie, weil sie kalt und aus Leder war. Stattdessen zieht mein graues Wohnsofa mit der riesigen Liegefläche bei ihm ein. Genauso wie meine Pflanzen, die seine zwanzig Quadratmeter in einen grünen Dschungel verwandeln.

Alles andere bringen wir in seinen Keller. Janne, Maja und ein paar von Nicks Freunden packen tatkräftig mit an. Nach unserer Diskussion auf Usedom hatten wir uns angenähert, und ich lerne immer mehr darüber, wie differenziert jeder seinen Teil der Welt betrachtet. Nick ist in seinem Leben von tollen Menschen umgeben, die ich mittlerweile fest in mein Herz geschlossen habe. Zwei Tage später lasse ich die schwere Tür der nun leeren Wohnung ins Schloss fallen.

»Gute Fahrt zurück nach Hamburg«, verabschiede ich den Mitbewohner, während sich unsere Wege vor dem Haus trennen.

»Gute Zeit noch dir in Berlin.« Mehr Worte wechseln wir nicht. Und während er zurück nach Hamburg geht, bleibe ich. Vielleicht nicht für immer. Aber zumindest für diesen Moment. Weil es nicht der Ort, sondern die Menschen sind, die mich halten. Weil meine Geschichte hier noch lange nicht fertig geschrieben ist. Die Liebe, die mich glücklich macht, befindet sich genau hier. Die schönen Dinge können hinter und vor uns liegen. Und solange ich Zuversicht fühle und vertraue, kann mir nichts passieren.

Achtzehn Grad

Februar

Wir beobachten die Wellen vor Foz do Douro, und ich begebe mich zurück in den Meditationszustand aus Biscarrosse-Plage vom Anfang dieser Geschichte. Wieder am Atlantik, nur woanders. Sie wachsen und brechen, ziehen sich zurück und nehmen erneut Anlauf. Ich denke über mein Versagen nach und darüber, mich wieder aufzurappeln. Fallen und aufstehen, eigentlich ein ganzes Leben lang. Das hier wird nicht die letzte Hürde bleiben, das letzte Versagen. Das weiß ich und das ist okay so. Die Begegnungen der letzten Monate, das Aufrappeln, das Mutigsein hatte mir tiefes Urvertrauen eingeimpft. Die Wellen vor uns brechen sich an scharfen Klippen.

Wir sind auf Reisen, nur zu zweit, wie wir es im Oktober beschlossen hatten. Vor uns liegen zwölf Tage durch Portugal, wieder am Atlantik, wie auf unserer Bullitour. Wir sind die gleichen, und doch fühlt es sich sieben Monate nach unserem Reisemonat in Frankreich ganz anders zwischen uns an. Tiefer. Lissabon, Sagres, Lagos und Faro liegen vor uns. Nick ist ein bisschen zu groß und zu blass, ansonsten würde er unter den Portugiesen gar nicht auffallen. Wir brauchen ein paar Tage, die Schichten aus Staub, die Berlin auf uns hinterlassen hat, abzuschütteln. An einer Straßenecke zur Rua das Flores steht ein Saxofonspieler und unterlegt den sonnigen Tag mit seinen Klängen. Von den Balkons der umliegenden Häuser hängen lange Blumen aus ihren Kästen. Porto ist meine Herzensstadt, hier habe ich bisher meine intensivste Reise verbracht, und es bedeutet mir unheimlich viel, Nick die Stadt zu zeigen.

»Das damals in Porto, vor zwei Jahren, war die perfekte Urlaubswoche. Ich habe mich treiben lassen, ohne Plan, ohne Ziel«, sage ich zu ihm.

Er fragt nicht nach, denn ich habe ihm schon oft von dieser Reise erzählt, meiner ersten ganz alleine. In der Bar hier in Foz bringt uns der Kellner zwei Gläser süßlichen roten Portwein. Wir lassen die Beine vom Rand der kleinen Plattform baumeln. Wieder hier zu sein, ist, als würde ein Kreis sich schließen, eine Geschichte, die hier angefangen hat, ihr Ende finden.

»Allein war ich hier, einsam aber nicht. Ich war am Meer und in Cafés voller Einheimischer, habe Brocken auf Portugiesisch in Caféräume geworfen und am Douro gesessen, um bei sieben Grad tanzende Verliebte zu beobachten. Ich war da allein, einsam eigentlich auf den ersten Blick, aber stattdessen war ich randvoll mit Trauer und Liebe.«

Ein paar Abende später laufen wir in Lissabon auf der Rua da Atalaia an einem Lokal vorbei, in dem die Leute auf den Tischen tanzen. Die Musik dringt laut in die schmale Gasse. Die fröhliche Szenerie reißt mich so mit, dass ich Nick auf der Straße herumwirbele, mir die Tanzschritte zutraue, die wir zusammen gelernt hatten. Europa ist wunderbar vielseitig, sodass man gar nicht ans andere Ende der Welt muss, um sich zwischen fremden Kulturen und neuen Geschmäckern durch unbekannte Orte treiben zu lassen.

Manche Menschen macht sicher das Gegenteil vom Treibenlassen glücklich, auf einer Reise nur vorab geplante Punkte abzulaufen. Touristen haben meistens einen Plan, sie ziehen los und suchen etwas Bestimmtes, Sehenswürdigkeiten, berühmte Plätze und mit fünf Sternen bewertete *TripAdvisor*-Restaurants. Das ist mit Sicherheit eine Einstellungsfrage. Aber ich bin der festen Überzeugung, dass man auf einem nicht durchgetakteten

Trip viel mehr von einer Stadt sehen kann. Das Leben an sich ist eine Reise, und jeder muss für sich entscheiden, wie er es verbringen will. Die großen Sehenswürdigkeiten abklappern, Eiffelturm, Montmartre, Louvre. Heiraten, Haus, Kinder. Oder die vielen kleinen Umwege nehmen, die kleinen Cafés, Gassen, durch unbekannte Viertel.

»Zerstört der Tourist, was er sucht, indem er es findet?«, richte ich an ihn, eher schwelgend, nicht wirklich eine Antwort erwartend. Wir sinnieren. In Lissabon geht die Sonne langsam über der Dachterrasse unseres Hostels unter. Jemand zupft leise Klänge auf seiner Gitarre. Ein Hauch von Zuhausesein hängt in der Luft. Es ist nicht schlimm, sich noch nicht gefunden zu haben. Noch nicht auf jede Frage eine Antwort zu haben. Und vielleicht ist das Unterwegssein auch viel schöner als das Ankommen. Denn wenn man einmal angekommen ist, wie geht es weiter, wo geht es hin?

Er liest oder arbeitet bis weit nach Mitternacht, ich stehe um sechs Uhr dreißig und damit drei Stunden vor ihm auf. Wie eine Katze winde und strecke ich mich, wenn ich aus seiner warmen Umarmung raus in den Tag krieche. Morgenspaziergänge unternehme ich allein, den ersten Kaffee trinke ich allein, die Tage verbringen wir zusammen. Egal, ob in Berlin oder hier in Portugal, wir haben unseren ganz individuellen Rhythmus gefunden.

In der Bar eines Hostels in Sagres saugt Nick völlig elektrisiert die Anwesenheit der anderen Fremden auf. Verwickelt sie in Gespräche, während ich mich mit meinem Notizbuch in eine der hinteren Ecken des Gemeinschaftsraumes zurückziehe.

»Was schreibst du da?«, fragt mich der Belgier, der gerade noch seine Parodie eines Politikers zum Besten gegeben hat.

»Eine Liebesgeschichte«, antworte ich.

»Worum geht es?«, fragt er interessiert.

»Um alles und nichts. Ums Suchen und ums Finden. Und sehr viel dazwischen.«

»Okay, aber wie ist der Plot?«

Ich überlege. »Das ist eine Liebesgeschichte. Liebesgeschichten brauchen keinen Plot. Sie werden vom Leben geschrieben. Sie *sind* einfach.«

Wahrscheinlich hätte ich selbst nicht gedacht, dass ich so etwas hinkriege. Eine intakte Partnerschaft zu führen. Vielleicht können wir mehr, als wir uns zutrauen. Vielleicht sind wir zu mehr in der Lage, als wir dachten.

In einer Partnerschaft zu sein, in der ich mich eigentlich nicht gesehen hatte, lässt mich mich mehr mitteilen, auf jeden Fall. Lauter denken, mehr reden und öfter aus meinem Kopf heraus tanzen. Sie tut mir gut. Es tut meinem Einsiedlerdasein gut. Nick tut mir gut. Als hätte ich eine neue Sprache gelernt oder einen Teil meiner Persönlichkeit entdeckt, der mir nicht bekannt war. Als hätte ich etwas gefunden, was ich nie gesucht habe, und was doch auf einmal da war, so, als wäre es nie anders gewesen. Ja, ich konnte gut allein sein. Das Gemeinsamsein war für mich die eigentliche Kunst. Und ich schlage mich gut. Ich nehme dieses Glück einfach an.

Das Jahr ist noch jung, und ich bin gespannt auf all die Magie, die es erschaffen wird.

Für die Zeit nach dem Urlaub habe ich mich eine ganze Woche in der Heimat einquartiert und mich für jeden Mittag bei meinen Großeltern zum Essen angekündigt. Auf der Suche nach meinen Wurzeln und ihren Geschichten, denen ich zu lange nicht mehr zugehört habe.

Ich verabschiede mich von Nick mit einem Kuss, greife meine Jacke und ziehe los, eine Weile spazieren. Vom Hostel bis raus an den Rand der Klippen, unter denen sich das Meer bricht. Es sind achtzehn Grad. Ich ziehe meine Jacke an, setze mich an die Kante der hohen Felsen und lasse den Blick über den fast unwirklich schönen türkisenen Farbton des rauen Meeres schweifen. Das Leben kommt in Wellen, holt uns ab, spült uns wieder fort und trägt uns zurück. Immer und immer wieder. Die

Sonne bricht sich weit unter mir auf der Oberfläche des Ozeans, das Wasser glitzert, tanzt beinah im Licht. Hier in Sagres an den Felsklippen herrscht ein böiger Wind, viel mehr noch als draußen in Foz vor Porto. Ein paar einsame Surfer trotzen den großen, sich aufbäumenden Wellen. Der Wind peitscht mir meine Haare um die Ohren.

Ich ziehe meine Jacke fester um mich und umarme mich dabei irgendwie auf eine schöne Weise selbst. Als mir dieser Gedanke kommt, finde ich ihn so wunderbar wohlig, dass er meine ganzen letzten Monate auf eine vollständige Weise zusammenfasst. Denn vielleicht ging es nie darum, die große Liebe zu finden. Vielleicht ging es die ganze Zeit vor allem darum, zwischen Verzeihen und Mut, die Liebe in uns und für uns selbst zu finden. Nur ein paar Notizen, ein paar Monate Leben, ein Bruchteil der Unendlichkeit. Es ist Februar. Die Sonne scheint. Das ganze Leben liegt vor meinen Füßen. Ich laufe los.

Danksagung

Ich saß draußen in der Sonne, tippte den letzten Satz, fuhr zum Copyshop, um die Seiten auszudrucken, und damit im Gepäck zur Scheune, um sie Nick zu überreichen. Er ist der Erste, der alles liest, was ich schreibe. Und es hatte etwas Feierliches, einen kleinen Teil unserer Geschichte gepresst zwischen Buchdeckeln zu wissen.

Die meisten Geschichten in RomComs wie New-Adult-Literatur enden damit, dass die beiden sich kriegen. Happy End, Vorhang, Ende. Das hier ist der Versuch eines ehrlichen Danachs. Und am Ende dieses zweiten autobiografischen Romans will ich ausführlich Danke sagen.

Danke an Piwi, Emmy, Johanna, Kati, Trixi, Mehtap, Mira und Nick, dass ihr reingelesen und mir hilfreiche Hinweise gegeben habt. Danke an alle meine Liebesfreund*innen, die so schlaue Menschen sind und weise Dinge sagen, über die ich reflektieren kann. Wir wachsen gemeinsam. Danke an Diana (@doandlive), der das Ofentomaten-Rezept eigentlich gehört, dass ich es Josy unterschmuggeln durfte.

Zuallerletzt und am allermeisten: An Nick, der du im echten Leben anders heißt, wie alle, über die ich hier schreibe. Danke, dass du deine Worte mit einem Kopfnicken genehmigst, wenn ich sie notiere. »Klar, warum auch nicht?«, hast du gesagt, als ich gefragt habe, ob ich deine Gedichte und deinen Brief auch wirklich so verwenden kann. Danke für dich, für deine Klarheit und für die Liebe und Wertschätzung, die du in die Welt trägst. Dieses Buch ist ein Versuch, das in Worte zu fassen.

Dieses Buch ist über die Liebe, über den Alltag dazwischen, über die Liebe in Freundschaften, die zu unserer Heimat und die zu uns selbst. Danke fürs Lesen, fürs Mitfiebern, und dafür, mir eure Geschichten anzuvertrauen. Danke, dass ich hier in *Notizen über die Liebe* alles sammeln und für euch aufschreiben durfte.

Im Dezember steht: *Wenn du nichts sagst, dann kann es nicht kritisiert werden, wenn du nichts zulässt, wirst du nicht enttäuscht, wenn du nichts versuchst, kannst du nicht scheitern, und wenn du dich nicht verliebst, niemals verletzt werden. Aber ist das erstrebenswert, ein Leben mit angezogener Handbremse?* Und das ist, was ich hoffe, was ich euch mit diesem autobiografischen Roman mitgeben kann: Seid verletzlich, seid offen, seid mutig.

Alles Liebe
Luise